改訂版
花卉園芸総論

静岡大学名誉教授
農学博士
大 川 清 著

養 賢 堂

改訂版を発刊するにあたって

　拙著'花卉園芸総論'を刊行してから14年が経過した．この間多くの大学，農業短大，農業大学校などで花卉園芸学の教科書として利用していただいた．心からお礼申し上げる．

　しかし使用した統計・資料が古くなり，また技術開発が進み，全面的な改訂の必要性を感じていた．このため平成17年3月（2005年）に静岡大学を定年退職してから，準備に取りかかっていたが，この度養賢堂の及川清社長のご厚意で改訂版を発刊できる運びとなり，大変嬉しく思っている．

　平成6年（1994年）に花卉園芸総論を執筆した当時は花卉産業の伸びは著しく，収益性の高い，後継者にも魅力のある部門として注目されていたが，平成10年（1998年）ころから生産・消費が年々減少するようになり，その傾向は現在も続いている．このような折から最新の統計・資料や技術の収集に努めたが，オランダをはじめ，世界的に以前のように情報を公開しなくなっており，このため残念ながら古い資料を継続して使用している箇所がある．お許しいただきたい．

　この改訂版の出版では田中道雄氏に大変お世話になった．厚くお礼申し上げる．

　　　2009年8月

　　　　　　　　　　　　　　　　　　　　　　　　　　　　大川　清

序

　輸入農産物に揺れるわが国の農業のなかにあって，花卉産業の伸びは著しく，収益性の高い，後継者にも魅力のある部門として注目されている．このため大学，短大，農業大学校，専門学校などで花卉園芸を専攻する学生が増えている．

　本書は花卉園芸に関心のある学生，技術者，研究者，行政に携わる方々，さらには花卉産業全般に関心のある方々を対象に花卉園芸学の理論と技術がわかるように，わかりやすく記述したものである．記述にあたっては花卉の生産だけでなく，流通・販売・利用など花卉産業全般の実態が理解できるように配慮した．

　筆者は神奈川県園芸試験場において23年間，バラ，ユリ，シャクヤク，アネモネ，ラナンキュラス，アルストロメリア，観賞樹木などの研究を行い，1986年からは静岡大学農学部において花卉園芸学の講義を担当するかたわら，トルコギキョウやリューココリネ，ゼフィラ，コナンテラなどチリ自生球根の開花調節，それにバラの鮮度保持などの研究を行っている．本書は筆者の30数年に亘る研究と10数回に及ぶ海外調査から得た情報，それに内外の研究報告に目を通して得た知見で構成したものである．

　研究情報が多すぎて一人の研究者が花卉園芸全般について記述するのはもはや不可能な時代に入っており，筆者は何度も執筆をあきらめたが，その度に養賢堂の及川清社長と大津弘一氏に励まされてなんとかまとめることができた．長らく脱稿を待っていただき，その上自由にまとめさせていただいたことに対して厚くお礼申し上げる．また，本書の編集・校正では佐々木清三氏に大変お世話になった．

　筆者が花卉の研究を始めて以来ご指導いただいている川田穣一氏には多忙ななか本書の校閲をしていただいた．心からお礼申し上げる．

なお，本書の書名である「花卉園芸総論」は故安田勲氏が1951年（昭和26年）に養賢堂から同じ書名で出しておられるが，絶版になって久しく，初版からすでに44年を経過しているので，御家族の御承諾を得て同じ書名を使用させていただいた．

 1995年1月

大川　清

目　次

第1章　序　論 ·················1
  1. 花卉と花卉園芸 ············1
  2. 花卉生産の現状 ············2
    a. 日本の花卉生産 ···········2
    b. 世界の花卉生産 ···········3
  3. 花卉の消費と国民性 ········5
    a. 日本の消費動向 ···········5
    b. 世界の消費動向 ···········6

第2章　種類と分類 ············8
  1. 種類と分類 ···············8
    a. 自然（植物学的）分類 ······8
    b. 生態的分類 ··············8
    c. 園芸的（人為）分類 ········8
  2. 学名と命名規約 ············9
  3. 園芸的（人為）分類 ········10
    a. 一・二年草 ··············10
    b. 宿根草（多年草） ··········11
    c. 花　木 ··················11
    d. 球根植物 ················11
    e. 観葉植物 ················12
    f. ラン科植物 ··············12
    g. サボテンと多肉植物 ········12
    h. 水生植物 ················13
    i. 食虫植物 ················13

第3章　産地形成の条件と生産
　　　および経営形態 ···········14
  1. 産地形成の条件 ············14
    a. 自然条件 ················14
    b. 社会・経済的条件 ·········16
  2. 生産形態 ·················17
    a. 切り花生産 ··············17
    b. 鉢物生産 ················18
    c. 花壇苗生産 ··············19
    d. 観賞樹木（花木）生産 ······19
    e. 種苗生産 ················19
  3. 経営形態 ·················20

第4章　花卉の形態と構造 ······22
  1. 花の器官と構造 ············22
    a. 花　被 ··················23
    b. がくと花冠 ··············24
    c. 雄ずい ··················24
    d. 雌ずい ··················25
  2. 花の器官の相互関係 ········26
    a. 花式図と花式 ············26
    b. 花　序 ··················27

第5章　育種と新品種の保護 ····28
  1. 花卉のライフサイクルと育種
　　　の役割 ···················28
  2. 日本の花卉育種の現状と
　　　課題 ·····················30
  3. 育種の目的 ···············32
  4. 遺伝資源収集と保存 ········34
  5. 育種の方法 ···············35
    a. 交雑育種法 ··············35
    b. 分離育種法（系統分離） ····36
    c. 突然変異育種法 ···········37
    d. 倍数性利用育種法 ·········39

- 6. バイオテクノロジー（生物工学）を利用した育種 …………40
  - a. 葯（花粉）培養 …………40
  - b. 胚・胚珠・子房培養 …………41
  - c. 細胞融合 …………41
  - d. 遺伝子組換え …………42
- 7. 新品種の保護 …………43

第6章　繁　殖 …………46
- 1. 種子繁殖 …………46
  - a. 発芽の条件 …………46
  - b. 種子の寿命 …………47
- 2. 栄養繁殖 …………48
  - a. 挿し木 …………48
  - b. 接ぎ木 …………49
  - c. 株分け …………49
  - d. 取り木 …………49
  - e. 分　球 …………49
- 3. 組織培養 …………50
  - a. ランの無菌培養（発芽） …………50
  - b. 組織培養 …………51

第7章　種苗生産 …………53
- 1. 組織培養と種苗生産 …………53
  - a. 組織培養の増殖率 …………54
  - b. ロボットによる自動化生産システム …………54
  - c. 組織培養の実用化の歩み …………55
- 2. プラグ苗生産 …………55
  - a. プラグ苗とは …………55
  - b. プラグ苗の利点と問題点 …………56
  - c. プラグ専用種子 …………56
  - d. プラグ用配合土 …………57
  - e. プラグ用トレイ …………57
  - f. 播種機 …………57
  - g. プラグシステム …………58
  - h. プラグ苗の低温貯蔵 …………58
- 3. 世界における種苗生産の現状 …………60

第8章　生育と開花調節 …………66
- 1. 発育相 …………66
- 2. 休　眠 …………67
  - a. 花木の花芽の休眠 …………68
  - b. 球根類の休眠 …………70
- 3. ロゼット …………71
- 4. 幼若性 …………72
- 5. 花　熟 …………73
- 6. 花芽分化 …………73
- 7. 生育・開花調節 …………76
  - a. 温度処理による生育・開花調節 …………76
  - b. 日長処理による生育・開花調節 …………79
    - (1) 長日処理 …………79
    - (2) 短日処理 …………81
  - c. 成長調節物質による生育・開花調節 …………82
    - (1) 種子の休眠打破 …………83
    - (2) 茎の伸長促進 …………83
    - (3) 側芽の発芽と伸長促進 …………83
    - (4) 休眠・ロゼットの導入と打破 …………84
    - (5) 開花調節 …………84
    - (6) 矮化剤 …………85
  - d. 昼夜温の温度差による草丈の調節 …………88
- 8. 開花調節の実際 …………93

a. キ　ク ･････････････････ 93
　　　(1) 生態的特性による品種分類 ･95
　　　(2) 周年生産体系･･･････････ 100
　　b. トルコギキョウ ････････････ 101
　　　(1) 生態的特性 ････････････ 102
　　　(2) 開花調節の方法････････ 104
　　c. ユ　リ ･････････････････ 106
　　　(1) テッポウユリ（夏休眠型）
　　　　の生態と開花調節････････ 107
　　　(2) カノコユリ（冬休眠型）の
　　　　生態と開花調節･･････････ 109
　　d. バ　ラ ････････････････ 116
　　　(1) 花芽の分化と発育････････ 116
　　　(2) 花芽の分化に伴う内生成長
　　　　調節物質の消長････････ 121
　　　(3) 花芽の発育に及ぼす環境要因
　　　　と栽培条件 ･･････････ 121
　　　(4) 開花調節の実際････････ 123
　　e. アルストロメリア ･･････････ 124
　　　(1) 生態的特性 ･････････ 126
　　　(2) 開花の調節 ･････････ 129

第9章　土壌と栄養･･････････ 135
1. 施設切り花土壌の特性 ････ 135
　　a. 連作土壌の実態と対策･････ 135
　　　(1) 連作土壌の実態･･･････ 135
　　　(2) 連作障害対策･･･････ 136
　　b. 養分吸収特性 ･･････････ 138
　　c. 養分の欠乏による生理障害 ･･ 139
　　　(1) 石灰欠乏によるチューリップ
　　　　の首折れ曲がり･･･････ 139
　　　(2) ホウ素欠乏によるチュー
　　　　リップの首折れ･･･････ 140
　　　(3) クロロシス ･･･････ 140

　　　(4) ネクロシス ･･･････ 140
　　　(5) チップバーン･･････ 140
　　d. 施肥の方法 ･･････････ 141
2. 鉢物用土の特性 ･････････ 141
　　a. 用土の条件 ･･････････ 141
　　b. 用土の種類と特性 ･･････ 142
　　　(1) ピート ･･････････ 142
　　　(2) 水　苔 ･･････････ 143
　　　(3) バーミキュライト ･････ 143
　　　(4) パーライト ･･･････ 143
　　c. 用土の配合 ･･････････ 144
　　d. 施肥の方法 ･･････････ 145
3. 養液栽培･･････････････ 146
　　a. ロックウール培地の特徴･･･ 148
　　b. 切り花のロックウール耕･･ 150
　　　(1) バ　ラ ･････････ 150
　　　(2) カーネーション ････ 151
　　　(3) キ　ク ･････････ 151
　　　(4) ガーベラ ･･･････ 151
　　c. 培養液作成の実際 ･････ 152
　　　(1) 用水の水質 ･･････ 152
　　　(2) 培養液の作成･･････ 152
　　　(3) 主要切り花の培養液 ･･ 154

第10章　花卉の鮮度保持と貯蔵
　　　　･･････････････ 156
1. 切り花の鮮度保持 ･･････ 156
　　a. 切り花の生理 ･･･････ 156
　　　(1) 蒸散と吸水 ･･････ 156
　　　(2) 呼　吸 ･･･････ 157
　　　(3) エチレンと花持ち ････ 157
　　　(4) 花持ちに及ぼす糖の効果 ･ 158
　　b. 栽培環境と花持ち ･････ 159
　　c. 採花適期と採花方法･･････ 161

  d. 採花後出荷までの処理 …… 162
  e. 切り花の貯蔵 …………… 163
  f. 切り花の輸送 …………… 164
  g. 鮮度保持剤 ……………… 166
   (1) 前処理剤 …………… 166
   (2) 後処理剤 …………… 168
 2. 鉢物の鮮度保持 ………… 170
  a. 栽培環境と順化 ………… 170
  b. 包装と出荷容器 ………… 171
  c. 鉢物の貯蔵 ……………… 172
  d. 鉢物の輸送 ……………… 172
  e. 鉢物用鮮度保持剤 ……… 173

第11章 切り花の品質と評価
  ……………………… 176
 1. 切り花の品質 …………… 176
  a. 外的品質 ………………… 176
   (1) それぞれの部位の状態 … 176
   (2) 全体のバランス ……… 177
   (3) ボリューム ………… 177
  b. 内的品質 ………………… 177
 2. 切り花の品質評価 ……… 177
  a. 外的品質の評価 ………… 177
  b. 内的品質の評価 ………… 178
 3. オランダの切り花品質保証
  マーク制度 ……………… 178

第12章 花色と香り ……… 180
 1. 花色と花色素 …………… 180
  a. 色素の種類 ……………… 180
   (1) カロテノイド ……… 180
   (2) フラボノイド ……… 180
  b. 花弁の内部構造と色素の分布
   ……………………… 181

  c. 代表的な花色の発現機構 … 182
   (1) 赤色、ピンク色、紫色 … 182
   (2) 黄　色 ……………… 182
   (3) 白　色 ……………… 183
  d. 花色と環境要因 ………… 183
   (1) 温度と花色 ………… 183
   (2) 光と花色 …………… 184
   (3) 肥料と花色 ………… 185
  e. 花色の測定と表記法 …… 185
   (1) カラーチャートによる方法
    ……………………… 185
   (2) 測色色差計による測定 … 186
 2. 芳香成分 ………………… 186

第13章 流通と販売 ……… 189
 1. 流通機構 ………………… 189
  a. 花卉卸売市場の機能 …… 189
  b. 卸売市場の類別 ………… 189
  c. 卸売市場における取引方法 … 190
  d. 切り花・鉢物市場における取引
   の現状 ………………… 190
  e. 切り花流通の問題点 …… 192
 2. 販売方法 ………………… 193

第14章 花卉の輸出入 …… 197
 1. 世界における花卉の輸出入 197
  a. 切り花の輸出入 ………… 197
  b. 鉢物(挿し穂、接ぎ穂を含む)
   の輸出入 ……………… 200
  c. 球根の輸出入 …………… 201
 2. 日本における花卉の輸出入 203
  a. 切り花の輸出入 ………… 203
  b. 球根の輸出入 …………… 205
 3. 日本の植物検疫制度 …… 207

第15章　病害虫と防除 …… 211
　1. 花卉生産と病害虫 …… 211
　　a. 生物的防除 …… 212
　　b. 耕種的防除 …… 216
　　c. 化学的防除 …… 218
　2. 病害虫防除と環境問題 …… 219
　3. 無病苗生産 …… 219
　　a. カーネーション …… 220
　　b. キク …… 222
　　c. 花卉球根類 …… 223
　　d. 無病苗の生産・供給体制 …… 224

索引 …… 227

第1章　序　論

1. 花卉と花卉園芸

　花卉の語源は中国で花は花を観賞する草本，花木の総称で，'卉'は草と同じ意味で，観賞価値のある草本をさしている．すなわち，卉は花の一部である．花卉は観賞用に栽培する植物全体を意味しており，卉は花に対する修辞として使われている．

　花卉（floriculture crops, ornamental crops, ornamentals）と観賞植物はほとんど同義であるが，花卉は栽培植物に用いられ，山採りする枝物やごく一部の趣味家だけが栽培する山野草は花卉に含めない．しかし，野生植物で改良されていないものでも，繁殖して継続的に広く栽培・利用されるものは花卉に含めている．

　花卉園芸（floriculture）は本来花卉産業の生産部門を意味しているが，現在では流通・利用まで含めたもっと広い意味に使われており，これに伴って花卉園芸学（floricultural science）は花卉を栽培学，植物学，土壌肥料学，植物生理学などの領域から，あるいは文化的な側面から学問的に扱うだけでなく，生産のほかに，流通（市場，仲卸，小売，輸送），加工（花束工場，押し花工場），販売，利用（アレンジ，造園）などの花卉関連産業をカバーし，趣味園芸，景観園芸，社会園芸（市民園芸，園芸療法）まで含めている．

　わが国の花卉統計には切り花，鉢物，花壇苗，花木類（庭木，観賞樹を含む），花卉球根類，芝，地被植物を含めているが，アメリカ合衆国やオランダの花卉統計には切り花（切り葉を含む），鉢物（花鉢物，観葉植物），花壇苗しか入っていない．世界的にみると ornamental crops と floriculture crops を使いわけて，floriculture crops は切り花（切り葉を含む），鉢物（観葉植物を含む），花壇苗に対して用い，ornamental crops は floriculture crops に球根類，観賞樹木，芝・地被植物などの造園材料植物を加えた観賞用に生産・利用されるすべての植物を加えたものに対して用いていることが多い．

　造園あるいは造園学（landscape architecture）は主として花卉園芸で生産さ

れたものを活用して，風景を構築する学問としてとらえられており，快適な環境を作ることが基本となっている．欧米の造園に比べて，日本の造園で花を余り扱わないのは，日本の庭園の中心は樹木とくに常緑樹で花卉は季節変化の象徴として，アクセントとして使われてきたからである．

　花卉園芸は視覚や臭覚を通して生活にうるおいを持たせるために発達してきたため，生産される種類や品種，原産地が多様で，その上常に新花卉が求められている．これに加えて，栽培に高度の知識と技術を必要とする．

2. 花卉生産の現状

a. 日本の花卉生産

　わが国の花卉生産額は切り花類，鉢物類，花壇用苗物類，花木類（庭木，緑化樹も含む全ての観賞樹），花卉球根類，芝・地被植物を合わせると，2005年度には4,998億円で，1975年対比3.6倍である（表1.1）．これは農業産出額（農業粗生産額）8兆8,058億円の5.7％に当たる．

　栽培面積は37,934 haで，施設栽培の割合は30.5％である．花の生産農家数は114,635戸で，全農家戸数の4.1％となっている．花卉生産額の49.2％が切り花，22.1％が鉢物で，花壇苗は7.4％と低い．

　切り花ではキクの割合が非常に高く，切り花生産額の33.7％を占め，次いでバラが9.5％，ユリが8.8％で，この3種類で切り花生産額の52.0％を占めている．日本だけでなく世界的にこの3種類は高い割合を占めている．これは花

表1.1　花卉類の生産額の推移 [x]　　　（単位：億円）

区分	1975	1980	1985	1990	1995	2000	2005
切り花類	629	1,129	1,577	2,443	2,894	2,682	2,462 (49)
鉢物類 [y]	236	436	648	1,007	1,346	1,619	1,476 (29)
花木類	412	1,330	1,751	1,832	1,679	1,371	892 (18)
球根類	39	71	66	73	65	53	29 (1)
芝・地被類	62	46	103	215	227	133	139 (3)
合計	1,378	3,012	4,145	5,570	6,211	5,858	4,998 (100)

[y]：鉢物類には花壇苗を含む．
[x]：農林水産省農蚕園芸局果樹花き対策室資料

色，花型などが豊富で品種が著しく多く，施設で周年生産でき，労力分布が平均化しやすいからである．これらに次ぐ切り花として，カーネーション，トルコギキョウ，スターチス，宿根カスミソウ，ガーベラ，アルストロメリア，チューリップ，リンドウがあり，これらのなかでユリとトルコギキョウの伸びが著しい．

　鉢物生産は多種類少量生産が特徴であるが，単一種類ではシクラメンが最も多く，鉢物生産額の9.3％を占め，次いでシンビジウムである．グループとしては観葉植物や洋ランの生産が多い．洋ランの出荷量はシクラメンと大差ないが，単価が高いため，生産額ではシクラメンを越えている．

　花壇苗はまだ生産額は少ないが，都市緑化の時代から豊かな都市環境を創造する時代に変わっているので，今後の増加が期待されている．

　庭木，花木の苗木および成木の生産はかなり大きく，作付面積は8,472 ha，生産額は892億円で，花卉生産額の17.9％を占める．これらは一般花卉類とは別に，植木生産として露地物を中心に産地を形成し，流通や販売も別のルートで行われている．

　球根生産は労賃の上昇と，輸出の不振で低迷しており，チューリップ，ユリ，グラジオラス，フリージア，アイリスなどで収穫面積597 ha，生産額29億円である．これは花卉生産額の0.6％にすぎない．一方，オランダからのチューリップやユリの球根の輸入は増加している．

　芝類と地被植物類が生産額に占める割合は2.8％である．

b. 世界の花卉生産

　世界的規模で花卉生産を見ると，切り花，鉢物共に増加傾向にある．切り花は145カ国，鉢花は65カ国で生産されている．2003年における主要生産7カ国の生産額は20,279億円である．これら7カ国のなかではアメリカ合衆国の生産額が最も多く，6,184億円，次いで，オランダの4,888億円で，日本，中国と続く．7カ国以外ではインド，コロンビア，韓国，イスラエルなどの生産面積と生産額が多いが，生産面積と生産額の確かなデータが不足しているのでここでは省いてある．

　一方，生産面積は中国が最も多く166,985 ha，次いで，アメリカ合衆国の

表1.2　花卉の主要生産国における切り花・鉢物類の栽培面積および生産額（2003）

国　名	栽培面積（ha）			生産額（億円）
	施設	露地	計	
アメリカ合衆国	7,700	15,600	23,300	6,184
オランダ	5,756	2,607	8,363	4,888
日本	11,930	10,651	22,581	4,093
中国	28,896	138,089	166,985	2,372
フランス	1,961	2,503	4,464	1,319
コロンビア	6,544	0	6,544	831
イギリス	1,022	6,450	7,472	592

1. 切り花には切り葉，鉢物類には花壇苗を含む
2. コロンビアの栽培面積は2004のデータ
3. 出典：AIPH年報2005，フラワーデータブック2005，中国農業部農業統計資料

表1.3　アメリカ合衆国の花卉卸売販売金額（×1,000$）

部門	1970	1980	1990	2000	2005
花壇苗	61,627 (13.5)	180,294 (19.0)	972,047 (35.1)	2,122,575 (52.7)	2,613,226 (56.3)
切り花	229,994 (50.5)	250,093 (26.2)	502,550 (18.1)	427,484 (10.6)	396,693 (8.5)
鉢花	125,826 (27.6)	209,931 (22.1)	672,616 (24.3)	780,907 (19.4)	808,941 (17.4)
観葉	38,376 (8.4)	310,968 (32.7)	512,129 (18.5)	573,962 (14.2)	721,049 (15.5)
切り葉			110,517 (4.0)	123,746 (3.1)	104,667 (2.3)
合計	455,823 (100)	951,286 (100)	2,769,859 (100)	4,028,674 (100)	4,644,576 (100)

1. 花壇苗：花壇用草花・家庭園芸向野菜苗・花壇ギク，ゼラニューム・花の咲くハンギングバスケット
　切り花：バラ・キク・カーネーション・ガーベラ・グラジオラス等の切り花
　鉢花：花の咲く鉢物（セントポーリア・ポットマム・アザレア・テッポウユリ・ポインセチア等）
　切り葉：レザーリーフファーン・シダ類等
2. 1995年から年生産額100,000 US$以上の36州の合計．1990年までは28州の合計．
出典：Floriculture Crops 2005 Summary

23,300 ha，日本は22,581 haである（表1.2）．

　表1.3にアメリカ合衆国の花卉部門別生産額の推移を示す．コロンビア，エクアドル，メキシコなど中南米諸国からの輸入の増加で，切り花産業は壊滅し，かわって花壇苗生産だけが増加している．

3. 花卉の消費と国民性

a. 日本の消費動向

　日本は花の主要消費国の一つで，2005年の国民一人当たりの年間平均切り花消費本数は40本，鉢物は2.4鉢である．切り花は業務用（20％）とギフト用（40％），それに稽古用（10％），家庭用（30％）に使われており，家庭用の大部分は墓地や仏壇に供えるためのもので，自分のために購入する割合は極めて少ない．実際，月別の一世帯当たりの切り花購入額は12月（クリスマスと正月需要）＞3月（彼岸需要）＞8月（盆需要）＞9月（彼岸需要）の順で，家庭での切り花消費は日本の宗教的行事と密接に結びついている（図1.1）．わが国ではオランダやドイツのように自分のために花を買うことはまだ習慣になっていない．可処分所得の増加やライフスタイルの洋風化にともなって，このような状況は徐々に変わりつつあるが，花の価格が高いことと，花を買える場所が少ないことが，自分のための購入量が増えない要因になっている．

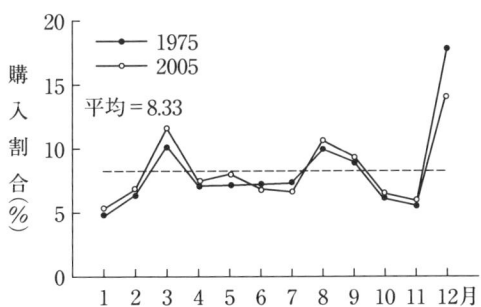

図1.1　切り花の一世帯当たりの月別購入割合
　　　出典：家計調査年報

　切り花の市場価格をオランダ（国内産）と比較してみると，オランダの2～3倍になっている（表1.4）．このようにわが国の切り花価格が高いのは，(1) 施設の建設費が欧米の約2倍である，(2) 生産地と市場が離れていて出荷経費が高くつく，(3) 欧米では束売りであるが，日本では1本売りである，(4) 生産形態が主に季節生産であることなどによるが，このほか，日本の消費者は品質に対する要求が極めて高く，新しい花や珍しい花に対する需要が大きいことも，

表1.4 日本とオランダの切り花市場価格の比較（2005）

	種類	日本	オランダ	日本/オランダ
1	アルストロメリア	73円	21円	3.5
2	チューリップ	59	18	3.3
3	宿根カスミソウ	74	30	2.5
4	トルコギキョウ	106	43	2.5
5	ユリ	155	62	2.5
6	カーネーション	44	22	2.0
7	スターチス	49	26	1.9
8	バラ	68	40	1.7
9	スプレーギク	48	30	1.6
10	ガーベラ	28	23	1.2
11	大輪ギク	62	54	1.1

1. 1ユーロ138円で換算
2. 出典は日本は花き市場流通報告書 2005, オランダはVBN statistiekboek 2005から算出

花の価格を押し上げる要因となっている.

　花の需要は今後，生け花の稽古用需要を除いて，あらゆる用途で成長が期待されているが，そのためには日常的消費用の良品質で手頃な価格の家庭用花（home use flower）の流通が欠かせない．しかし高級品が高値で流通している現状では，安価な花の供給への取り組みは既存の流通体系の中では困難な点が多い．新たな生産・流通システムの確立が必要になっている．

b．世界の消費動向

　切り花と鉢物の全世界の消費額についての正確なデータはないが，消費量の多い14カ国の1990年の切り花消費額は，約3兆1,500億円，鉢物は1兆8,200億円と推定されている．スイス，オーストリア，スカンジナビア諸国を除いて，切り花に対する需要の方が，鉢物に対する需要より大きい（表1.5）．

　欧米各国の平均的な切り花の用途は，ギフト用が約50％で最も多く，買手自身が使用する目的での購入が20～30％，お墓に供えるための花が10％，業務用が10～15％である．主要消費国のなかで日本とオランダは例外的な消費動向を示す国である．日本については前述したとおりで，業務用とギフトの割合

表1.5 国民1人当たりの切り花と鉢物の消費額（2004）（単位：円）

国　名	切り花	鉢物	合計
1. スイス	10,720	5,628	16,348
2. ノルウェー	7,906	7,504	15,410
3. オランダ	7,370	4,422	11,792
4. デンマーク	5,896	5,896	11,792
5. ドイツ	4,824	6,700	11,524
6. ベルギー	4,020	7,236	11,256
7. スウェーデン	5,092	6,164	11,256
8. オーストリア	6,030	5,092	11,122
9. 日本	7,236	3,350[b]	10,586
10. フィンランド	4,556	5,896	10,452
11. イギリス	5,896	1,742	7,638
12. フランス	4,154	2,680	6,834
13. アイルランド	4,690	1,742	6,432
14. スロベニア	3,082	2,814	5,896
15. アメリカ合衆国	2,814		

a 出典は International Statistics Flowers and Plants AIPH 2007.
b 日本の鉢物は生産統計から推定　c 1ユーロ134円で換算.

が著しく高く，自分のための購入が少ない．一方オランダは，家庭で楽しむために購入する花の割合が50％を越えている．このように家庭消費が著しく増えたのは，オランダの花の生産者が資金を出し合って花の消費宣伝をする組織を作り，販売する場所を増やしてきた結果である．オランダの花卉業界には，花はし好品であり，必需品ではないが，食物のように消費に量的上限がないので，消費の多寡は宣伝量によって決まるという共通の認識がある．

参考文献

1) Haak, M., H. Tap and A. M. A. Heybroek. 1992. A view of international competitiveness in the floristry industry. Rabobank. The Netherlands
2) Ingels, J. E. 1985. Ornamental Horticulture : Principles and practices. Delmar Publishers Inc. NewYork.
3) Janick, J. 1986. Horticultural science. W. H. Freeman and Company. NewYork.

第 2 章　種類と分類

1．種類と分類

　園芸作物の中で花卉の種類は果樹や野菜に比べて非常に多く，園芸化したものだけでも 8,000 種以上といわれている．これに趣味的に栽培されているものを加えると莫大な数になる．また，改良された花卉のなかにはきわめて多くの品種があり，たとえば全世界で栽培されているバラの品種数は Modern Roses によれば 15,000 品種である．このように多様な花卉を系統的に分類するには，自然（植物学的）分類，生態的分類，園芸的（人為）分類の三つが用いられている．

a．自然（植物学的）分類（botanical classification）

　植物の形態や系統発生を基盤とする植物分類学（plant taxonomy）の観点から，門（division），亜門（subdivision），綱（class），亜綱（subclass），目（order），亜目（suborder），科（family），亜科（subfamily），属（genus），亜属（subgenus），節（section），亜節（subsection），種（species, sp. と略記），亜種（subspecies），変種（variety, var. と略記），亜変種（subvariety），品種（form, f. と略記）の区別に従って，系統的に分類する方法である．

b．生態的分類（ecological classification）

　温度および日長適応性，土壌適応性，生活環境などに基づいて，分類する方法で，園芸植物を栽培する上で，有用な知見が得られる．

c．園芸的（人為）分類（horticultural classification）

　利用する立場から便利なように類別する方法で，園芸植物を果樹・野（蔬）菜・花卉に分類するのは園芸的分類である．

2. 学名と命名規約

　植物名は属名と種小名の二名を連ねて表記する．この方法は近代生物分類学を確立したスウェーデンのリンネ（Carolus Linnaeus, 1707～1778）によって採用され，二名法（binomial nomenclature）という．属名，種小名ともラテン語である．

　人名や地名などを使う場合にはラテン語化して表記する．門，綱，目，科には語尾が決まっており，門 - phyta，綱 - opsida，目 - ales，科 - aceaeをつけるが，いずれも例外がある．属と種の語尾は決まっていない．属名はどの言語からとってもよいが，できるだけラテン語の語尾を使い，ラテン語化しにくいものは避けることになっている．人名を属名とする場合には女性形をとり，人名がa以外の母音で終わる時は- aを，aで終わるときはeaを，子音で終わるときは- iaを付ける．属名は大文字で始め，種小名はすべて小文字で始める．かつては，実在の人名，伝記・神話にあらわれる人名，以前属名であったもの，土語から由来したものは大文字を用いていたが，現在は全部小文字で表してよいことになっている．学名は万国共通で，末尾に命名・記載者名を付ける．複数の研究者によって命名された時は，Siebold et Zuccarini, ex Nakai et Koidz.のように連記する．etは，英語のandに，exはfromに当たる．命名者は姓だけで表記する．なお，学名の命名と使用は国際植物学会で制定した国際植物命名規約（International code of botanical nomenclature）に基づいて行われる．

　学名は植物分類学上の位置と共に，その種の形態，生態的特性，原産地，発見者などを端的に表現しているので，属や種小名の由来や意味を知る必要がある．属名の由来は人名に由来するものが最も多く，植物学者名，医師名，植物の採取，普及，改良の援助者，理解者に捧げられている．ついで花に由来するものが多く，花の形態，香りを表わすものが多い．一方，種小名は人名，地名の他，花，葉，香り，匂いに由来するものが多い．

　学名に原産地を使用している例として，*Camellia japonica.* L（ツバキ），*Juniperus chinensis* L. var. *kaizuka* hort.（カイズカイブキ），植物の特徴を表わしている例として，*Dendranthema × grandiflorum*（Ramat.）Kitam.（キク），*Caladium bicolor* Vent.（カラジウム），*Lilium longiflorum* Thunb.（テッポウユ

リ），人名を使用している例として，*Rhododendron makinoi* Tagg ex Nakai et Koidz.（ホソバシャクナゲ，Taggが命名し，中井と小泉の出版から正式名称となった），*Lilium alexandrae*（Wallace）Coutts.（ウケユリ）などをあげることができる．なお，カイズカイブキのvar.はvarietyの略で，植物学上ではvarietyは変種を意味する．何らかの形質で他と区別でき，繁殖によりその特徴が維持される集団である園芸品種に対しては国際栽培植物命名規約によりcultivarという用語を用い，単引用符「' '」ないしアポストロフ「' '」で囲んで表示される．略してcv.と表記している．

3．園芸的（人為）分類

　植物学を基本とした分類は栽培上から利用しにくいので花卉の形態や生育習性による園芸的（人為）分類が広く行われている．このような実用的分類の基本は一・二年草，宿根草，球根，花木であるが，これにラン科植物，食虫植物，サボテンと多肉植物，タケ・ササ類，シダ類，ヤシ科植物，つる性植物，水生植物などの特殊な生態や形態を持ったものや類縁関係による区分も加味して分類している．

a．一・二年草（annuals and biennials）

　種子から一年以内に全生育期間を終了する草本花卉を一年草，二年目に開花・結実して枯死するものを二年草という．一年草には耐寒性（hardy annuals），半耐寒性（half hardy annuals），非耐寒性（tender annuals）のものがある．一般に温帯および亜寒帯原産で耐寒性，半耐寒性のものを秋播き一年草，非耐寒性のものを春播き一年草と呼んでいる．秋播き一年草には発芽後低温に遭遇しないと開花しないものが多く，このようなものは春播きしても開花しない．秋播き一年草には，低温経過後長日で開花が促進するものが多い．春播き一年草は短日で開花が促進するものが多いが，これは熱帯や亜熱帯に自生するものが多いためである．

　二年草は秋播き一年草の幼若期の長いもので，播種後12カ月以上経て開花する．緑色植物体春化型（green plant vernalization type）であるフウリンソウ（*Campanula medium*），ジギタリス（*Digitalis purpurea*）などが代表的な二年草

である．二年草には播種後の環境条件を調節することで，一年以内に開花させることができるものが多く，フウリンソウのように育種により幼若期が短縮されて一年草の系統が分離されているものもある．なお，このように生育期間を問題にして一・二年草を区別しているのは花卉園芸においてで，植物分類学では秋播き一年草を二年生（越冬性）草本と呼んでいる．

b．宿根草（多年草）(perennials)

一・二年草のように生育・開花・結実後枯死せず，温帯では植物体の全体あるいは地下部の根，地下茎，吸枝が越冬して，二年以上成長サイクルを繰り返す耐寒性のある草本を宿根草あるいは多年草という．球根類も多年草であるが，花卉園芸では球根類あるいは球根植物として別に扱っている．

宿根草は主として株分け (division)，吸枝 (sucker)，ランナー (runner)，挿し芽 (cutting) などで栄養繁殖する．

スターチスシヌアータ，トルコギキョウ，キンギョソウなどは本来宿根草であるが，実際栽培では種子繁殖し，一年草として扱っている．花卉生産ではこのような例が多い．

c．花　木 (flowering trees and shrubs)

花，茎，葉，果実などを観賞する木本植物を花木と呼んでいる．造園材料や緑化樹は花木に含まれないが，観賞樹木と同義で用いられることが多い．原則として温帯で越冬するもので，低木 (shrubs) と高木 (trees) に分ける．

花木には重要な園芸植物が多く含まれ，中国や日本原産のものが多く，切り花，切り枝，鉢物，花壇，庭木として利用される．フジ，ムベ，サネカズラ，ノウゼンカズラなどの木本性のつる性植物 (climbers) も花木に含める．

花木の枝を切って商品とする場合 ‘枝物（えだもの）’ と呼んでいる．

d．球根植物 (bulbs, bulbous plants)

宿根草（多年草）の一種で，低温，高温，乾燥といった不良環境に耐えるため，地下または地際の器官が特別に肥大し，多量の養分を次世代に残すグループを球根植物と呼んでいる．球根類ともいわれる．

球根類は形態だけでなく，生理的にも非常に多様で異なった代謝特性を持ち，成長する組織と老化した組織の複合体である．肥大した器官の種類と形態の違いにより，鱗茎(scaly bulb)，球茎(corm)，塊茎(tuber)，根茎(rhizome)，塊根(tuberous root)の5つに分けられる．一定の休眠期間を持つものが多い．

宿根草との境界が不明瞭なものが多く，リアトリスのように明らかに球根を形成するにもかかわらず宿根草として扱われているものもある．

植付け時期により秋植え球根，春植え球根の区別がある．

e. 観葉植物 (ornamental foliage plants)

葉や茎が観賞の中心となる草本および木本植物．耐陰性のあるものが多く，室内で長く観賞できるので室内植物(indoor plants)とも呼ばれる．花も葉と同様に美しいアナナス類やアフェランドラなども一般に観葉植物に入れている．この他，温帯原産で戸外で越冬するオモト，ハラン，イワヒバなども，和物観葉として観葉植物に含めることもある．

f. ラン科植物 (orchids)

花卉園芸においてラン科植物は対象となる種類が多く重要な位置を占めるので独立したグループとして扱う．ラン科植物の大部分は亜熱帯から熱帯に分布する．欧米で育種されたものを洋ランと呼び，日本・中国に自生し，古くから栽培されてきたものを東洋ランと呼んで区別している．これは日本独特の分け方である．東洋ランには *Cymbidium* 属に属するものが多い．

ランは生育の状態から着生ラン(epiphytic orchid)と地生ラン(terrestrial orchid)に，茎の形態から単茎性(monopodial)と，複茎性(sympodial)に区分される．

g. サボテンと多肉植物 (cacti and succulent plants)

いずれも広義には多年草であるが，茎葉が肥大して多肉で形態的，生態的に類似する2群を区分している．これは，サボテン類のなかに多肉植物の形態をとらないものがあるからである．サボテン類はサボテン科の植物で構成され，砂漠や乾燥地原生の乾生植物(xerophyte)が多いが，クジャクサボテンのよう

に熱帯降雨林原生の植物も含まれる．多肉植物はヒガンバナ科（リウゼツラン），タカトウダイ科（カランコエ），ユリ科（アロエ）など多くの科にわたっている．

h．水生植物（aquatic plants）
生育中の根が水中あるいは水中の土壌中にあることを必要とする植物．スイレン，ハス，コウホネ，ホテイソウ，シペラスなどが含まれる．
乾生植物（サボテンなどの多肉植物），湿生植物（ハナショウブなど）に対する分類である．

i．食虫植物（insectivorous plants）
昆虫を捕まえて消化吸収する機能を持つ性質を持った7科13属の植物が食虫植物として知られている．ムシトリスミレ属（*Pinguicula*），タヌキモ属（*Utricularia*），ウツボカズラ科（Nepenthaceae）などには色彩の美しいものがあるが，園芸的にはネペンテスとサラセニアの育種が進んでいる．観賞用でなく栽培植物に被害を与える害虫を室内で自然に捕殺させる目的で栽培されるものもある．

この他，温室植物，斑入植物，つる性植物，ヤシ科植物，高山植物，地被植物，シダ植物，タケ・ササ類等を別に分類することもある．

参考文献

1) Cairns, T. 1993. Modern Roses 10. American Rose Society. U. S. A.
2) 北村四郎．1978．植物分類学とは．世界の植物 120：3333-3335．朝日新聞社．東京．
3) 本田正次．1978．学名とは．世界の植物 120：3335-3337．朝日新聞社．東京．
4) 清水建美．1978．植物同定とは．世界の植物 120：3337-3339．朝日新聞社．東京．

第3章　産地形成の条件と生産および経営形態

1．産地形成の条件

a．自然条件

　産地形成の最大の条件は日照，気温，降水量，風（台風），土質，地下水などの自然条件である．

　施設生産では環境条件を人為的に調節できるので，露地生産ほど自然条件や土壌条件に影響されない．しかし，花卉には温帯や熱帯原産の陽性植物が多く，これらを栽培するには冬季温暖で，日照に恵まれた所が適している．実際世界の花卉生産は冬季温暖な地帯を中心に発達してきた．

　花卉の生産は施設と露地で行われるが，その割合は種類によって大きく異なる．わが国ではカーネーション，バラ，ガーベラなどは施設で生産されるが，リンドウ，グラジオラス，枝物，花木類などは大部分が露地で生産される．キクも50％近くが露地生産される．露地生産されるものは季節生産が中心となっているものが多いが，品種改良が進み周年生産可能なキクで露地栽培が多いのは，秋から春にかけては暖地の露地または施設生産，夏から秋にかけては主に高冷地や寒冷地での露地あるいは簡易な施設で栽培されるというように，適地別に季節生産が行われているためである．これは国土が南北に細長く伸び，地形的にも高低差が大きく，地域によって気温が大きく異なるという，わが国の多様な自然条件を巧みに利用した結果である．

　わが国の暖地の平坦地における夏の気温は著しく高く，品質のよい切り花や鉢物を生産することはきわめて難しい．耐暑性品種の育成，施設の構造と環境制御技術の改善などによる品質向上が以前から試みられているが，あまり成果はあがっていない．例外的に冷房栽培が，単価の高いファレノプシスの鉢物栽培，アルストロメリアの切り花栽培（地中冷却），トルコギキョウ，カンパニュラなどの一・二年草や宿根草の育苗期におけるロゼット回避やロゼット打破

（トルコギキョウ），鉢物栽培（パッドアンドファン冷房）などで実用化している．

　一方，近年は切り花に対する夏季の需要が急速に延びていることから，夏季比較的冷涼で昼夜の温度較差の大きい高冷地や寒冷地で，キク，リンドウ，カーネーション，宿根カスミソウ，アルストロメリア，スターチス類，バラ，トルコギキョウなどの夏を中心とした切り花生産が行われている．これらの地域ではキクとリンドウは露地生産が多いが，その他の切り花は簡易な施設で生産されており，露地生産はほとんど見られない．この他，暖地では育苗の難しいシクラメンや，形成された花芽の高温下での枯死を防ぐためシンビジウムを夏の間だけ高冷地へ運び，栽培する山上げ栽培も行われている．しかしこれらの地域における夏季生産は生産期間が短いため，出荷期が限定され，単位面積当たりの収益が上がりにくい．

　このため周年生産を目指して施設化を図り，長期間平均的に出荷できる種類と作型を導入し，雇用労力を前提とした専業経営を確立することが課題となっている．周年生産する場合，平坦地における夏季の冷房より，寒冷地における冬季の暖房の方がコストが安いが，寒冷地では省エネルギーの立場から夜間の好適温度が10℃以下のクールクロップ（cool crop）を中心に導入する．幸い近年はアルストロメリア，フリージア，チューリップ，スイートピー，デルフィニウムなどクールクロップの多くが成長品目に入っている．

　また，冬季の日照が少ないため，カーネーション，バラなどの単一品目の周年生産が難しい地域では，貯蔵養分への依存度が高く，栽培期間が短いうえ，密植が可能な球根類を中心に花木の促成などいくつかの種類を組み合わせて，労力分布の平均化を図る必要がある．労力分布が平均化していない経営は，たとえ高収益をあげることができても，規模拡大による経営改善はできない．

　この他，沖縄や南西諸島のように台風の来襲頻度の多い地域では，台風シーズンを回避する作型を取り入れなければ，花卉生産は成立しない．

　降水量が花卉生産と密接に関連している例としては，高冷地や北海道に見られる一・二年草の種子生産と，日本海側の球根生産をあげることができる．夏から秋にかけて稔実した種子を採種する種子生産では，この時期に降水量の少ない高冷地や寒冷地が適している．日本海沿岸の球根生産は冬季降水量が多

く，春の気温上昇が遅く，春から夏の日照が多い気象条件が適しているためである．

土質が花卉生産に適さない場合は，他の自然条件に恵まれていても，鉢物生産を除いて，産地形成の大きな阻害要因となるが，近年は養液栽培の一方式であるロックウール栽培の普及によって，バラやガーベラなどの切り花産地が，土壌条件に関係なく形成されつつある．

以上，わが国の産地形成を自然条件の観点から概観したが，世界的にみると，オランダを除いて，最近形成された花卉の大産地は年間の気温差が小さい，すなわち夏季冷涼で，かつ冬季温暖で，周年十分な日照に恵まれた地域に発達している．カリフォルニアのサリナス，それにコロンビアのボゴタ，ケニアのナイロビ，エクアドルのキト，ベトナムのダラット，マレーシアのキャメロンハイランドなどの熱帯高地を挙げることができる（表3.1）．

表3.1　コロンビアのボゴタ（海抜2,560 m，北緯4°38′西経74°09′）の気象
(1969 - 1980の平均)

区分	1月	2	3	4	5	6	7	8	9	10	11	12	年
平均気温 (℃)	12.7	13.0	13.5	13.6	13.6	13.3	12.9	12.8	13.0	13.1	13.0	12.7	13.1 (平均)
平均相対湿度 (%)	68	68	69	71	72	71	73	71	73	76	77	76	72 (平均)
降水量 (mm)	40.3	49.5	58.3	77.5	69.1	55.3	39.3	46.3	77.0	113.6	86.5	42.5	755.2 (合計)

出典：理科年表（国立天文台編）1993

b. 社会・経済的条件

わが国では大正末期から昭和のはじめに東京など大都市周辺地域で本格的な花卉生産が始まったが，昭和45年（1970年）ころから国民所得の増大に伴って，生活水準が向上し，生産と消費が急速に伸びた．

それまで産地は出荷に便利な都市近郊に限られていたが，この時期以降，高速自動車道路やフェリーによる海上輸送，さらに近年は航空輸送など，輸送条件と鮮度保持技術の発達と施設の環境制御法の改善によって，産地が全国的に育成されるようになった．また前述したように花卉の需要が増加したことから，現在産地は北海道から沖縄まで全国に広がっている．

世界的に見ると，花卉は副業として，露地や簡易な施設栽培による季節生産

として始まるが，周年生産に移行していく場合が多い．季節生産は気象災害を受けやすいうえ，計画生産が難しく，雇用労力の活用による規模拡大が望めないためである．高度の施設化には，莫大な資金が必要であるが，都市近郊では土地の担保力が十分あるので，資金調達は比較的容易である．このため都市近郊に重装備型の施設生産が多く見られる．

このような施設栽培では，毎年周年生産するために高度の栽培技術を必要とする．先駆性と経営感覚に富む生産者，充実した研究および普及機関，産地内における競争と協調を促す官民一体の取り組みが不可欠となる．それに生産・販売に関する情報を公開することも産地発展の原動力となる．情報の発信地には情報が流れてくるからである．

このように見ると，大都市に近く，自然条件に恵まれ，資金の調達面から重装備型施設生産の可能な地域での花卉生産の発展が約束されているように見えるが，このようなところほど後継者の確保が難しいという悩みを抱えている．

2．生 産 形 態

花卉の生産形態は切り花生産，鉢物生産，花壇苗生産，観賞樹木生産，種苗生産などに区分される．

生産形態は生産地の立地および社会・経済的条件によって決まる場合が多い．

a．切り花生産

切り花生産には切り花（cut flower）の他，切り葉（cut foliage），切り枝（枝物えだ
もの），ドライフラワー（dried flower）などが含まれ，ドライフラワー以外は花持ちのよいことが条件である．

表 3.2　主要生産国の花卉の生産形態（2005）

国　　名	切り花	鉢物	花壇用苗
アメリカ合衆国	6 %	13 %	81 %
オ ラ ン ダ	59	33	8
日　　　　本	63	28	9

出典：フラワーデータブック 2006-2007（花普及センター），Statistiekboek 2005 (VBN), Floriculture Crops 2005 Summary (USDA)

世界の主要花卉生産国では生産額の約70％が切り花生産であり，花卉の生産形態の中心をなす（表3.2）．アメリカ合衆国の切り花生産の割合が著しく少ないのはコロンビアやエクアドルから切り花が大量に輸入され，国内生産が衰退したためである．

切り花には一・二年草，宿根草，球根，花木，枝物（えだもの），洋ランが用いられるが，世界的にみて，キク，バラ，カーネーションの3種で切り花生産額の約60％を占める．いずれも周年生産が可能で，そのうえ花色，花型が豊富で，品種の数が著しく多いためである．

近年鮮度保持技術が進んで，切り花は世界の空を飛ぶ国際商品となっている．

b．鉢物生産

鉢物はシクラメンやシンビジウムのように花を観賞する花鉢物（鉢花）と美しい葉や全体の姿をながめる観葉植物に区分されるが，花卉園芸では洋ランの鉢物を花鉢物から独立させて扱う場合が多い．世界的にみると花卉生産における鉢物の割合は切り花に比べて少ないが，最近の伸び率は切り花を上回っている．

鉢物経営は土壌条件に制約されることが少ないため，幅広い地域で栽培できる．また鉢物は移動が可能であるので，集約的な栽培が可能で，労働生産性は高く，面積当たりの収益は切り花生産より高い．

鉢物の生産形態には1種類を周年栽培するものと，数種類をローテーションして栽培する多品目少量生産型があるが，いずれも専業経営が定着している．なお，花鉢物はもっぱら施設で栽培されるが，観葉植物は施設のほか，冬季温暖な地域で露地栽培もされる．

生産額の多い鉢物は国によって大きく異なり，わが国ではシクラメン，アメリカ合衆国ではポインセチア，オランダではファレノプシスの生産額が最も多い．

c．花壇苗生産

　市街地の緑化，景観形成，生活環境の美化の素材として生産され，生産額は年々増加している．とくに1990年に大阪で開催された国際花と緑の博覧会によって都市における緑化の必要性が多くの人々に理解され，都市部を中心に花壇苗の需要が大幅に伸びている．

　花壇苗生産は栽培期間が短いため，複合的な花卉経営や兼業的花卉経営に取り入れやすい，生産費が少なく，資本の回収が早い，労力が短期間に集中しやすいなどの経営上の特徴を持つ．露地生産が中心であるのも花壇苗生産の特徴である．

　花壇苗は1960年代までは需要も少なく，出荷時期も3～5月に集中していたため，鉢物生産のローテーションの一部として，露地生産されることが多かった．

　しかし，1970年ころから安価なポリエチレンポットやプラスチックトレイが開発され，さらに1985年ころからプラグ苗（セル成型苗）が導入され，花壇苗の栽培と出荷スタイルが大きく変わった．その後自動（半自動）播種機，ポットフィラー（用土充填機），自動移植装置が導入され，購入調整用土も利用されるようになり，花壇苗の播種，育苗が著しく省力された．

　現在の花壇苗生産では種類の選択，組み合わせと，採算の取れる価格で販売する戦略が求められている．

　花壇苗として栽培される種類・品種は多く，300種類を越えるが，販売数量が多いのは，パンジー，ビオラ，ペチュニア，マリーゴールド，サルビア，ビンカ，インパチュエンスなど種類が限られている．

d．観賞樹木（花木）生産

　観賞樹木類の苗木および成木の生産はかなり大きく，花卉生産額の5分の1を占める．これらは一般花卉類とは別にいわゆる植木生産として，露地物を中心に産地を形成し，流通・販売も別ルートで行われている．

e．種苗生産

　切り花や鉢物あるいは花壇用の苗の生産や一般家庭で使う種子，球根，苗

(挿し木苗，接ぎ木苗，組織培養苗，プラグ苗など)の生産は花卉産業のきわめて重要な分野である．従来，わが国では切り花や鉢物の生産者が自ら種苗生産を行っていたが，組織培養苗やプラグ苗の普及で欧米各国と同様に種苗を専門に生産する業者から購入する形に変ってきている．

わが国では種子繁殖する花卉は育種技術が進んでおり，国際的評価も高く，採種された種子の相当量が輸出に向けられている．

これに対して，栄養繁殖する花卉は育種の立ち遅れが目立ち，主要花卉ではキクを除いてほとんどの花卉で海外の品種を利用している．このためガーベラのように海外から組織培養苗を輸入するケースとバラのように日本の種苗業者が育成者から繁殖権を得て日本で繁殖する場合がある．

球根類の種苗生産はオランダを中心に日本，イギリス，アメリカ合衆国，フランスなどで行われているが，世界的にみると数多い球根類のなかで，チューリップ，グラジオラス，ユリ，アイリス，クロッカス，スイセン，アネモネの7種で83％を占める．グラジオラスの割合は年々減少しており，かわってユリの割合が伸びている．生産された球根の50％以上が切り花生産に，残りが花壇用に利用される．

わが国の球根生産は人件費の高騰，後継者の不足，輸入の増加などで低迷している．

機械化による生産規模の拡大と所要労力・生産費の低減によって低コスト・高品質の球根生産を確立するとともに，消費者ニーズに対応した種類・品種を供給することが求められている．

3．経営形態

花卉の経営は労働および資本集約度が高く，比較的少ない面積で高収益が得られるが，有利な経営を展開するには，高度な栽培技術と豊富な情報が必要である．

花卉経営の形態には，税制上有限あるいは株式会社組織とし，雇用労力を主体に生産する企業的経営，家族労働を主体に，不足分を雇用労力で補う専業経営，ほかの農作物と組み合わせて生産を行う複合経営，農業以外の産業と組み合わせた兼業経営などがある．わが国の花卉生産農家の中で最も多い経営形態

は複合経営であるが，発展して専業経営となる例も多い．

　世界の花卉産業の牽引役となっているオランダでも，自家労力を主体にした専業経営が最も多い．世界的に著名な種苗業者，育種業者ならびに切り花や鉢物生産者も，専業経営から発展して企業的経営になったものが大部分である．同様のことは世界有数の花卉産地であったカリフォルニア州のサリナスおよびその周辺の花卉経営についてもいえる．

　これに対してコロンビア，メキシコ，ケニア，エクアドルなどの発展途上国の熱帯および亜熱帯高地における大規模な花卉生産は，先進国の資本と技術に現地の安い労働力，恵まれた自然条件を組み合わせて，最初から企業的経営として出発している．このため経営規模は桁違いに大きい．

　わが国の専業花卉経営の平均像は，施設栽培面積1,300～2,300 m^2 で，粗収益1,000～2,000万円，農業所得500～1,200万円である．当面の目標は施設面積3,300 m^2，粗収益2,000～3,000万円であろう．企業的経営には最低5,000 m^2 の施設と3,000万円以上の粗収益が必要である．この程度の規模と粗収益があると施設設備の高度化，自動化が急速に進む場合が多い．

参考文献

1) De Kleijn, E. H. J. M. and A . M. A. Heybroek, 1992. A view of international competitiveness in the flower bulb industry. Rabobank. The Netherlands.
2) 原　幹博．1992．農家経営の立場からみた花卉生産の現状と将来．新花卉 152：9-17．
3) 鶴島久男．1983．新編花卉園芸ハンドブック．養賢堂．東京．

第4章　花卉の形態と構造

花は種子植物の有性生殖にかかわる器官で，花の形質は，スウェーデンのリンネ以来分類学の標徴になっている．

花は，茎とそれについた葉とを一緒にした単位である苗条の節間が詰まった変態であると見られており，茎，葉に相当する器官をそれぞれ花軸（floral axis），花葉（floral leaf）と呼んでいる．

1．花の器官と構造

被子植物の花葉は普通両性花で雄ずい（stamen）と雌ずい（pistil）を備えている．雄ずいと雌ずいの外側にがく片の集合したがく（calyx）と花弁の集合した花冠（corolla）がある．この他，多量の糖分を含む蜜を分泌する蜜腺（nectary）を有する花もある．また，雄ずいの変形した仮雄ずいを有する花もある（図4.1）．

花葉のうち，雌雄の生殖細胞を生じる雄ずいと雌ずいを実花葉，生殖細胞を作らないがくや花冠を裸花葉という．

一つの花にがく，花冠，雄ずい，雌ずいの4種の花葉がそろっている花を完全花，どれかが欠けている花を不完全花という．また，花を雌雄性から分けると，一つの花に雄ずいと雌ずいの双方がある花を両性花（雌雄同花），どちらか一方しかない花を単性花（雌雄異花）という．

雄花と雌花を同一株に生じる単性花を雌雄同株（monoecious），異なる株に生じる単性花を雌雄異株（dioecious）という．

多くの花には柄があって，これを花柄（peduncle）といい，花柄の末端の花の着く部分を花床（receptacle）という（図4.2）．

図4.1　リューココリネの仮雄ずい

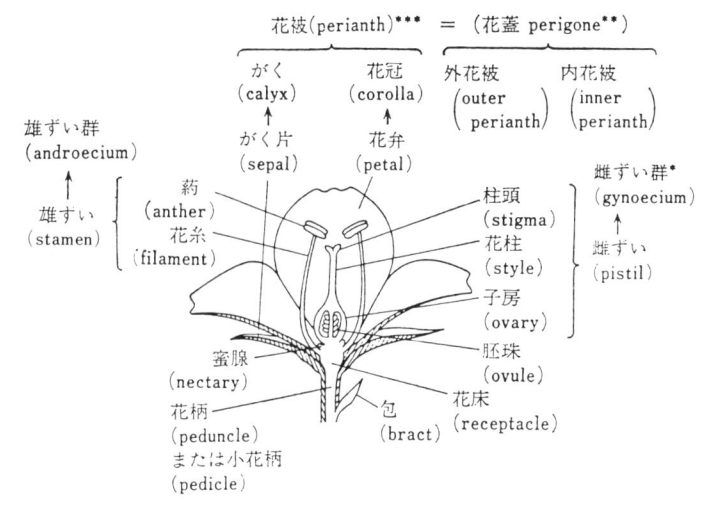

```
                        花被(perianth)*** ＝ (花蓋 perigone**)
                    ┌─────────┴─────────┐    ┌──────┴──────┐
                    がく        花冠       外花被        内花被
                   (calyx)    (corolla)  (outer       (inner
                                         perianth)    perianth)
                    がく片      花弁
                   (sepal)    (petal)
```

図4.2 花の各部位と名称（福住，1981）

↑の先に記された名称はその集合体を示す．
* 離生雌ずいの花の場合．
** がくと花冠がほぼ等質の花（同花被花）の場合．
*** 通常，がくと花冠を合せて花被と呼ぶが，狭義には花蓋と同意義で用いられる．

花の器官のうち，がく片，花弁，雄ずい，雌ずいは離生から合生へ，多数から少数へ，互生から対生・輪生へ，また，両性花から単性花へ，風媒花から虫媒花へ進化したと考えられている（本田，1978）．

a．花　　被

花の各部のうちで生殖に直接関係がない裸花葉（がくと花冠）を花被といい，多くの花では外側にあるがく（外花被）と内側の花冠（内花被）とに区別されるが，チューリップ，ユリ，ヒガンバナ，スイセンなどのようにがくと花冠との区別が明らかでなく，同質同形のものもあり，このような場合両者を総称して花蓋（perigone）という．花蓋のうち外側のものを外花蓋，内側のものを内花蓋という．花被は，狭義には花蓋と同じ意味に用いられる．

同種の花葉どうし，または異なる花葉の間で結合していることがあり，がく片どうしの結合した合片がくや花弁どうしの結合した合弁花冠は極めて多く，合弁花冠をつくるかどうかは双子葉植物を分類する重要な標徴となっている．

b．がくと花冠

がく片（sepal）の集合体であるがく（calyx）は通常一つの輪になって配列しており，形は盃状，筒状，毛状，漏斗状などいろいろである．がく片は花葉の中では最も普通葉に近く，一般に緑色であるが，トリカブト，アジサイ，ジンチョウゲなどでは花色の色素をもつ．蕾のときに他の花葉を包んで保護する機能をもっている．種によってはがくの外側にがく状のものがあり，これを副がくという．

花は，相称花と非相称花に分けられる．花の構成要素の形や大きさが等しいと相称面が二つ以上できる．このような花を放射相称花といい，バラ形花冠（バラ，サクラ），十字形花冠（ストック），鐘状花冠（カンパニュラ，キキョウ）が該当する．一方，がくや花弁の大きさが不同で相称面が一つしかないものを左右相称花といい，蝶形花冠（スイートピー），舌状花冠（キク）などがこれにあたる．放射相称花冠から左右相称花冠へ進化したとみなされている．非相称花では，花弁の大きさがいずれも異なり，相称面がない．カンナがこの例としてあげられる．

花冠はアントシアニン，フラボノール，カロテノイドなどの色素をもち，花粉媒介者（送粉者，pollinator）に花蜜や花粉などの報酬の存在を宣伝し，送粉媒介者を誘引して，生殖を助ける働きをもっている．

c．雄ずい

雄ずいは花冠の内側に輪生し，中に花粉を含む葯（anther）とこれを支える花糸（filament）からなっている．雄ずいは通常花床（receptacle）の上に着生するが，なかには，花冠に着生するものがある．雄ずいの数は1〜2本から多数まで種類によって異なる．

花糸の多くは糸状で，葯が花糸に着いている状態によって，底着，側着，丁字状の別があり，1本，1本離れているのを離生，結合しているのを合生という．

花粉は小さな蕾の雄ずいにできる花粉母細胞の減数分裂によって造られる四つの細胞（四分子，tetrad）が発育して4個の花粉となる．虫媒花では，突起があって送粉媒介者に着きやすくなっているものが多く，風媒花では小さく，乾いて軽いものが多い．

1. 花の器官と構造　25

花粉は通常1個ずつ離れているが，ラン科植物などでは，多数の花粉が1団となっているものがあり，これを花粉塊という．花粉には細胞壁の外側にもう一層かたい外壁があり，スポロポレニン（sporopollenin）と呼ばれる C_{90} の物質でできていて，化学的に非常に安定している．

d．雌ずい

花の中心に位置し，柱頭，花柱，子房の三つの部分からなる．雌ずいも葉の変態したもので，雌ずいを構成する葉的器官を特に心皮（carpel）という．1個の雌ずいを構成している心皮の数は1ないし数枚である．雌ずいの数は一つの花に1ないし数本である．

柱頭は花粉の付着するところで，花柱は花粉管が伸びて子房に達する際の通路となっている．子房内の空所を室といい，心皮1枚からできている雌ずいでは，普通子房は1室であるが，2枚以上の心皮が結合している雌ずいでは，心皮の数と同数の室を有するものと，1室だけのものとがある．子房内の胚珠が着生している場所を胎座という．

子房と他の花葉との関係は花の構造上重要で，他の花葉が子房の下位にある上位子房，子房の周囲に他の花葉がある中位子房，子房の上位に他の花葉がある下位子房の三つに分けられる．上位子房の花は器官の癒着が少なく，下位子房では多い．癒着が少ないことはより原始的であると考えられている．

花床と他の花葉との関係は子房の位置によって異なる（図4.3）．

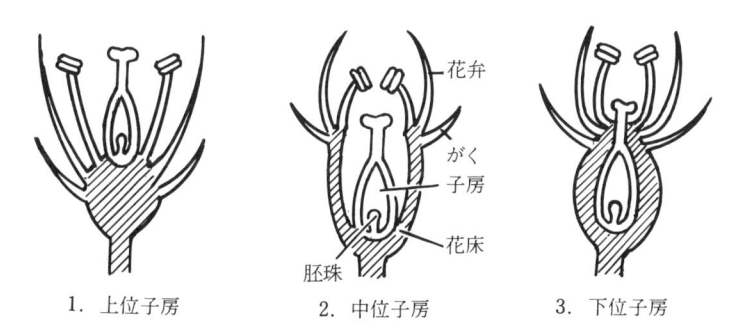

1．上位子房　　2．中位子房　　3．下位子房

図4.3　子房と他の花葉の関係（浜，1958）

2. 花の器官の相互関係

a. 花式図と花式

花の横断面における各花葉の種類と数および相互関係を模式図に表わしたものを花式図（flower diagram）という．図の上方に花軸を小黒円で，下の方に包を記し，その間に外から内に向かって同心円状に各花葉を記入する．花は原則としてがく1環，花冠1環，雄ずい2環，雌ずい1環の5環（輪）から形成され，各環の部分は通常，花軸上に互い違いに配置されている．普通包は輪郭線だけで，がくには横線を入れ，花冠は黒く塗りつぶす．がくと花冠が同形同質の場合には，ともに横線を入れる．

花式図は，各花葉の種類，数，位置関係だけでなく，形，大きさ，合着の有無を示すことができ，雄ずいでは葯の向き，葯室数，雌ずいでは子房の室数，胎座の形式，胚珠の列数など，花の構造を詳しく表現することができる（図4.4）．

各花葉に記号を付けることにより花を構成する花葉の種類，数，配列状態を記号と数字で表わすことができ，これを花式（flower formula）という．

花式では，がくをK（ドイツ語のKelchの頭文字），花冠をC（corollaの頭文字），がくと花冠が同形同質のときにはP（perigoneの頭文字），雄ずい群はA（androeciumの頭文字），雌ずい群はG（gynoeciumの頭文字）と表記し，各群の花葉の数は記号の後に数字で表記する（図4.4）．各花葉の数は単子葉植物では1環に3個が普通で，まれに2ないし4個で，双子葉植物では5ないし4個で，ま

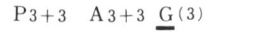

P3+3　A3+3　G(3)　　　K(5) C(5) A(10+10+10) G1

図4.4　花式図と花式（浜，1958）
　　　　（左）ユリ，　（右）サクラ

れに3個である.

さらに，癒着は（ ），上位子房は G，下位は $\overline{G}$ のように線を下，上に付け，同質の花葉が内外2環に並ぶ場合は A_{3+3} のように＋記号で示す.

b. 花　序

花軸に花がつく配列状態および花の集合したものを花序（inflorescence）という．花序には多数の種類があり，植物の分類のうえで重要な標徴となっている．すなわち，キク科は頭状花序，セリ科は散形花序，イネ科は穂状花序などである．

花序を大別すると無限花序と有限花序に分けられる．無限花序は花軸についている花のなかで下の位置あるいは外側のものから咲き始めて，次第に上の方あるいは中心部へ及んでいくもので求心性を示すために求心花序ともいう．単軸分枝によってできる総穂花序（穂状花序，散形花序，頭状花序，散房花序，肉穂花序など）は無限花序である．一方，有限花序は無限花序より複雑な構造をしており，先端あるいは中心の花が先に開き，遠心花序とも呼ばれる．仮軸分枝によってできる集散（単出，二出，多出）花序やチューリップのように花軸に1個の頂花をつける単頂花序は有限花序である．

花序には中間型や変形したものが認められて，確定しがたい場合も多い．また，同一植物内で異なった花序を示すこともあり，花序と開花順が必ずしも一致しない（例：バラ科のワレモコウは総穂花序で遠心性を示す）場合もある．

参考文献

1) 福住久代．1981．花．p.51-60．大阪府立大学農学部園芸学教室編．園芸学実験実習．養賢堂．東京．
2) 浜　健夫．1958．植物の生態学．コロナ社．東京．
3) 本田正次．1978．学名とは．世界の植物 120：3335-3337．朝日新聞社．東京．
4) 松本正雄・大垣智昭・大川　清編著．1989．園芸事典．朝倉書店．東京．
5) 西田　誠・戸部　博．1978．朝日百科 世界の植物：3025-3037．朝日新聞社．東京．
6) 小倉　謙．1966．植物解剖および形態学．養賢堂．東京．

第5章　育種と新品種の保護

1．花卉のライフサイクルと育種の役割

　花卉の生産と消費の拡大のためには'新しい種類と品種'の継続的な出現が必要である．それはどのような花でも一定期間市場に出回ると飽きられ，消費者は何か変わったものを求めるようになるからである（図5.1）．

　消費者は花に関しては極めて移り気である．その一例として，バラの切り花用品種ソニアをあげることができる．フランスのバラ育種家アラン・メイアンが1974年にこの品種を発表した当時，その耐病性，多収性，花色，花型，花持ちの点から生産，流通，消費の各段階で絶賛された．「これだけの品種は今世紀中には出現しないだろう」とまでいわれ，事実20年間にわたって，切り花業界に君臨してきた．しかし，そのソニアもパテントが切れた現在，以前ほどの人気はなくなり，減少，消失期に入っている．

　花卉では例外なく，図5.1のようなライフサイクルを持ち，しかもそのサイクルが比較的短い．

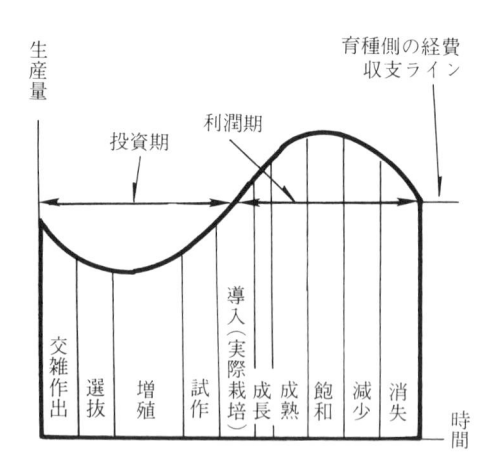

図5.1　花卉の新しい種類・品種の導入・発展・消失の様式

1. 花卉のライフサイクルと育種の役割　29

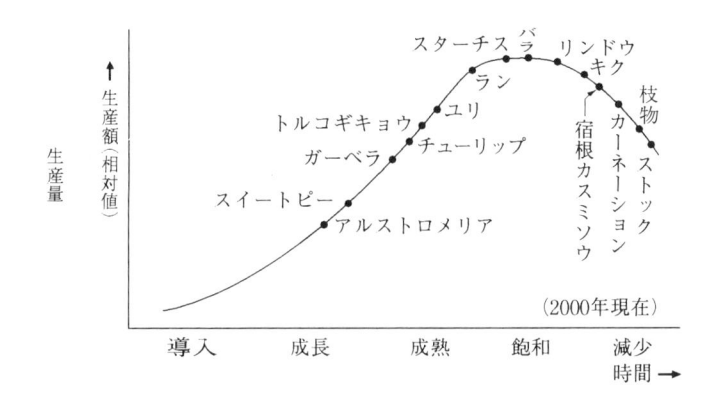

図5.2　日本の主要切り花のライフサイクル（大川，2001）
注：1980～2000年の，20年間の生産額の増減から算出し，想定した．

　花卉を生産する際最も重要なことは数多い種類，品種のそれぞれが，ライフサイクルのどの位置にあるかを知ることである．

　図5.2は日本における主要切り花のライフサイクルである．減少，消失期に入っている切り花にはストック，カーネーション，宿根カスミソウがあがっている．

　世界的に切り花の御三家の一つであるカーネーションが飽和期に入っている．先進国で大量に生産されているうえに，輸出用に熱帯高地で大規模に生産されるようになり，輸送時間の短縮と鮮度保持技術の進歩はカーネーションを完全に国際商品にしてしまったのである．これですっかり「安い花」のイメージが定着し，消費が落ち込んでしまった．

　オランダやイタリアの育種家たちが多くの原種を導入して，極小輪や多花性のいろいろのタイプのカーネーションを育成したが，消費回復にはつながらなかった．

　一方，トルコギキョウ，宿根アスター，スプレーバラ，ソリダスター，アルストロメリア，スターチスは導入・成長期の切り花であり，今後成熟期に入るところである．

　産地ごとに，栽培している花の種類，品種がライフサイクルのどの位置にあるか，今後どのような経過をたどるのか，シミュレーションしてみることが肝

要である．飽和期，減少期，消失期の種類が多くては産地の発展は望めない．

このように花卉産業の発展にとって，育種は重要な位置を占める．新しい遺伝資源を導入し，選抜しただけで'New Crop（新花卉）'になる場合も多いが，遺伝的な均一性を高め，生産性に関与する形質の改良には，育種が必要となる．

このような理由から，世界各国で花の研究を行っている公的研究機関の最も重要なテーマは育種と品種検定となっている．花卉の育種が難しいのはファッション性の強い花の次の流行を予測しなければならないためである．花に限らず流行というのは非常に奇妙な現象で予測がつかず，突然に起こるようにみえる．これに対し，育種家が新品種を育成するのに5～10年の年月がかかるものが多い．

育種家にとって最も重要なことは，消費における'ある傾向'，'新しい波'を探しだすことにある．

たとえば30年前には，ほとんどの花卉において大輪傾向が強かった．その後，ミックスブーケの需要がおこり，小輪傾向へと変わっていき，スプレータイプや多花性に人気がでてきた．宿根カスミソウ，宿根アスター，ソリダゴの需要が急増したのはこのためである．現在もブーケに適する大きさや花色，花型への関心が高い．

花色は世界的にパステルカラー（柔らかい淡い色彩）の人気が続いているが，いずれ原色に人気がでてくることは予想できる．しかし，それがいつから起こるかを予測することは難しい．

鉢物においても同様で，1980年代の前半まではユッカやドラセナの栽培は極めて少なかった．中南米のプランテーションで栽培された挿し穂が花卉の消費量の多いヨーロッパやアメリカ合衆国，日本などに輸入されるようになって，爆発的に生産と消費が伸びた．鉢物生産が極めて容易で，観賞期間が長かったためである．

2．日本の花卉育種の現状と課題

わが国における花の品種改良は江戸時代に趣味栽培として始まり，日本人の感性でキク，アサガオ，ハナショウブ，スカシユリなどを改良した．その結果，花色，花型，草姿についての変異が拡大し，世界に誇る園芸品種が数多く育

表5.1 営利用花卉の国内育成品種の占有度（伊藤, 1991, 一部改変）

栄養繁殖性	占有度	種子繁殖性	占有度
キク	◎	ストック	◎
カーネーション	×	トルコギキョウ	◎
バラ	×	スターチスシヌアータ	◎
洋ラン類	○	リンドウ	◎
宿根カスミソウ	×	アスター（カリステフアス）	◎
ユリ	×	シンテッポウユリ	◎
チューリップ	×	キンギョソウ	○
グラジオラス	×	ナデシコ	○
フリージア	×	デルフィニウム	△
アイリス	×	スイートピー	△
スイセン	×	シクラメン	△
アルストロメリア	×	プリムラ類	◎
ガーベラ	×	ペチュニア	◎
ブバルジア	×	パンジー・ビオラ	◎
宿根アスター	△	ヒマワリ	◎
クリスマスカクタス	×	ハボタン	◎
ポインセチア	×		
ハイブリッドスターチス	◎		

◎ ほとんど国内育成品種　○ かなりの品種が国内育成品種
△ 外国品種がかなりある　× 外国の品種が主力

成された．

　表5.1は現在の国内育成品種の占有度を示したものであるが，種子繁殖性花卉については占有度が高いのに対し，重要な種類を多く含む栄養繁殖性花卉の国内育種は不振である．

　これは育種者の権利を保護する種苗法の制定が諸外国に比べて遅れ，1978年になってやっと制定されたことと，一部の花卉を除き自家苗生産が一般的でロイヤリテイ（品種使用料）の徴収が困難であったことが原因である．種子繁殖性花卉の占有度が高いのは禹長春や篠原捨喜が開発したF_1採種技術が，世界的にみて，現在でも高い水準にあるためである．F_1品種は固定品種より，草勢が強く，揃いがよいが，自家採種すると著しく分離するため毎年種子を購入しなければならない．このため法律の有無に関係なく，品種の権利が保護される．

ハボタン，ストック，トルコギキョウ，シンテッポウユリ，アスター（*Callistephus chinensis* Nees），パンジー・ビオラ，ヒマワリ，ペチュニアの品種改良は世界的なレベルを越えており，毎年大量の種子が世界各国に輸出されている．これらの種子繁殖性の品種改良は種苗会社と生産農家の努力に負うところが大きい．この他，日本の山野に自生するリンドウやアザミ等も園芸化して多くの品種を育成していることも特筆される．とくにリンドウの切り花用と鉢物用の品種の育成は海外で高く評価されているが，これらの品種はすべて生産農家と公的試験研究機関により育成されている．

一方，栄養繁殖性の花卉はキク，洋ラン（シンビジウム，ノビル系デンドロビウムなど），ハイブリッドスターチスを除いて，外国品種に蹂躙(じゅうりん)されており，わが国の生産者は毎年莫大な品種使用料を支払っている．なかにはアルストロメリアのように種苗費が生産費の50％を占め，切り花生産上大きな問題になっているものもある．

花卉は種類が多く，それぞれの種類の産業的規模が小さいため，育種従事者が少ない．そのうえ，美しさや新規性が商品価値に大きく関与するため，周年生産性，耐暑性，耐病・耐虫性，耐肥性，耐密植性など生産性向上や生態育種に関する対応が遅れ，欧米の水準よりかなり低い．国公立研究機関のすみやかな対応が求められている．

3．育種の目的

育種の目的は生産者が従来の種類，品種よりも経済性があると判断できるものを作出することにある．経済性の向上は生産経費を減少させることと収量を高めることによって達成される．新しい種類や新しい品種にはこのような特性を備えていなくても，花色や花型に新規性があれば先駆者利潤を得ることも可能であるが，経済性がある期間は短いのが普通である．

花卉産業において，新品種や新花卉が育成されてから経済性を獲得するまでの過程を図5.3に示した．

育種を行おうとする種類について，その種類の特性について可能な限り情報を収集することが肝要である．とくに栽培方法，生産の各段階における経費について詳細な情報が必要である．さらに，栽培上のどこに問題があるかを的確

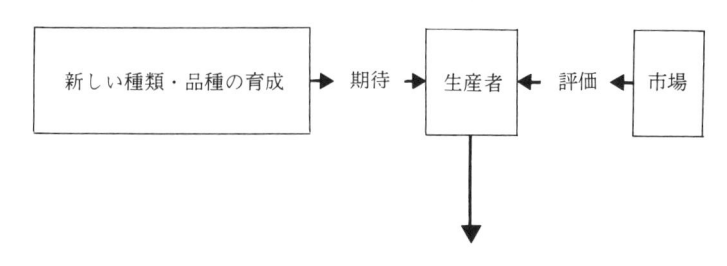

3. 育種の目的　33

```
[新しい種類・品種の育成] →期待→ [生産者] ←評価← [市場]
                                    ↓
                          生産増加もしくは生産中止．
```

図 5.3　新しい種類・品種の育成から普及までの経過

に把握しておくことも欠かせない．

　そして，このような特性の改良が新しい遺伝資源の導入によって可能であるかどうかを十分検討し，的確な育種プログラムを作成する．育種に要する経費と時間は莫大なものであるから，常に育種の効率化について最大限の努力をする必要がある．

　育種には特定の形質にねらいをつけ，その目標に向かって，いろいろな育種法を適用していく場合と，分離法や突然変異作出法を用い，そこに出現する新しい形質をもった優良系統を拾い上げる場合がある．

　育種の目的は，趣味の場合には育種家の好みによって決定されるが，経済生産を対象とした場合は現在の市場や消費者の好み，それに将来的な展望を予測して決定される．経済生産を対象とした場合の花卉全般の育種目標は次のとおりである．

（1）利用適性－その時代の好みにあった花型，花色，草姿を持った品種の育成．水揚げ・花持ちの良い品種．
（2）生産性向上－単位面積当たりの生産性を高めるために，多収性，耐密植性で栽培期間の短い品種（早生性）の育成．種類によって機械化適性も求められる．
（3）周年生産能力－労力の平均化と需要の拡大のため，四季咲き性の付与，ロゼット性の除去，低温開花性および高温開花性（耐暑性）の付与．
（4）病害および虫害抵抗性－連作障害回避のため，土壌伝染性病害および虫

害に対する抵抗性品種の育成.
(5) 流通適性－エチレンに対する感受性の低い品種. 輸送に適した草姿をした品種の育成.

4. 遺伝資源収集と保存

　育種の素材となる遺伝資源には育種によって作出された品種や系統,特定地域の風土に適応した在来種,改良の源となった野生種が含まれる.花卉園芸では原野の植物が新花卉として利用される場合が多く,これらは重要な遺伝資源である.いずれにしても遺伝資源はそれ自身の中に大きな遺伝的変異を含むか,変異を拡大できる潜在的な可能性を持っている必要がある.

　原産地には多様な変異が豊富にあり,そこから遠ざかるにつれて,変異が減少する.このため従来,遺伝資源の探索・収集はこのような遺伝子の中心地域を対象に行われてきたが,自然界の開発による既存の生態系の破壊や自然植生の荒廃は有用遺伝資源の枯渇や絶滅を助長している.

　このような状況から,近縁野生種,土着の在来種,地方種などの有用遺伝資源を収集して,積極的に維持・増殖する必要がある.

　人為的環境下での保存には植物種子,細胞（カルス,花粉）,組織または器官などの植物体の一部を保存して,必要に応じて,直接または再生させて利用する方法があり,その技術の進歩は著しい.

　収集した遺伝資源はある限定された育種目標に対して,最も適しているかどうかの評価を行う.また育種目標となる形質の遺伝的な支配関係を調査し,主働遺伝子によるのか,ポリジーン系に支配されているのかを明らかにする.遺伝様式の解明,すなわち,交雑親和性の有無,交雑による当該遺伝子の取込みの難易を解明する.遠縁の遺伝子を利用する場合には中間母本を育成する.このため,従来は戻し交雑を行っているが,細胞融合や,組換えDNAの実用化がはかられており,画期的な素材の開発が期待される.

5. 育種の方法

a. 交雑育種法 (cross breeding)

切り花本数，品質，耐病性などの形質について，遺伝的に異なる品種間および種間，さらには属間で交雑して多様な変異を示す雑種集団を作出し，その中から両親の持つ優れた形質を持った優良個体を選抜する方法で，系統分離よりも積極的な育種法である．

種子繁殖性花卉（自殖性，他殖性）か栄養繁殖性花卉かによって雑種集団の取扱い方が異なる．種子系の自殖性花卉では雑種後代に現れる遺伝的にホモのものを選抜の目標とするが，ヘテロの遺伝子型が多い初期世代からどのように選抜するかによって系統育種法，集団育種法および派生系統育種法に大別される．特別な場合には雑種に再び一方の親を交雑する戻し交雑育種法が用いられる．

一方，種子系の他殖性花卉では近親交配を強制的に行うと近交弱勢 (inbreeding depression) が生じて，切り花本数や草勢が急速に低下する．このため，一代雑種育種法（雑種強勢育種法）を用いて，ヘテロ性を維持して，切り花本数，耐病性などの優れた実用品種を育成している．

栄養繁殖性花卉には他殖性であるものが多く，遺伝的にヘテロのものが多い．このため実生集団での形質分離が大きく，劣悪形質が多数出現する．自家不和合性や交雑不和合性のものも多く，このため，自由な交雑ができず，遺伝的組換えによる品種改良を遅らせる原因となっている．一方，優良な形質を持った個体が作出できれば，栄養繁殖により増殖して，実際栽培に利用できるので固定の必要がない．

交雑育種は普通は同一種内の品種あるいは系統間で行われることが多い．しかし現在営利的に生産されている花卉には，バラ，キク，ガーベラ，ペチュニア，アルストロメリア，ユリ，グラジオラスなど，原種間の種間交雑によって育成されたものが数多くあり，ラン科植物には属間雑種で育成されたものが見られる．このように花卉の育種においては種属間交雑のような遠縁交雑が重要な役割を果たしている．

b．分離育種法（系統分離，breeding by separation）

交配操作を含まない育種法で，古くから一般的に行われている育種手法である．分離育種法が飛躍的に前進したのは Johannsen らによって生物の示す変異に遺伝的変異と環境的変異とが存在することが明らかになってからである．後代検定法の案出，生物測定学による変異の分析法の発展によって，この育種法も画期的に前進している．

淘汰，選抜はもっぱら自然に生じた変わりのものから行われてきた．現在わが国で切り花用に栽培されているテッポウユリの品種'ひのもと'，世界的に評価の高いカノコユリの品種'うちだかのこ'はいずれも自生種からの選抜である．しかし，最近は遺伝的素質の組換えや突然変異の過程の人為的制御が可能になり，人為的に作出した変異のなかからも選抜されている．

自殖性花卉に対しては純系分離法，集団選抜法，栄養繁殖性花卉については栄養繁殖分離法（栄養系も変異するので，個体選抜を行ったり，種子の採れるものについては実生を選抜し，再び栄養系へ導く）が用いられている．

種子繁殖する花卉の遺伝的な斉一性を確保するには遺伝的に純粋な系統（純系）を作出する必要がある．純系の作出には普通自殖を7世代繰り返す．純系になると自殖により元の個体とまったく同じ性質の個体群が得られる．一代雑種（F_1）は純系どうしの交雑によって得られる．

他殖性花卉には自家不和合性のものが多く，純系を作出することが困難なことが多い．蕾受粉が有効な場合もある．

栄養繁殖する花卉も種類や品種によっては栽培中に頻繁に変異するので，品種や系統が退化しないように常に優良系統の選抜を実施する必要がある．日本で最も生産の多いキクはかなりの率で芽条変異を生じ，系統が分離する．この場合，花色，花型のように容易に区別できる質的形質は淘汰あるいは選抜されるが，茎の伸長性，生育・開花の揃い，採花率などの生産性に関係する量的形質は判断が難しく，見過ごされやすい．突然変異の多くは劣悪なものであるから，淘汰や選抜を行わない限り，劣悪な形質が集積する．個人で市場に出荷する場合はともかく，共選共販する場合には規格品を生産する必要があり，系統を統一する必要がある．葬儀の花として利用された一輪ギクの秀芳の力と精雲は占有率が高かったので，愛知県をはじめ各県で系統選抜が行われた．

c. 突然変異育種法 (mutation breeding)

栄養繁殖性の花卉では体細胞変異がそのまま利用でき，遺伝的に固定する必要がないので，自然に発生する突然変異が重要な役割を果たしてきた．大輪カーネーションの重要な系統シム系は400を越える品種があるが，これらはすべて1938年にアメリカの育種家ウイリアム・シム（William Sim）が育成した大輪赤のウイリアムシムから出現した突然変異である．キク，バラ，ポインセチア，リーガースベゴニア，アルストロメリア，ガーベラなど栄養繁殖する重要な切り花や鉢物の品種には突然変異により生じたものが非常に多い．

しかし，突然変異により生じた品種を繰り返し栄養繁殖すると，少しずつ突然変異を起こして退化することが多く，重要品種では絶えず優良系統の選抜を実施する必要がある．

突然変異は花色，花型，矮化，開花の早晩性など一見して変異が区別できるものが利用される．キクではピンク系からは高率で変異が出現するが，黄系やオレンジ系からは出にくい．大輪ギクの乙女桜（ピンク）からは白と黄の枝変わりが，秀芳の力（白）からは黄色の枝変わりが実用化している．

種子や植物体に突然変異の誘発源として，放射線（X線，γ線，中性子など），

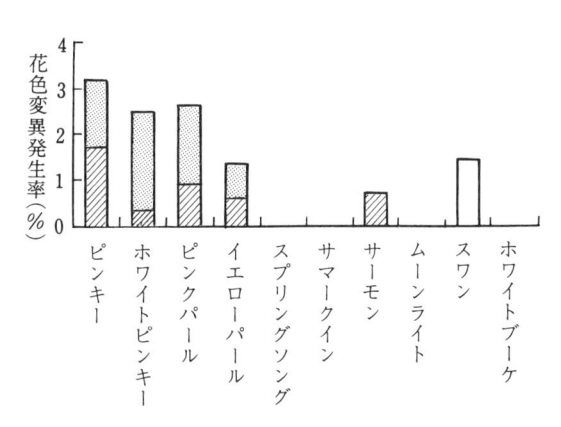

図 5.4　ガンマ線照射（1,250 rad）世代の花色変異の発生率
　　　（大石，1988）

化学的変異源(アルキル化剤,塩基類似体など)を処理すると,突然変異が高頻度で出現する．花卉ではγ(ガンマ)線やX線を照射して得られた品種が数多く利用されている．人為突然変異誘発率には品種間差が認められる(図5.4)．

カーネーションでは他の花卉にさきがけて,放射線育種が開始されたが,現在に至るまで見るべき成果が得られていない．

一方,キクについては放射線育種は重要な育種法になっている．自然に発生する枝変わり品種の多くは,周縁キメラ(periclinal chimera)であるが,これは茎頂分裂組織は,外側からL1,L2,L3の3つの起原層(germ layer)に分れているために,拡大された変異はただ一層に限られ,外側と内側で遺伝的に異なるために起こる(図5.5)．

花卉の放射線育種の権威であるオランダのBroertjesら(1976)は,遺伝的に不安定な周縁キメラではなく,すべての起原層が変異した完全変異体(solid-mutant)の作出について検討し,小花柄培養と放射線照射を組み合わせた完全変異体の獲得技術を開発した．この方法は中心花が咲き始めた頃,頂部に全線量で8 Gy(0.6 Gy/分)程度照射する．照射後頂部の葉を除き,滅菌後小花柄を長さ5mmの切片にして,さらに縦に半分に切って,切断面を培地に接するように置床して不定芽を再生させる．完全変異体は遺伝的に安定していて先祖返りが起こらないが,*in vitro*で再分化できる品種に限られる．そのうえ,完全変異体は原品種と生態的特性や花型が異なることが多いので,現在はあまり利用さ

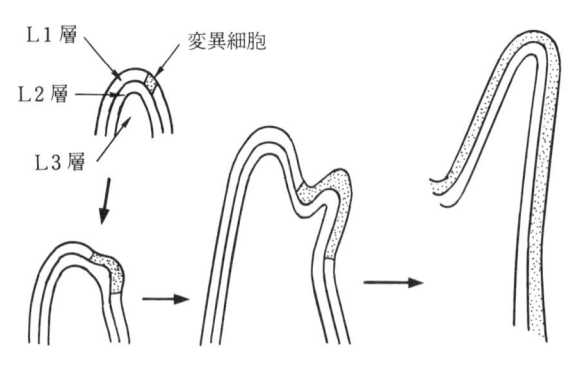

図5.5 周縁キメラの生ずる過程
(Bergam原図,柴田改変)

れていない.

　1972年に交雑により作出された品種ホリムの自然突然変異品種ピンクホリムに対する放射線照射に端を発した人為突然変異品種群（ミロンカ，ミクロップ，ミッデルリイ，ミロス，ダークミロス，ブロンズミロス，オレンジミロス，アプリコットテミロ，ブロンズテミロ，ダークテミロ）がオランダにおいて一時30％以上を占める主要品種群となったことから，現在ではほとんどの民間育種業者がキクの育種プログラムに放射線照射による突然変異を取り入れている.

　放射線照射により生じた品種にはテミロ系品種のように12℃の低温条件下でも元の品種より早く開花する耐低温性の他，最近ではアレルギーの原因となる花粉のでない雄性不稔の作出が報告されており，キクでは今後の発展が期待できる育種法である.

d．倍数性利用育種法（polyploidy breeding）

　染色体数が倍加するにつれて，一般的に花や茎葉がやや大きくなり，観賞価値が高くなる．倍数体は自然界でも発生し，バラ（$4n$），トルコギキョウ（4-$8n$），キク（4-$10n$），ダリア（$8n$）などは自然発生した倍数体である．人為倍数体はイヌサフラン（*Colchicum autumnale* L.）の種子や球根から抽出するアルカロイドの一種であるコルヒチンの他，コルセミド，アミブロフオスメチル，オリザリン（oryzalin）などを用いて行う．パンジー（$4n$），ペチュニア（$4n$），シクラメン（$4n$），コスモス（$4n$），プリムラマラコイデス（$4n$），キンギョソウ（$3n$），ルドベキア（$3n$）などで実用化している.

　倍数体は巨大性だけでなく，不稔性を伴う場合があり，このような場合には育種素材として利用できない．しかし，花壇用花卉では不稔で結実しない株の方が，株が弱ることなく，長期にわたって開花するため，不稔が望ましい．一例として，3倍体であるベゴニアセンパフローレンスのF_1をあげることができる.

　また，チューリップのダーウィンハイブリッド，球根アイリスのウェッジウッド，ニホンズイセン，ラッパスイセンのキングアルフレッドは3倍体で，球根の肥大が良いことが知られている.

6. バイオテクノロジー（生物工学, biotechnology）を利用した育種

バイオテクノロジーという用語は，ジャガイモとトマトの体細胞の融合によってポマトが育成されたころから用いられるようになった．その研究領域は図5.6に示したようなものである．しかし，組織培養・葯培養・胚培養などの培養技術や微生物・酵素利用技術はバイオテクノロジー提唱以前に開発された技術であるので，一般にオールドバイオテクノロジーと呼ばれており繁殖や育種などに極めて有用である．これに対してバイオテクノロジー提唱以後に開発された遺伝子組換え・細胞融合などの技術はニューバイオテクノロジーと呼ばれている．これらの技術はこれまでにない新しい研究領域として活用されているが，以下に述べる色々な困難性があるために現在のところ花卉園芸の分野で実用的に利用されている例は限られている．

a．葯（花粉）培養（anther culture）

葯または単離した花粉を無菌的に培養して，花粉由来の半数体を作出するのに利用される．劣性遺伝形質を表現形質に一致させることができるので，優良

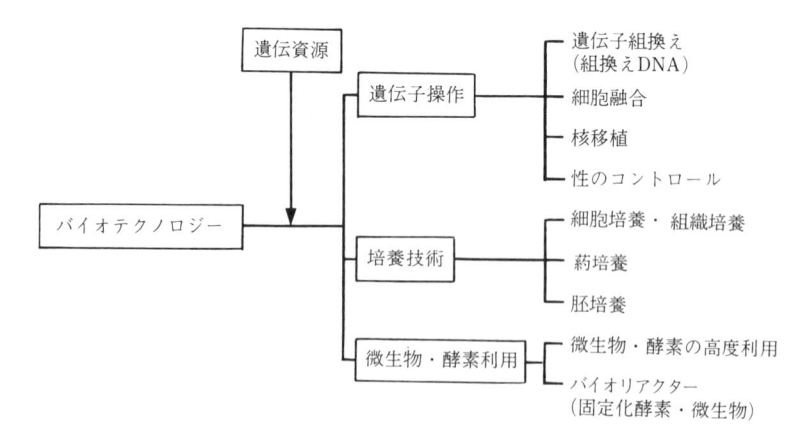

図5.6　バイオテクノロジーの研究領域

な劣性形質を見い出すのが容易である．一代雑種（F_1）の花粉培養で数多くの半数性幼植物体を作り，コルヒチン処理で染色体を倍加して，同質二倍体を作る．これらの中から，希望する優良形質を選抜すれば，固定品種となるので，育種年限を大幅に短縮することが可能である．

1964年にアメリカチョウセンアサガオで作出されて以来，世界各国でゼラニウム，セントポーリア，フリージア，ユリ，ペチュニア，プリムラ，トレニアなど，すでに200種以上の植物で半数体植物の獲得に成功しているが，いずれも再現性に乏しい．

b．胚・胚珠・子房培養（embryo・ovule・ovary culture）

変異を拡大するための遠縁交雑あるいは難交雑性の組合せでは受精しても，雑種胚の発達が正常に進行しない場合が多い．このような場合，未熟雑種胚を無菌的に摘出して培養することにより雑種植物を得ることができる．花卉ではキク，インパチエンス，ユリ，ペラルゴニウム，ツバキ，プリムラなどで雑種の獲得に成功している．

胚珠培養は胎座をつけた胚珠を培養する方法で，ペラルゴニウムとニオイゼラニウムの種間交雑で利用されている．このほか，ケシ，クレオメ，ペチュニア，ガーベラ，アルストロメリアなどで成功している．

子房培養は交雑後に子房ごと培養し，種子を得る方法で，ユリ，ペチュニアなどで成功している．

c．細胞融合（cell fusion）

2個あるいは2個以上の細胞を融合させるには，まず，葉肉組織を切断し，ペクチナーゼで処理し，細胞をバラバラにする．これらの細胞の細胞壁をセルラーゼで溶かすとプロトプラスト（原形質体，protoplast）と呼ばれる球型の裸の細胞が得られる．異なる植物から得られたプロトプラストを混合し，ポリエチレングリコールやデキストランで処理すると，異種の細胞間に融合が起こる．細胞質の合体したプロトプラストはその後細胞壁を再生し，さらに細胞分裂を行う過程で，核も融合する．

その後カルスを経て適当な培地のもとでシュートや根を生じ，植物体とな

る.

　細胞融合は交雑不可能な遠縁の植物間でも起こるため，種属間交雑の作出に有効である．現在5科17種でプロトプラスト培養により植物体の再生に成功している．花卉ではペチュニア，キク，ヘメロカリス，ブバルジア，ラナンキュラス，ゼラニウムなどで成功している．

　ジャガイモとトマトの融合細胞から植物体を再生させたポマトがよく知られているが，種子ができないので，これ以上改良していくことは不可能である．このように遠縁の植物間で細胞融合を行って，たとえ植物体ができても，植物としての機能を果たさなくなることが多い．このような点を考慮して，現在では遠縁の二つの植物のそれぞれの全染色体を融合させるのではなく，片方の植物の導入したい遺伝子がのっている染色体と他の植物の全染色体を融合させる非対称融合法が主流となっている．

d．遺伝子組換え（recombination of genes）

　従来の交雑による遺伝的組換えと異なり，ベクター（遺伝子の運搬者）を用いて植物の遺伝子ばかりでなく，微生物や動物の目的とする遺伝子だけを作物に導入して機能させることができるので，作物育種にとって有効な技術の一つであると考えられる．遺伝子組換えの現在の問題点としては(1)特定の遺伝子を取り出すことが難しい，(2)ベクターの種類が少ない，(3)形質転換率が低いことなどがあげられるが，(2)と(3)については近い将来解決される可能性が高い．しかし，(1)を解決するにはかなりの年月が必要である．とくに花卉で問題となる切り花本数のような量的形質は多数の微小な効果を持つ微働遺伝子（ポリジーン）に支配されている．このような多数の遺伝子を特定して取り出すことは非常に難しい．

　これに対し，花色のような質的形質は少数の主働遺伝子（メジャージーン）に支配されているので，より可能性が高い．実際，バラ，カーネーションでは遺伝子組換え技術を用いて青色の花色を持った品種が育成されている．

　バラでは安定して青色を発色するのに必要なデルフィニジン骨格の化合物の三つ目の水酸基を付ける酵素（3′,5′-水酸化酵素）遺伝子が欠損しているので，この酵素の遺伝子を色素合成の遺伝学的研究が進んでいるパンジーから単

離して，この遺伝子をバラに導入し，今までにない青いバラを育成することに成功している（芦刈，2004：田中，2008）．

7．新品種の保護

新品種の育成には長い年月がかかり，多額の経費を必要とするので，育成者が報酬を受けとることができないと，新品種が次々と生まれてこず，育種が停滞し，種苗の円滑な流通が妨げられる．このため新品種は工業的な発明と同様に法律的に保護されている．

国際的な新品種保護条約は1961年に西欧諸国で統一した原則・方式で，育成者の保護をはかる目的で締結された．その後，1968年に条約加盟国による植物新品種保護国際同盟（UPOV, Union International Pour la protection des Obtentions Vegetables = The International union for the protection of new varieties of plants）が発足し，1978年になって改正条約を発表した．日本は1982年9月に改正条約に加盟した．

表5.2　植物新品種保護に関する国際同盟（UPOV）加盟国（2008年9月現在）

ヨーロッパ			アメリカ	
オーストリア	ハンガリー	ルーマニア	アメリカ合衆国	エクラドル
ベラルーシ	アイルランド	ロシア	アルゼンチン	ニカラグア
ベルギー	イタリア	スロバキア	ボリビア	メキシコ
ブルガリア	ラトビア	スロベニア	ブラジル	ドミニカ
クロアチア	リトアニア	スペイン	カナダ	
チェコ	メキシコ	スウェーデン	チリ	
デンマーク	オランダ	スイス	パナマ	
エストニア	ノルウェー	ウクライナ	パラグアイ	
フィンランド	ポーランド	イギリス	トリニダッドトバゴ	
フランス	ポルトガル	アイスランド	ウルグアイ	
ドイツ	モルドヴァ	アルバニア	コロンビア	

アフリカ	アジア	オセアニア
ケニア	日本，中国，イスラエル，シンガポー	オーストラリア
南アフリカ	ル，ベトナム，ヨルダン，トルコ，	ニュージーランド
チュニジア	ウズベキスタン，アゼルバイジャン，	
モロッコ	キルギス，韓国	

UPOV条約は1991年3月に加盟20カ国によって再度改正され，登録の有効期間は普通植物では登録の日から20年，ブドウ，観賞樹などの永年作物では25年に延長された．さらに，突然変異など元の登録品種の主な特性を持ち，一部の特性を変化させた品種が出た場合には登録品種の育成者にも権利が及ぶことになった．この改正条約は1998年4月に発効した．2008年9月現在，65カ国が加盟しているが，今後加盟国の増加が見込まれている（表5.2）．

わが国の新品種保護制度は1978年に農産種苗法を大幅に改正する形で種苗法が制定され，1982年に一部改正し，UPOVに加盟した．そして，1998年に種苗法が改正され，政府は2002年7月に「知的財産戦略大綱」を決定し，11月には「知的財産基本法」が成立した．また，種苗の流通の国際化と同時に，登録品種が無断で海外に持ち出され，輸入されるような育成者権の侵害が発生している．これらの状況に対応して，2003年7月に種苗法が改正・施行され，これによって新品種の育成者は一定期間品種繁殖の権利が保護され，その権利は国際的にも保護されることになった．種苗法の概要の大要はUPOV条約と同じである．わが国では新品種は種苗法だけでなく特許法でも保護されている．アメリカ合衆国では，植物品種保護法，植物特許法，特許法の3つの法律で新品種を保護している．EU諸国においては，UPOV条約に基づいたEU独自の品種権利に関する規則があり，加盟各国の国内関連法に優先して，植物の新品種を保護している．

参考文献

1) 芦刈俊彦. 1993. 花卉育種におけるバイオテクノロジーの利用. 花葉会セミナー資料：13-16.
2) 芦刈俊彦. 2004. 世界初バイオテクノロジーを用いた「青いバラ」の開発に成功. サントリーニュースリリース No.8826.
3) Broertjes, C. and A. M. van Harten, 1988. Applied mutation breeding for vegetatively propagated crops. Elsevier Science Publishers B. V. Amsterdam.
4) Hamrick, D. 1993. The UPOV convention helping to ensure that growers get a steady stream of new varieties. Flora Culture International 3 (3) : 19.
5) 伊藤秋夫. 1991. 種苗業界から見た花の変貌. 新花卉 152：36-39.
6) Mulder, A. 1985. Development in flower marketing. Acta Horticulturae 261：319-

325.
7) 大石一史. 1993. 公的機関における花きの育種（2）キクの系統選抜（1）. 農業および園芸 5 : 67-73.
8) 柴田道夫. 1989. キクの突然変異育種と組織培養の利用. バイオホルティ 4 : 23-27.
9) 田中良知. 2008. 花の色のバイオテクノロジーの最近の進歩. 蛋白質核酸酵素 53 (9) : 1166-1172.
10) Vonk Noordegraaf, C. 1987. Development of new cutflower crops. Acta Horticulturae 205 : 25-31.
11) 山口　隆. 1984. 花きの突然変異育種. 昭和59年度日種協育技研シンポジウム資料 : 121-132. 農水省野菜茶試.

第6章 繁　　殖

　花卉では種類によって実用的な繁殖法が異なる．宿根草，球根類，花木などには雑種性がきわめて高いものが多く，種子繁殖すると親と同じ遺伝子型のものは出現しないので，栄養繁殖（無性繁殖）によって増殖するものが多い．これに対し，一・二年草は種子繁殖される．

1．種子繁殖

　種子繁殖（seed propagation）は比較的容易に大量の苗を生産できる最も基本的な繁殖法である．花卉では一・二年草は種子繁殖されるが，アネモネ，ラナンキュラス，キキョウのように宿根草や球根植物のなかにも，主に種子繁殖されるものがある．また，カーネーション，キク，バラなどのようにもっぱら栄養繁殖されるものも，品種改良や台木を養成する際には種子繁殖を行う．

a．発芽の条件

　種子の発芽には，水分，温度，酸素，光などの外的要因と休眠などの内的要因が関係している．

　水分は発芽のために必須で，吸水により種皮が破れやすくなるが，種皮が硬く吸水しにくいスイートピー，アルストロメリアなどは種皮に切り目を入れたり，砂と混ぜ合わせて傷をつけたりして，吸水を促進する．また，流水処理をすると発芽が促進されるものもある．これは発芽抑制物質が洗い流されるためである．

　発芽適温は高温限界（35〜40℃）と低温限界（5〜10℃）の間にあるが，適温は原産地の気候と密接に関連しており，熱帯，亜熱帯産のものは高く，温帯産のものは低い．例えば，トルコギキョウ，ケイトウ，マツバボタン，コリウス，アスパラガス，カナリーヤシなどでは30℃，シクラメン，スイートピー，ストック，ラナンキュラスなどは20℃，デルフィニウム，キンギョソウ，シネラリアなどは10〜15℃が適している．一般に発芽適温は生育適温より3〜5℃高い．

表 6.1　明発芽種子および暗発芽種子

明発芽種子	プリムラマラコイデス，プリムラオブコニカ，ペチュニア，インパチエンス，ロベリア，コリウス，ベゴニア，グロキシニア，カンパニュラ，カルセオラリア，ストケシア，カランコエ，トルコギキョウ，オダマキ，マトリカリア，ベロニカ，ダイアンサス，エゾミソハギ，キンギョソウ，ダリア，コレオプシヌ，ジギタリス，アゲラタムなど
暗発芽種子	プリムラデンティキュラータ，ベニバナ，ジニア，シクラメン，シザンサス，ゴデチア，カルフォルニアポピー，デルフィニウム，ニゲラ，ハナビシソウ，ラークスパー，ビンカなど

発芽初期には無気呼吸も行われるが，その後は有気呼吸を盛んに行うので，多量の酸素が必要になる．覆土が深すぎたり，水が多すぎたりすると，酸素欠乏となって発芽率が低下する．

ほとんどの種子は光の有無にかかわらず発芽するが，なかには光がないと発芽率が低下する明発芽種子（好光性種子）と，逆に光に当たると発芽率が低下する暗発芽種子（嫌光性種子）がある（表6.1）．明発芽種子には播種後覆土をしない．

水分，光，温度，酸素などが発芽に好適な条件下でも，種子が休眠していて発芽しないことがある．休眠打破には秋に成熟する種子では2～3ヵ月間の低温（1～5℃）湿潤処理（stratification，層積法）が，また初夏に成熟する種子では高温（30℃前後）乾燥貯蔵が有効であることが多い．

一方，ヤマユリ，ササユリなどのユリ類とエンレイソウ属のある種類の種子では上胚軸休眠（上子葉休眠，epicotyl dormancy）という現象がみられる．これらの種子では低温遭遇後地中発芽し，下胚軸（子葉より下部の茎）は形成されるが，上胚軸（子葉より上部の茎）は休眠して地上に発芽せず，一定期間の高温経過後に再度低温に遭遇すると上胚軸が地上に発芽する．なお，休眠打破にはジベレリン，エセフォンなどの成長調節物質などが効果を示す場合がある．

b．種子の寿命

種子の生存期間は植物の種類や，貯蔵中の環境条件により異なる．寿命は，低温（5℃前後）・低湿度下では長くなり，高温・高湿度下では呼吸による消耗のため短くなるが，例外的に乾燥を極端に嫌う種子があり，このようなものでは

取り播きするか，適湿を与えて貯蔵しないと発芽力を失う．

2．栄養繁殖

栄養繁殖（vegetative propagation）は，花卉では大部分の宿根草，球根類，花木で行われ，一般に増殖率は低いが，無性的に行われるため，その過程で突然変異が起こらない限り，遺伝的形質が受け継がれ，種子繁殖に比べ，開花，結実が早められる利点がある．このため雑種性が強く，遺伝的に複雑な花卉では，重要な繁殖法となっている．

a．挿し木

茎，葉，根などの一部を母本から切り取り，発根させ，独立した個体とする繁殖法を挿し木繁殖という．

挿し木繁殖は，挿し木（cutting）に用いる植物体の部分によって類別され，茎挿し，葉挿し，根挿しと呼ばれる．草本類の挿し木は，慣用的に挿し芽と呼んでいる．

葉挿しはベゴニアレックス（全葉挿し，葉片挿し），ペペロミア，セントポーリア（葉柄挿し），ツバキ（葉芽挿し）などで行われる．根挿しは根を数cmに切り，地中に挿して，不定芽を出す方法で，シャクヤク，フジ，ボケなどで行われる．

挿し木の方法には慣用的な露地挿しに加えて，挿し床の環境を改善することによって，活着率を高める密閉挿し（closed-frame cutting）やミスト繁殖（mist propagation）が広く普及している．

密閉挿しは，挿し木後ビニルなどのフィルムで挿し床を完全に覆う方法で，挿し穂からの蒸散と基部の切り口からの吸水のバランスを保ち，低温期には保温の効果もあって，活着率が安定している．

ミスト繁殖は制御装置によりミスト（霧）を挿し床に断続的に噴霧して行う挿し木方法で，明るい条件下で高湿度が保たれ，高温期には温度が低下して，活着が促進される．

b. 接ぎ木

増殖を目的とする植物体の一部（接ぎ穂, scion）を切り取って, 台木（rootstock）に接着させ, 組織の癒合をはかり, 独立した植物体にする方法を接ぎ木（grafting）という. 挿し木が難しい種類や, 挿し木では樹勢が弱いとか, 耐病性がない種類で行われる.

接ぎ木に用いる器官によって, 枝接ぎ（scion grafting）, 芽接ぎ（budding）, 根接ぎ（root grafting）がある. また, 接ぎ木の方法によって, 呼び接ぎ（approach grafting）, 緑枝接ぎ（softwood grafting）, 腹接ぎ（side-grafting）, 高接ぎ（top-grafting）がある.

接ぎ木繁殖では台木の影響が大きいが, 接ぎ穂と同じ種類を台木として用いる場合共台（ともだい）という.

c. 株分け

株分け（division）は宿根草, 花木などで用いられる繁殖法で, 操作は簡単であるが, 増殖率はあまり高くない. 植物によって生育習性が異なるので, その習性に合わせて行うことが肝要である. 球根類の分球による繁殖も, 一種の株分けである.

株分けにはダリアやシャクヤクのように芽を分けるもの, カンナ, シランのように芽のついた地下茎を分けるもの, キク, ハマナス, タマシダのように吸枝（sucker）やランナー（runner）を分けるものなどがある.

d. 取り木

取り木（layering）は親木についたまま折り曲げた一部を土中（地上部では水ごけ）に埋め, 発根後に親木から切り離して増やす方法である. 伏せ木法, 盛り土法, 高取り法などの方法がある.

e. 分球

球根類において, 母球が自然に分かれて, 数が増える過程を分球（division）という.

球根類は種類が多く, チューリップ, 球根アイリス, フリージアなどのよう

に母球が1年で消耗し，新しい子球ができるものと，ユリ，ヒアシンス，スイセンなどのように母球の一部が残り，内側に新しいりん（鱗）片，子球をつくるものがあり，分球様式も異なる．

自然分球にはりん（鱗）茎の中心の茎頂分裂組織部が二つ以上に分かれて増えたり，りん片の葉腋に子球が形成され，側球として分かれていく場合，あるいは球茎において伸長した芽の数だけ，新球茎をつくり，増えていく場合がある．

増殖率の低いものは人為的に切り分けて数を増やす．りん片繁殖法（ユリ，アマリリス，ヒアシンス），ヒアシンスの傷つけ法（notching, scooping, coring）などがある．ユリでは地中の茎の節に着生する木子（bulblet）や地上茎の葉腋に着生する珠芽（aerial bulblet）によっても増殖できる．

3．組織培養

組織培養による繁殖法は遺伝的に均一なクローンを季節や環境条件に関係なく，短期間に大量増殖できる点で，従来の繁殖法よりすぐれていることから新しい繁殖体系として成長し，多くの植物で種子繁殖と栄養繁殖にかわって行われるようになった．組織培養は無菌培養であるので，組織培養苗は糸状菌や細菌に感染していない種苗であり，茎頂分裂組織を含む茎頂部分を切除して培養するとウイルスフリーあるいはウイルスの密度の著しく低い種苗を生産でき，収量や品質が高まる．

組織培養苗が花卉の繁殖方法として利用されるようになったきっかけはシンビジウムの無菌培養であるが，これより古く1922年にKnudsonによって開発されたランの無菌発芽法は一種の組織培養で，今日の組織培養を利用した繁殖法のさきがけといえる．

a．ランの無菌培養（発芽）

ランの種子はきわめて微細で，胚が未分化であるうえ，子葉や幼根を分化せず，発根時の栄養に必要な胚乳も持っていないので，自然界ではランの根に寄生するある種の糸状菌と共生して，その栄養的な助けによって発芽している．1922年にKnudsonは糸状菌の助けによることなく，無機塩類，糖，寒天からな

る人工培地を用いて，非共生発芽 (non-symbiotic germination)，すなわち無菌発芽に成功した．この方法は一種の胚培養 (embryo culture) で，人工培地上に播種したラン種子は，1カ月以上で，プロトコーム (protocorm, 原塊体_{げんかいたい}) と呼ばれる小球体になり，次いで，茎葉および根を分化して，完全な植物体となる．この方法が開発されてから，ラン類の大量増殖が可能になった．

b. 組 織 培 養

1943年に White がウイルス感染植物の茎頂付近の組織0.05〜0.30 mm でウイルス濃度が低いことを示唆し，1952年にフランスの Morel がダリアで初めて茎頂培養 (apical meristem culture) によりウイルスの無病徴個体を育成することに成功した．

このように茎頂を培養して大量につくられる苗をメリクロン (mericlone) 苗と呼んでいるが，これは分裂組織を意味するメリステム (meristem) とクローン (clone) との合成語である．クローンとは有性生殖過程を経ないで，植物体の一部を利用して増殖され，その親植物体と同じ遺伝子をもち，同じ性質を示す栄養系のことである．

植物組織培養 (plant tissue culture) の園芸への応用は茎頂分裂組織の培養によるウイルスフリー (virus free) 植物の育成に始まったが，Morel (1960) やアメリカの Wimber (1963) らによりシンビジウムの茎頂培養による大量増殖技術が開発されて，栄養繁殖技術としての認識が高まり，1970年代から多くの園芸植物の繁殖に適用されるようになった．とくに，1974年に Murashige が組織培養による繁殖の基本的なプロセスを明確に規定し，その実用化を強く推進したことから急速に普及することになった．組織培養による大量増殖をマイクロプロパゲーション (micropropagation, ミクロ繁殖) と呼んでいる．現在では培養する組織も茎頂だけでなく，えき芽，根端，花弁，葯などから不定芽や不定胚が得られるようになっている．最近は茎頂組織から苗条原基を誘導するクローン増殖法が遺伝的安定性と再分化能に優れていることから活用されている．

組織培養による繁殖が花卉産業の分野で実用的な技術となるためには，
(1) 無菌外植体の効率的な獲得，(2) 継代培養を繰り返して，カルス，不定

胚，不定芽（腋芽）などの形成による小植物の大量増殖．この段階では個々の植物に好適な培地の選定が中心となる．多くの培地が検討されているが，MurashigeとSkoog（1962）がタバコのカルス培養に用いたMS培地が基本培地となっている．培地の組成は無機塩類，有機物に発根を促進するオーキシンが添加されている，(3) 増殖した小植物体から発根させる，(4) 小植物体の順化．従属栄養型植物から独立栄養型植物に移行させるために，試験管内で光量を増加させて，低湿条件にして順化する場合と，試験管から取り出して行う場合がある．順化はユリのようにほとんど必要としないものから難しいものまで，花卉の種類によって異なる．とくに苗生産コストの低下のための液体培地による大量増殖では植物体が透明化する'hyperhydricity'（水浸状化）のため順化が困難な場合が多く問題となっている．以上の4つの過程を円滑に遂行できてはじめて組織培養繁殖法として利用できることになる．

参考文献

1) Mahlstede, J. P. and E. Haber. 1966. Plant propagation. John Wiley and Sons, Inc. New York.
2) Morel, G. M. 1960. Producing virus- free Cymbidiums. Amer. Orchid Soc. Bull. 29 : 495-497.
3) Morel, G. M. 1964. Tissue culture- A new means of clonal propagation of orchids. Amer. Orchid Soc. Bull. 33 : 473-478.
4) Murashige, T. and F. Skoog. 1962. A revised medium for rapid growth and bioassays with Tabacco tissue cultures. Physiologia plantarum 15 : 473-497.
5) Wimber, D. E. 1963. Clonal multiplication of Cymbidiums through tissue culture of the shoot meristem. Amer. Orchid Soc. Bull.32 : 105-107.
6) Wimber, D. E. 1965 . Additional observations on clonal multiplication of Cymbidium through culture of shoot meristems. Cym. Soc. News. 19 : 7-10.

第7章　種苗生産

国内の花卉生産にとって最大の脅威は海外からの輸入である．輸入は2005年現在国内切り花生産額の10％程度であるが，今後さらに増加する可能性が大きい．

輸入物との競争に打ち勝って，わが国の花卉生産に現在以上の付加価値をつけるためには，高品質のものを低コストで生産することを可能にする優良な種苗がどうしても必要である．

1．組織培養と種苗生産

組織培養による種苗生産は新しい繁殖方法として成長し，多くの花卉で種子繁殖や従来の栄養繁殖方法に置き代わってきている．また，遺伝子工学を利用して作成される新しい種類や品種は多くの場合ヘテロ接合体で，かつ不稔であるから，これらの花卉を短期間に正常に繁殖するには組織培養が最も適している．

現在，組織培養で繁殖されている作物は観葉植物，切り花，花鉢物，球根類，花木類などの花卉の他に，野菜，果樹が加わり，今後は森林樹木やプランテーション作物も組織培養による繁殖に依存することになるとみられている（表7.1）．

現在の組織培養の主な制御要因は生産コストにあり，生産コストはまだ種子

表7.1　組織培養苗の商業化の過程（Chu, 1990）

商業化開始年	作物/分野	主な作物
1940	ラン	カトレア，シンビジウム
1960	観葉植物	シンゴニウム，フィッカス，シダ類
1970	切り花	ガーベラ，宿根カスミソウ，ユリ
1980	野菜	ジャガイモ，アスパラガス，アブラナ科類
1990	果樹	イチゴ，ラズベリー，台木
	プランテーション作物	ナツメヤシ，バナナ，パパイア
	森林樹木	ユーカリ，カエデ，カバ
2000	物質生産	医薬品，添加物質，工業材料

繁殖や従来の栄養繁殖よりも高い．しかし，将来的にはロボットの導入により生産コストを20～40％低下できると推定されている．

組織培養で繁殖された植物は基本的には無菌で，培養苗の体積は小さく，軽量で，空輸に適していることから国際間の流通が容易である．花卉産業が国際化している現在，種子に加えて培養苗が国際商品として流通し，世界の花卉産業に大きな影響を与えることになろう．

a．組織培養の増殖率

種類によってかなり異なるが，物理的および化学的環境を変えることによって調節することができる．増殖率が3倍のときは1年間で5万本，5倍のときは100万本以上に増殖できる（図7.1）．この増殖倍率の調節で生産コスト，出荷

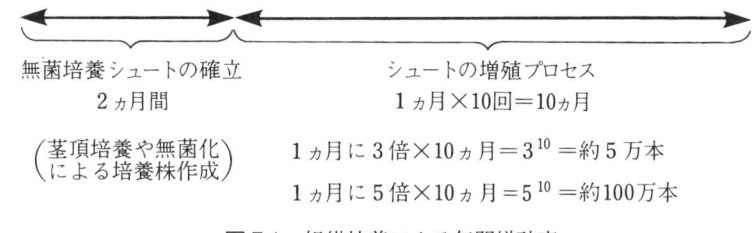

```
←―――→ ←――――――――――――――――――→
無菌培養シュートの確立    シュートの増殖プロセス
    2ヵ月間           1ヵ月×10回＝10ヵ月
(茎頂培養や無菌化)     1ヵ月に3倍×10ヵ月＝3^10＝約5万本
 による培養株作成      1ヵ月に5倍×10ヵ月＝5^10＝約100万本
```

図7.1　組織培養による年間増殖率

時期，品質のバランスをとることができる．

b．ロボットによる自動化生産システム

熟練した人で1時間当たり200個体を切り取って植え付けることができるが，ロボットは熟練工の10倍の速度で同じ操作をすることができる．ロボットによる自動化は単に切り取って切片を植える作業だけでなく培養容器の制作から容器を密封するまでの一貫した加工システムであるから，無菌培養室，貯蔵室，調理室の必要面積を減らすこともでき，大幅なコストダウンが可能となる．

現状では，組織培養による繁殖の実験室内における生産費の64％は人件費であるので，労働力の安い東ヨーロッパ，中南米，東南アジア，中国などで委託生産が行われている．

一方，温室内での順化と育苗の際の人件費の割合は約40％で，実験室内より

かなり少ない．温室の自動化は栄養繁殖苗とプラグ苗のためにかなり進んでいるので，培養苗も大量生産するにしたがって，これらのシステムを導入すれば，生産コストはかなり下がる可能性がある．

c．組織培養の実用化の歩み

ランの組織培養が1940年代に始まったが，欧米ではランの市場はあまり伸びず，現在タイ，台湾，ハワイ，マレーシア，日本，オランダ，中国が中心となっている．1960年代に入ると熱帯産の観葉植物の組織培養が実用化し，世界的にみて組織培養苗の過半数を占めている．培養による変異がおこりにくいので，現在の組織培養方式に最も適しているためである．

1970年代に入ると切り花や花鉢物が実用化し，ガーベラ，ユリ，アンスリウム，カーネーション，宿根カスミソウなどでは組織培養苗の割合が非常に高くなっている．

1980年代に入ると野菜類への応用が始まり，さらに1990年代に入ると，果樹，プランテーション作物，森林樹木などで実用化されるようになった（表7.1）．

2．プラグ苗生産

a．プラグ苗とは

プラグ苗はプラグトレイと呼ばれるプラスチックもしくは発砲スチロールでできた連鉢に播種して育苗された苗のことで，苗が根鉢を形成して，用土をしっかりかかえ込んでいるために，苗を差込むように定植できる．根鉢を形成した苗の形がコンセントにはめる差込みに似ているところからプラグ苗（plug seedling）と呼ばれるようになったといわれている．

プラグ苗は1973年ころアメリカ合衆国で開発され，1980年代に入って脚光をあびることになった．わが国では，1986年以降アメリカ合衆国の先進技術を紹介する形で広まった．なお，日本では「プラグ苗」が商標登録されているために一般に「セル成型苗」と呼ばれている．

b．プラグ苗の利点と問題点

プラグ苗は種子繁殖する花壇苗，切り花，鉢物を中心に，最近はカーネーション，キク，宿根カスミソウ，ゼラニウムのように栄養繁殖する種類にも利用されている．プラグ苗を購入して利用する立場からすると，(1)育苗作業から開放され，育苗施設が不要になる，(2)生育の揃った苗が希望する時期に大量に入手できるため，計画出荷が可能になる，(3)セルから苗が簡単に抜け容易に定植できる構造になっているので，定植作業が著しく省力化される，(4)定植時の植え傷みが少ないため，定植後の生育期間が短縮される，(5)作業過程を単純化することができ，栽培技術の標準化がはかれるなどのメリットがある．しかし，1株当たりの配合土の量が限られているので，定植適期の幅が短いなどのデメリットもある．

一方，プラグ苗を自ら生産する場合，年間の育苗回数が少ない花卉ではうまみが少なく，逆に，育苗回数の多い花卉では施設の利用率が高まるが，種類に応じた配合土の選択が必要で，育苗に使用する配合土の容量が少ないため，育苗管理（発芽，かん水，施肥）が難しい．

c．プラグ専用種子

プラグ苗を養成する場合にはプラグトレイのセル毎に1粒ずつ播種するため，不発芽の割合がそのまま育苗施設の無効面積となる．このため，100％発芽と一斉発芽が求められる．

このような高品質，高性能のプラグ専用種子にするため，種子は選別された後，発芽促進処理と播種機に適応する形態に加工処理される．発芽促進処理はプライミング（priming）処理と呼ばれ，発芽と発芽勢の向上，種子の活力の強化，不良環境下での発芽率と発芽勢向上などの目的で行われる．塩類プライミング処理，オスモプライミング処理などがある．日本ではパンジーでプライミング処理された種子が市販されている．

加工処理は種子を粘土，火山灰土，木粉，鹿沼土などの無機物または有機物で包み，粒状に造粒し，なめらかで重い均一な種子にして取り扱いやすくしたもので，コーティング種子（coated seed）あるいはペレット種子（pelleted seed）と呼ばれている．

d．プラグ用配合土

配合土はプラグ苗生産システムの要で，通気性と保水性があり，緩衝能が高く，イオン交換容量が大きく，養分を含み，取り扱いやすく，多くの花卉に適するものが求められる．

プラグ配合土の基本素材は水ごけピート（sphagnum peat-moss）と山苔ピート（hypnum peat-moss）で，これにバーミキュライトもしくはパーライトが加えてある．初期生育をさかんにするために必要に応じて石灰，硝酸石灰，過リン酸石灰，微量要素などの肥料成分と湿展剤を添加する．

プラグ用配合土は多くの種類が市販されているが，素材とその配合割合の細部は多くの場合企業秘密となっていて明らかでないが，公的機関の研究者によっていくつか発表されている．ペチュニアには水苔ピートと山苔ピートをそれぞれ35％，細粒のパーライトを25％，焼き粘土を5％加えたものが，ベゴニアにはパーライトと焼き粘土のかわりに中粒のバーミキュライトを30％加えたものが良い（Koranski, 1985）．

e．プラグ用トレイ

プラスチック製と発砲スチロール製の専用トレイが数多く市販されており，横幅50～56 cm，縦幅28～30 cmでトレイ当たりの孔（セル）の数は128～648である．1トレイ当たり400前後のものが最も多く利用されている．問題はセルの深さで400では2.5 cmあるが，648では約1 cmである．セルが深ければそれだけ培養土中の酸素が多くなる．セル当たりの容量はトレイ当たり128個では23 cm^3 であるが，406では2.3 cm^3 となり，1トレイ当りのセル数の多いものはセルが浅いこともあって管理が難しい．

f．播種機

プラグ苗生産には播種機を使うのが前提となっているが，播種機には半自動真空播種機（バキュームシーダー），自動播種機（オートマチックシーダー），高能率の自動真空播種機（ドラムシーダー）の3種類があるが，ドラムシーダーの利用はまだ少ない．高性能の播種機では1時間当たり1,200のトレイに播種できる．

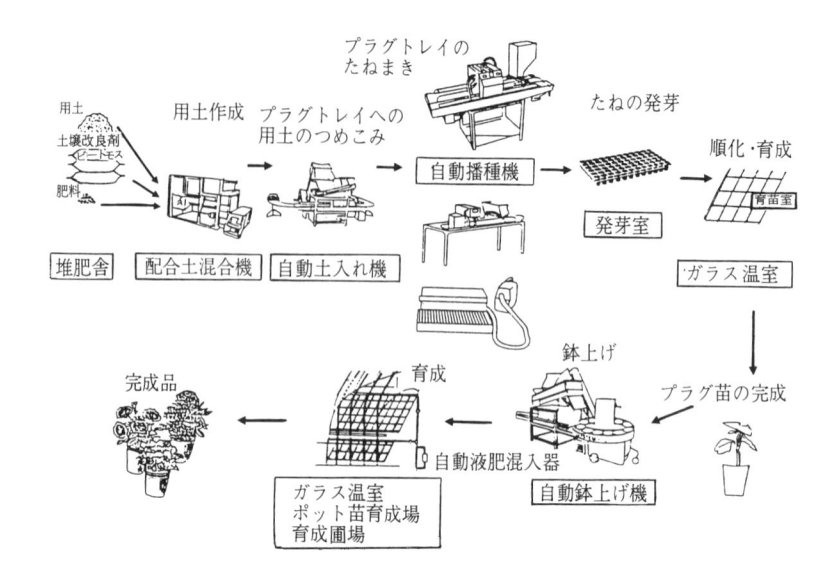

図7.2　大阪府農林技術センターにおけるプラグ生産施設の概要（大江，1992）

g．プラグシステム

発芽，育苗，順化の生育ステージ別に最も好適な環境条件を作り，トレイを順次移動させる．このようにすると最大の生育を最短の期間に与えることができる．

図7.2に公的機関におけるプラグ苗生産のトータルシステム第1号である大阪府農林技術センターの例を示す．

このシステムをより完全なものにするために自動定植機の開発が課題となっている．

h．プラグ苗の低温貯蔵

実際の栽培では，いつでも必要なときに必要な苗が手に入ることが理想的である．プラグ苗は，理想的な環境下で，種子を発芽させることができ，また，生育もそろうために計画生産がしやすい．しかし，生産者が定植（移植）の準備をする前に，プラグ苗が定植適期になることがある．このようなときには，定

植の準備ができるまで,生育を遅らせなくてはならない.

プラグ苗の生育を遅くするには,水や養分のストレスと成長調節剤を用いる方法がある.しかしこれらの方法は,定植後の生育遅延を招く.

プラグ苗の生育を遅らせるもう一つの方法は,低温で育苗して,生育を遅らせることである.しかし,この方法にも限界がある.

これらの問題を解決する方法として,出荷できる生育状態になったプラグ苗を低温で貯蔵して,必要なときに利用する方法が開発されている.

ミシガン州立大学の Heins ら(1992,1993)は花壇用苗のサルビア,アゲラタム,ベゴニア,マリーゴールド,ペチュニア,パンジー,インパチエンス,ゼラニウムの8種を $1\,\mu\mathrm{mol\,m^{-2}\,s^{-1}}$ と $5\,\mu\mathrm{mol\,m^{-2}\,s^{-1}}$ の24時間補光下で低温貯蔵し,8種類とも6週間貯蔵することができた.補光下での低温貯蔵の最適温は種類によって多少異なるが,8 ± 1℃であれば,8種類とも6週間貯蔵することが可能である.なお,光強度は $1\,\mu\mathrm{mol\,m^{-2}\,s^{-1}}$ と $5\,\mu\mathrm{mol\,m^{-2}\,s^{-1}}$ の間で差が認められなかった.

一方,暗黒下でも貯蔵は可能であるが,貯蔵できる温度の幅が狭い.生存率が高く,品質が良かったのは低温障害が発生する少し上の温度で貯蔵した場合であった(表7.2).

このように低温貯蔵が可能であることが明らかになったために,パンジーのように新作型が開発されて,秋の出荷が容易になり,花壇用としての需要が飛躍的に伸びているものもある.パンジーの新作型の一例を示すと,6月1日に播種して,30日間育苗し,本葉が2～4枚になったものを7月1日～9月1日まで60日間0℃暗黒下で貯蔵後定植すると,10月中旬～11月上旬に開花する.この

表7.2 インパチエンスの貯蔵可能週数(Lange ら,1991)

照度(1x)	貯蔵温度(℃)					
	0.0	2.5	5.0	7.5	10.0	12.5
0	0	2	3	6	5	4
54	0	2	3	6	6	6
269	0	2	2	6	6	6
538	0	2	2	6	6	6

表 7.3 パンジーの貯蔵可能週数 (Lange ら, 1991)

照度 (1x)	貯蔵温度 (℃)				
	0.0	2.5	5.0	7.5	10.0
0	16	16	14	10	6
54	16	16	16	16	10
269	16	16	16	16	16
538	16	16	16	16	16

ように暗黒下で貯蔵ができるので,きわめて経済的である.なお,表7.3に示すようにパンジーは低温耐性が強く,暗黒下で16週間の貯蔵が可能である.

3. 世界における種苗生産の現状

2003年現在アメリカ合衆国の花壇苗の75％はプラグ苗となっている.最大の業者はコロラド州にあるTagawa Greenhouse社で年間生産本数は5億本を越えている.上位10の業者で約25億本のプラグ苗を生産しており,インパチエンスが24.0％でもっとも多く,次いでパンジー13.9％,ベゴニア13.5％,ペチュニア13.1％,ビンカ7.0％,マリーゴールド5.4％と続き,これらの6種類で76.9％を占める.

プラグ苗が普及するまでアメリカ合衆国の北部地域では花壇苗業者がペチュニアを種子から販売苗にするまでに8～12週間必要としたが,現在ではプラグ苗を入手してから4週間で販売できる.

プラグ苗生産は自動播種機,ロボット移植機,DIFの利用,苗の低温貯蔵などと組み合わされて今後成長を続けることになろう.このようにプラグ苗は花壇苗で急速に普及しているが,栄養系ゼラニウム,ニューギニアインパチエンス,アイビーゼラニウム,フクシアなどの花壇苗は依然としてもっぱら挿し芽繁殖されている.アメリカ合衆国以外のプラグ苗生産の統計は見当たらない.

一方,組織培養苗は1990年現在ヨーロッパで約3億本,南北アメリカで約1億本,アジアとオセアニアで約1億本,合計約5億本が生産されている.

1990年にオランダで組織培養された苗は9,445万本で,78のラボラトリーで増殖された(表7.4, 5).組織培養で増殖された鉢物は42種類,切り花で25種

表 7.4 オランダで組織培養された主な植物（Pierik, 1991）

種　類	1980	1985	1990
切り花	910,500	11,420,324	21,554,667
ガーベラ	575,000	11,128,202	15,133,580
宿根アスター	0	0	1,634,840
アンスリウム	308,000	165,997	1,516,500
スターチス	0	2,000	1,185,051
バラ	0	0	1,052,500
アルストロメリア	21,000	55,500	652,000
その他の切り花	6,500	68,625	380,196
鉢物	3,118,150	17,412,580	42,539,631
ネフロレピス	1,705,000		17,776,600
スパティフィラム	0		5,380,862
アンスリウム	1,000		4,157,750
シンゴニウム	0		3,680,996
フィッカス	80,000		3,289,975
セントポーリア	616,000		2,665,000
アジサイ	0		962,000
カラテア	0		883,836
コルディリーネ	1,700		758,010
フィロデンドロン	505,000		635,000
プラティケーリウム	0		600,000
その他の鉢物	209,450		1,749,602
球根	563,000	5,358,740	23,937,760
ユリ	505,000		23,183,100
その他の球根	58,000		754,660
ラン	2,700,000	1,116,740	3,629,375
シンビジウム	1,603,000		1,743,180
その他のラン	1,097,000		1,886,195
宿根草		0	813,700
ギボウシ		0	597,000
その他の宿根草		0	216,700
水生植物		0	417,350
野菜	0	71,205	238,587
農作物	0	300,000	814,017
観賞樹木		0	409,500
食虫植物		0	86,600
小果樹	800		10,070
合計	7,292,450	35,679,589	94,451,257

表 7.5 オランダにおける規模別営利用組織培養ラボラトリー数
(Pierik, 1991)

増殖個体数	1980	1985	1990
10,000 未満	5	12	14
10,000 ～ 100,000	13	14	21
100,000 ～ 500,000	8	6	19
500,000 ～ 1,000,000	4	1	6
1,000,000 ～ 5,000,000	0	7	12
5,000,000 ～ 10,000,000	0	2	4
10,000,000 以上	0	0	2
合　　計	30	42	78

類，ランの種類数は明らかでないが，シンビジウムを中心に363万個体，野菜は18種類，作物は6種類である．このうち，ガーベラ（1,500万），ネフロレピス（1,700万），ユリ（2,300万）で，全体の59％を占める．

10万個体以上増殖された植物は32種類で，ジャガイモ，カリフラワーを除き，すべて観賞植物である．

組織培養ブームにもかかわらず，コマーシャルベースで実用化されている種類は意外と少なく，その大部分が収益性の高い花卉類である．

組織培養が花卉生産に大きく貢献した例として，シンビジウム（大量生産）とカーネーション（ウイルス除去）が知られているが，最近では，ガーベラとユリをあげることができる．

ガーベラは実生繁殖されていたが，その後古株を利用した挿し芽繁殖法が確立され，1980年頃から組織培養で増殖されるようになり，現在では，ガーベラの切り花生産用の苗はほとんど茎頂培養苗となっている．これによって長年の懸案であった疫病を中心とした土壌病害の被害が激減した．さらに，ここ数年，ガーベラにもロックウール栽培が導入され，高熱で処理された無菌培地と茎頂培養苗の組み合わせで，システム生産が確立し，ガーベラの切り花生産体系を根本的に変えてしまった．

ユリの場合の組織培養はウイルス除去が主目的であるが，オランダにおける4,000 haを越える球根養成栽培，270 haに達する施設での切り花生産，カサブランカ，ルレーブなどの新品種の急速な増殖は組織培養によって支えられてい

3. 世界における種苗生産の現状　63

表7.6　1990年にアメリカ合衆国で組織培養された主な植物（Chu, 1990）

区分	種類	組織培養苗 （×100万）
観葉	スパティフィラム	12.0
	シンゴニウム	18.0
	シダ類	15.0
	フィッカス	4.0
	ディッフェンバキア	5.0
切り花	宿根カスミソウ	0.5
	ガーベラ	2.0
花鉢物	セントポーリア	5.0
	ラン類	7.0
	ガーベラ	2.0
	その他	2.0
球根	ユリ	2.0
造園用	アザレア	8.0
	ナンテン	3.0
	ヘメロカリス	4.0
野菜		10.0
果樹		5.5
プランテーション		0.5
森林樹木		0.5
合　計		106

表7.7　わが国における花卉の組織培養苗の利用状況（1992）

| 種類 | 栽培面積（ha） | | 供給者 | |
	合計	組織培養苗利用（割合）	公的期間	民間
		%	%	%
キク	1619	735（45.4）	60.3	39.7
カーネーション	519	366（70.5）	10.8	89.2
宿根カスミソウ	448	313（69.9）	18.4	81.6
ラン	256	223（87.1）	4.5	95.5
スターチス	172	66（38.4）	0.0	100
ガーベラ	25	23（91.9）	0.0	100
スパティフィラム	5	3（60.0）	7.0	93.0

出典：農林水産省種苗課「ウイルスフリー等のクローン苗および加工種子の普及に関する実態調査報告書」

るといっても過言ではない.

　この他切り花の組織培養苗は，最近，ロックウール栽培の普及しているバラ（約100万），それに宿根アスター，アンスリウムで普及しはじめている．また，アルストロメリアでもウイルスの被害が目立つバタフライタイプを中心に茎頂培養苗の利用が進んでいる．

　鉢物類は比較的数多くの種類が組織培養されているが，100万個体以上増殖されたのはネフロレピス，セントポーリア，シンゴニウム，アンスリウム，スパティフィラム，フィッカスの6種類である．

　オランダの組織培養苗は毎年20％以上増加しているが，年間の増殖個体が，10万以下の小規模ラボラトリーが35カ所（45％）あり，一方，500万以上が6ヵ所と二極分化が進んでいる（表7.5）．オランダにおける無病化と大量増殖を目的とした組織培養苗生産は今後も増加すると見られる．

　一方，アメリカ合衆国では観葉植物を含めた鉢物が組織培養苗の70％を占める（表7.6）．

　今後，組織培養苗の生産コストを低減でき，新技術の開発で，新しい種類の組織培養苗を生産することができれば，現在種子繁殖や栄養繁殖されている花卉へとマーケットが拡大できると考えられる．

　わが国の組織培養苗は1990年現在で1億本を越えていると推定され，キク，カーネーション，宿根カスミソウ，ラン類などで利用されている（表7.7）．しかし，組織培養による枝変わりの発生という問題が残されている．また，組織培養によって必ずしもウイルスが除去されるわけではないので，ウイルスの検定を行なう必要がある．これらの点については第15章で述べる．

参考文献

1) 安藤敏夫. 1988. アメリカ合衆国のプラグ苗生産について (1), (2). 農耕と園芸 5 : 165-167, 6 : 171-173.
2) Carlson, W. 1993. Cuttings are still big business. Greenhouse grower Fall : 20-21.
3) Chu, I. 1990. 組織培養による新しい生産方式と新品種開発が世界の園芸界に及ぼす影響. 花葉サマーセミナー要旨 : 19-31. 千葉大学園芸学部花葉会.
4) Dill, R. A. 1993. Powerhouses of the plug industry. Greenhouse grower Fall : 10-

11.
5) Erwin, J., et al. 1989. Do cool days / warm nights work with plugs ?. Grower Talks 3 : 46-49.
6) Heins, R. and N. Lange. 1992. Plug storage one temp. can fit all. Greenhouse grower April : 30-33.
7) Heins, R. and T. F. Wallace, Jr. 1993. How to store Vinca plugs. Greenhouse grower April : 44-45.
8) Heins, R. and N .Lange. 1993. How to store cyclamen plugs. Greenhouse grower May : 96-97.
9) Heins, R. 1995. セル成型苗の貯蔵技術 (古在・大川監修). 99 pp. 農文協. 東京.
10) Koranski, D. S. 1985. A plug for plugs. Greenhouse Manager. January : 98-113.
11) 古在豊樹ら. 1992. 明期と暗期の気温差および光合成有効光量子束がバレイショ培養小植物体のシュート発生および生長に及ぼす影響. 園学雑 61 (1) : 93-98.
12) Lange, N., R. Heins and W. Carlson. 1991. Store plugs at low temperature. Greenhouse grower January : 22-28.
13) 大江正温. 1992. プラグ生産システムの利用と今後の展開. 新花卉 153 : 56-61.
14) Pierik, R. L. M. 1988. *In vitro* culture of higher plants as a tool in the propagation of horticultural crops. Acta Horticulturae 226 : 25-40

第8章　生育と開花調節

1. 発育相

この本で用いる用語は'原則'として園芸学用語集・作物名編（園芸学会編，2005）によっている．したがって植物体の大きさの不可逆的な量的増大の意味には成長（growth）を用いる．また分化（differentiation）と形態形成（morphogenesis）を含む概念に対して発育（development）を，成長と発育の両方を含む概念に対して生育（growth and development）を用いることにする．

Lysenko（1932）は，「一年生植物の全発育過程はいくつかの異なった発育相により成立しており，異なった発育相を通過するためには異なった外的条件を必要とする」という発育段階説を提唱した．この考え方に従って，各作物の発育相を決定し，各発育相の通過に必要な外的条件を与えれば開花を促進することができ，各発育相の通過を阻止する外的条件を与えれば開花を抑制することができる．川田（1987）はこの考え方をキクに適用し，冬至芽(とうじめ)由来のキクが開花・結実に至るには，ロゼット相，幼若相，感光相の3相を通過しなければならないこと，各相の通過にはそれぞれ低温・高温・短日条件が必要であるとした．この考え方は，これまでに開発された低温処理・栽培温度・日長処理などによるキクの開花調節技術の体系化に貢献した．しかし，各発育相の完了あるいは移行の時期を直接測定することができないという問題が残されている．

樋口（1993）は上記の発育相の考え方に基づいて，花卉の開花調節技術を体系化することを目的として，栄養成長相を休眠・ロゼット相，幼若相，花熟相，生殖成長相を花芽形成相，花芽休眠相，開花・結実相に区分した．

この発育相の考え方は，栄養成長相においてはそれぞれの発育相の通過に必要な外的条件，生殖成長相においては形態的変化を基準として各発育相が区分されている．しかし，バーナリゼーション（春化, vernalization）を必要とする植物において，栄養成長相を休眠・ロゼット相，幼若相，花熟相に区分することが困難である，すなわち形態的な変化と生理的変化を同列の相としてとらえることに問題が残されている．バーナリゼーションとは「低温処理の後作用と

して花芽分化を誘起する現象」であるので，このような植物では栄養成長相を細区分することが困難であると考えられる．

2．休　眠

　休眠は，さまざまな植物で見られる現象で，開花調節を行う際には休眠誘導や休眠打破が重要な役割を果たす．

　植物には成長が旺盛な時期と，停止しているか極めて緩慢な時期がある．この成長が停止しているか極めて緩慢な状態を，広い意味で休眠（dormancy）と呼んでいる．この定義によれば，種子や球根が発芽せず成長を停止している状態は，全て休眠と呼ぶことになる．しかし，このような状態には，水や温度などの環境条件を整えれば発芽する場合と，どのような環境条件下においても発芽しない場合の2通りがある．たとえば5月に掘り上げ，秋まで乾燥状態に保っておいたリューココリネ（*Leucocoryne*）のりん茎は，中温のもとでは水を与えるとただちに発芽する．ところが，8月上旬に中温にして水を与えても絶対に発芽しない．このように外見的には同じように成長を停止していても，成長の準備ができているのに環境条件が整わないために発芽できない場合，つまり休眠の原因が外部にある場合と，成長の準備がまだできておらず，原因が植物体内部にある場合がある．一般には，原因が外部にあって成長を停止している状態を他発休眠（imposed dormancy, ecodormancy），原因が内部にある場合を自発休眠（innate dormancy, endodormancy）と呼んでいる．

　これに対して，自発休眠だけを休眠とし，外因性の休眠を成長休止として扱い，休眠としない見解がある．いずれにしても栽培上問題となるのは自発休眠である．ここでは木本性植物，球根類，宿根草の休眠についてまとめる．種子の休眠については，第6章で述べたのでここでは触れない．

　植物が休眠する最もわかりやすい説明は，冬や乾期といった生育に適さない気候条件下を，枯死せずに乗り切る手段として休眠するというものである．わが国の広葉樹が秋に落葉し，冬に休眠するのは冬の厳しい低温を避けるためであると考えられている．しかしこれに当てはまらない例もある．一年を通じて気温や降水量が安定しているシンガポールでも，休眠する植物が知られている．その際，同一種の異なる個体が一方は生育中であり，他方は成長を停止し

ていることもある．また，同一個体でも，器官単位で休眠がおこる場合もある．グラジオラスやフリージアでは成長点の活性が著しく低下し，新葉の分化が停止した状態で，新球の肥大が進行する．このことは芽の休眠期と新球形成部の活動停止期が必ずしも同じ時期でないことを示している．このように休眠が個体単位ではなく，器官単位でおこる場合には，休眠期の判定が難しい．

a．花木の花芽の休眠

花木の花芽は6～8月の高温期に分化するツバキ，ツツジ，サクラ，モモ，ウメなどと，秋に分化するコデマリ，ユキヤナギ，アジサイなどがあるが（表8.1），いずれも花芽分化後に休眠する．休眠物質は葉で形成されて芽に移行する．このような花木の花芽の休眠は前休眠期 (predormancy，自発的休眠に入っていない段階，除葉すると新葉が発芽したり，開花することがある)，真の休眠期 (true dormancy，自発的休眠期)，後休眠期 (postdormancy，強制休眠期) の三段階に分けられる．前休眠期と後休眠期には，比較的容易に促成できる場合が多いが，真の休眠期に促成を開始するのは難しい．

鮮度保持剤の開発で水揚げ，花持ちが飛躍的によくなり，最近切り花として人気の高いライラックの花芽は枝の頂端部の葉腋に対をなして形成される．花芽分化開始は6月下旬，雌ずいの完成は8月下旬で，比較的高温下で花芽の分化

表8.1 花木の花芽分化期（小杉，1973，一部改変）

種　類	品　種	花芽分化開始期	調査場所
ツ　バ　キ	シラタマ	6月20日	東　京
	ワビスケ	7月10日	東　京
ツ　ツ　ジ	ベニギリ	6月20日	東　京
	大　　紫	7月20日	東　京
サ　ク　ラ	彼　岸　桜	6月27日	大　阪
	山　　桜	7月25日	大　阪
ウ　　メ	紅　　梅	8月5日	大　阪
モ　　モ	矢　　口	8月10日	群　馬
コデマリ	早　　生	10月8日	東　京
ユキヤナギ	蒲田高性早生	10月10日	千　葉
アジサイ	洋　　種	10月8日	東　京

が進む．9月中旬までは葉を取り除くと発芽し，花芽がほぼ完成した8月下旬〜9月上旬に4週間暗黒処理をして落葉させると，発芽するだけでなく正常に開花する．このような超促成にはマリーレグライエ（Marie Legraye），マダムフローレントステップマン（Madame Florent Stepman）が適している．この時期の低温は休眠打破に効果がない．9月下旬から休眠が徐々に深くなり，11月中旬ころが最も深く，この時期に促成を開始するのは極めて難しい．その後は自然状態で低温に遭遇して，12月下旬には休眠は完全に破れる．促成にはあらかじめ花芽の分化促進処理（断根）した株を掘り上げ，11月上旬以降2℃前後の低温で5〜6週間処理する．12月下旬以降の促成開始では，低温処理の必要はない．いずれの場合も，温室搬入後3〜4週間で開花する．

　オランダのアールスメールでは19世紀の後半から促成栽培が盛んで毎年10月から5月にかけて約1,000万本の切り花が出荷されるが，このうち93％までが白色一重のマダムフローレントステップマンである．オランダでは促成に際して，低温処理を行わず，10月に株を掘り上げて，促成室の近くに貯蔵し，順次搬入して図8.1に示すような温度管理をして促成している．10月に促成を開始する場合には，あらかじめ暗黒処理をして落葉させた株を，最初の1週間昼温を40〜43℃，蕾がゆるんでくる2週間は30℃，3週目は21℃とし，最後の週は16℃に維持する．夜温は全期間16℃としている．促成開始時期が遅れるにつれて，促成温度を下げていく．促成室（1 haの養成圃場に500〜600 m^2）

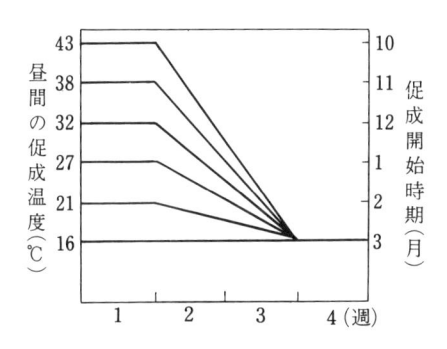

図8.1　オランダにおけるライラックの促成温度
（Sijtsema, 1962）

にはミスト装置をつけて花房と根株の乾燥を防いでいる．花房が伸長するにつれ，葉が伸びてくるため，3 cm 位になった時点で除く．促成に用いた株は，冷室において寒気に慣らしてから再び圃場に植え付ける．切り枝による促成は，試験研究機関で長年にわたって検討されたが，株の促成より切り花の品質が劣るので実用化していない．

b．球根類の休眠

亜熱帯地域の原生で，常緑のヒッペアストルム属，クリヴィア属，クニフォフィア (*Kniphofia*) 属などは，はっきりとした休眠状態を示さない．しかし，季節の移り変わりがはっきりしている地域に原生している球根は急激な気温変化や乾燥状態になる前に球根を形成し，生育に不適当な時期には休眠状態を示し，外部からは成長のようすが見られなくなる．外観上の休眠期には器官形成は活発に行なわれないが，球根内部では多くの生理的および形態的変化が起きている．

休眠が誘起される要因と打破される条件は原生地の気候を色濃く反映しているが，開花調節では休眠打破することが重要で，休眠化を制御することは少ないため，休眠化の要因については詳しく調べられていない場合が多い．

表 8.2 花卉球根類の原生地の気候型と休眠（青葉，1976，一部改変）

原生地の気候型	休眠打破要因	花成誘導要因	球根形成 時期	球根形成 条件	発芽時期	定植時期	主な種類
地中海気候型	高温	低温	春～初夏	低温長日	秋～冬	秋	フリージア，球根アイリス，球根オキザリス
地中海気候型	高温	中温	春～初夏	低温長日	冬～早春	秋	チューリップ，スイセン，ヒアシンス，クロッカス
熱帯気候高地型	高温後低温		夏～秋	中温短日	春	春	ダリア，夏咲きグラジオラス，球根ベゴニア
大陸東岸気候型	高温	低温	春～夏		秋～冬	秋	テッポウユリ
大陸東岸気候型	低温	低温	夏～秋		春	秋	カノコユリ，ヤマユリ，スカシユリ

休眠を示す球根植物の休眠型および休眠打破の条件と原生地の気候型の間には密接な関係がある（表8.2）.

地中海気候型に属する球根アイリス，フリージアは球根の肥大中に休眠に入り夏の高温によって休眠が打破され，低温により発芽後花成が誘導される．チューリップ，スイセン，ヒアシンス，クロッカスも地中海気候型地域に原生するが，その生育習性は球根アイリスやフリージアと異なり，茎頂分裂組織は地上部が枯れ上る時期に短期間成長を停止するだけで，その後20℃前後の温度で休眠期間中に活発な器官形成を行い，次代の葉と花の原基を含むノーズ（nose）を形成する．休眠は収穫直後の高温により打破される．ノーズはゆっくりと生育するが，その節間伸長に先だって低温を必要とする．これに対してアリウム属，グラジオラス属，ユリ属では器官の分化や伸長を完全に停止している時期が比較的長い.

熱帯気候高地型に原生するダリア，夏咲きグラジオラス，球根ベゴニアなどは秋の短日下で球根を形成して休眠し，冬の低温によって打破される．

大陸東岸気候型に入る日本を原生地とするユリは14種あるが，その大部分は秋に地上部が黄化する．ユリ類の正常な発育のためには高温期と低温期を経る必要があるが，大部分の種類が，生育期間中に夏を経過するので，高温要求は満たされている．このためテッポウユリを除いて球根掘り取り直後の高温処理は無効で，休眠打破と花成誘導に低温を必要とする．

テッポウユリは自生地の沖永良部島では4月下旬〜5月上旬に開花し，地上部は初夏に枯死し，休眠に入る．休眠は一定期間の高温が持続することで打破され，頂端分裂組織が活動を開始し，秋に入ると発芽し，ゆっくり節間伸長する．すなわち発芽に対して低温要求性を持たない．しかし，花成誘導には質的低温要求性を持っている．

3．ロゼット

茎がほとんど伸長しないため，根に直接葉がついているような状態をロゼット（rosette）という．根出葉の状態がバラの花飾り（rosette）に似ているところからロゼットと呼ばれるようになった．ロゼット化の要因は植物体の内部にある場合と環境条件にある場合があるが，休眠の場合と同様，開花調節では植物

体の内部に原因がある場合に問題となる．ロゼットは一種の休眠現象であるが，頂端分裂組織は活動を完全に停止することはなく，常に葉原基を分化し続けている．トルコギキョウ，キク，スターチス，ミヤコワスレ，マーガレット，宿根カスミソウなどに見られる．ロゼット化およびロゼット打破の条件は休眠とほぼ同じである．

4. 幼若性

　植物は発芽後一定の苗齢に達するまでは栄養成長を行い，どのような環境条件を与えても花成誘導せず，花芽分化しない．このように花成誘導されない生育初期の生育期を幼若期あるいは幼若相といい，植物がもっているこのような性質を幼若性（juvenility）という．

　幼若性という用語は当初は種子繁殖される植物にだけ用いられていたが，現在では球根植物，宿根草，木本性植物などにも幅広く用いられている．

　木本性植物や多年性植物のなかには幼若期の長いものが多く，開花までに長い年月を必要とし，幼若期の短縮が栽培および育種の上から大きな問題となっている．これに対し，一・二年草や宿根草では一般に幼若期は短く，数カ月以内の種類が多いが，それでも開花期に大きな影響を及ぼす．

　表8.3に種子繁殖した場合の主な球根植物の幼若期の長さを示した．スイセン（4〜6年）やチューリップ（4〜7年）のように幼若期の長い種類では品種改

表8.3　いろいろの球根の幼若期の長さ（Fortanier, 1973）

属名	幼若期の長さ（年）
Allium	1〜3
Crocus	3〜4
Dahlia	1
Freesia	1
Gladiolus	1〜2
Hyacinthus	3〜5
Iris	3〜4
Lilium	2〜3
Narcissus	4〜6
Tulipa	4〜7

良に長い年月を必要とする．また，一般に幼若期は早生(わせ)品種で短く，晩生(おくて)品種で長い．

　幼若性は花卉の開花調節を行なう上で非常に重要な性質であるが，的確な検定方法がなく，生理的機構も解明されていない．

5. 花　熟

　幼若期を経過し，花成刺激に反応して花成誘導するようになった状態を花熟(かじゅく)（ripeness to flower）という．花熟は植物体内の生理的状態であり，外観的に形態的な変化は認められない場合が多い．

　幼若期を経過するのは植物の齢ではなく，大きさであるが，正常に成長すれば幼若期を経過する齢と大きさはほぼ一致する．

　幼若期の長さは種によって異なるが，同一種でも品種によって異なる場合がある．これは多くの原種が育種に用いられてきたことに起因している．

6. 花芽分化

　花熟に達した植物は光周誘導（photoperiodic induction）や春化（vernalization）により葉原基の分化を続けていた頂端分裂組織において，花芽原基（floral primordium）を分化するようになる．

　花芽原基は普通がく片，花弁，雄ずい，雌ずい（心皮）の順で分化するが，フリージア，アイリス，グラジオラス，クロッカスなどのアヤメ科の植物のように外花被，雄ずい，内花被，雌ずいの順に分化するものもある．

　花芽が分化する場合には，一般に扁平な頂端分裂組織が直径を増し，ドーム状になる．その後各器官が分化していくが，節間はほとんど伸びない．

　現在までに150種以上の花卉について花芽分化期や花芽の発育状況が調べられ，栽培管理および開花調節に寄与している．ここでは例としてカノコユリの花芽分化と発達の様相をあげた．花芽の分化初期（花房の分化期）は茎長17.2 cm（4月10日）で，すでに茎の節間伸長が始まっており，上根の発生時期（3月25日）より遅かった．分化の様式はテッポウユリとほぼ同じで，頂端分裂組織の中央よりやや片寄った所に溝ができて二分し，このうち大きい方の頂端分裂組織の外側端部にまず前葉が分化し，次いで外花被の形成（分化期，4月20日）

が始まる.

一方,中央部に小さく残った方は,球根が大きければ,さらに発育して再びその中央部よりやや片寄った所に溝ができ,第3次花房(第3花以下を構成する花房)が形成される.第1花はその後,内花被(4月25日),雄ずい(5月5日),雌ずい(5月10日)の順で分化し,6月下旬には葯および胚珠の初期のものが観察され,8月10日に開花した(表8.4,図8.2).

ユリの花芽分化と発達はカノコユリのように発芽後に起こるとは限らず,球内で発芽前に分化し完成する種類や分化は発芽前に起こるが発芽後に完成する種類もある.

このように種類が異なると花芽分化時期と発達時期が異なるだけでなく,同

表8.4 カノコユリの自然条件下における花芽分化時期およびその後の発育経過(大川,1977)

採取月日	茎長[z] (cm)	第 1 花 の 発 育 段 階							
		未分化	頂端組織肥厚	分化初期	分化期(外花被)	内花被形成	雄ずい形成	雌ずい形成	葯・胚珠形成
3月25日	7.0	●●●●●●●●●●							
30	9.2	●●●●●●●●●	●						
4 5	12.0		●●●●●●●●●●						
10	17.2			●●●●●					
15	19.0			●●●●●●●●					
20	32.4				●●●●●				
25	35.0				●●●●●●●●●				
5 1	43.4					●	●●●●●		
5	51.0							●●●●●●●●●	
10	53.0							●●●●●●	
7 5	66.0								●●●●●

[z] 茎長は球頂から茎頂部まで

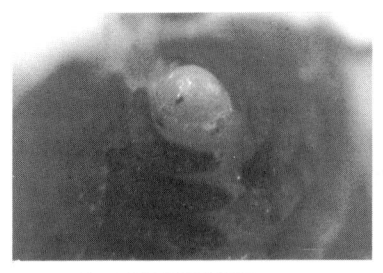

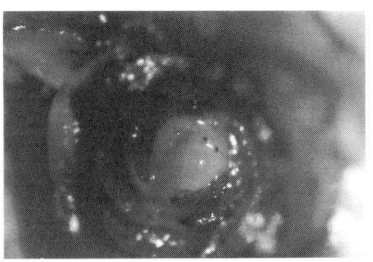

(1) 頂端分裂組織肥厚　　(2) 分化初期（頂端分裂組織二分）

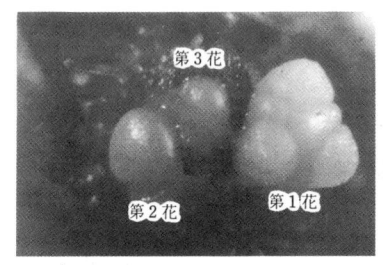

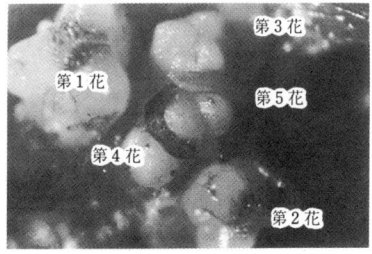

(3) 分化期（外花被形成……第1花）　　(4) 内花被形成（第1,2花）
第2花は前葉分花　　　　　　　　　　　第3花は外花被形成，第4花は前葉分化
第3花は頂端分裂組織肥厚の段階　　　　第5花は分化初期（頂端分裂組織二分）

図 8.2　カノコユリの花芽の分化・発達の様相（大川，1977）

表 8.5　日本自生ユリの花芽分化時期と発達時期による分類
（大川，1989）

1. 球内で発芽前に分化開始
  a. 分化は初秋に始まり初冬に完成
     オトメユリ，エゾスカシユリ
  b. 分化は晩秋に始まり，春の発芽直後に完成
     イワユリ，ササユリ，チョウセンヒメユリ
2. 発芽後に分化開始
  a. 発芽直後に分化開始
     サクユリ，ウケユリ，タモトユリ，カノコユリ，ヤマユリ，クルマユリ，スゲユリ，テッポウユリ，コオニユリ，トサヒメユリ
  b. 発芽1ヵ月後に分化開始
     オニユリ

じ種類でもイワユリ（イワトユリ），ヒメユリのように自生分布が広い種では花芽分化と発達の時期に大きな違いが見られる（表8.5）．

花芽分化に対する英語には園芸学用語集・作物名編では flower bud differentiation, 開花に対しては flowering, flower opening, bloom, blooming, anthesis を当てているが，植物学上では栄養成長から生殖成長への転換に対して flowering を用い，開花には anthesis を当てている．

7. 生育・開花調節

人為的に生育・開花調節する手段としては温度，日長，成長調節物質の3つが広く利用され，最近は草丈調節の手段として DIF（ディフ）が鉢物や切り花生産に用いられている．

a. 温度処理による生育・開花調節

温帯原産の花卉の多くは休眠するため，開花調節を行う際休眠を制御しなければならないが，この点については本章の第2項ですでに述べた．休眠が打破された後，花芽の形成を促進するために低温処理することが多い．低温は花芽形成に対して春化として作用する場合と直接的に作用する場合が知られている．テッポウユリやダッチアイリスなど発芽後花芽分化する種類に対する低温処理は，処理後の作用として花芽分化を促すものであるから低温が春化（vernalization）として作用している．

光周反応性植物と同じように春化要求性植物にも質的に反応するもの（低温に遭遇したときだけ開花する）と量的に反応するもの（低温によって開花が促進される）がある（Rünger, 1978）．

一方，ストックやフリージアでは長期間の低温処理を行うと低温は花芽形成に対し，直接的に作用するようになる．

これに対し，温帯原産の花木の多くやチューリップ，ヒアシンス，スイセンなどの球根類では中温－高温期に花芽の形成がみられ，花芽分化後行う低温処理は一種のロゼット打破を目的としたものである．

低温処理は処理が可能な生育段階に達していることを確認して実施するが，処理温度，期間，乾湿の条件は種類によって異なる．種子や球根，枝物（えだもの）（花木の

切り枝）では，暗黒下でよいので，冷蔵庫を利用する．トルコギキョウの幼苗のロゼット打破処理のように低温処理期間中に光を必要とするものでは冷蔵庫内に補光設備が必要となる．

　適当な温度条件下では周年花芽分化するシクラメンやファレノプシス，デンドロビウムなどは，わが国の平暖地では夏期の高温によって花芽分化が抑えられるので，高冷地に運んで適温下で花芽の分化を促し，秋に平地に戻して開花を早める山上げ栽培が行われている．近年，ファレノプシスでは山上げ栽培にかわって冷房ハウスを利用する栽培が増加している．

　シンビジウムでも山上げ栽培が普及しているが，この場合は花芽の形成促進ではなく形成された花芽の高温下での枯死を防ぐためである．

　開花を抑制する場合には球根や宿根草では低温で貯蔵することが多い．グラジオラスやフリージアでは2～4℃で発芽を抑えておくことにより開花期を遅らせることができる．フリージアでは夏の休眠中の球根を低温で貯蔵する方法と休眠の破れた球根を低温で貯蔵する方法がある．オランダで開発された球根の長期貯蔵法は凍結貯蔵法と呼ばれスカシユリ系交雑品種（アジアティックハイブリッド）やオリエンタル系ユリ，それにチューリップなどで世界各国で広く実用化している．ユリでは秋に掘り上げた球根の細胞の浸透圧を高めるため1℃で4週間の予冷後，スカシユリ系交雑品種では－2℃，オリエンタル系では－1.5℃で貯蔵し，数カ月から14～15カ月間湿潤貯蔵後，室温（5～15℃）で解凍し，植え付ける．この場合春化としての低温処理は不要で，植え付け後の到

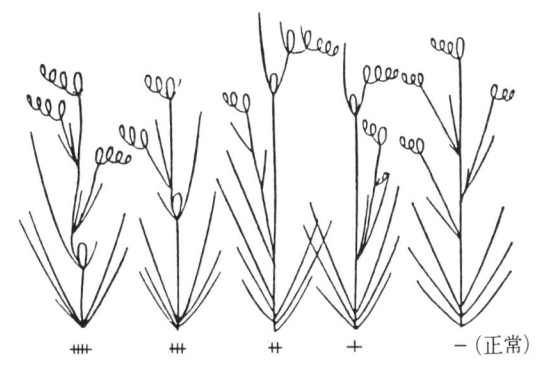

図8.3　フリージアの花下がりの種々の形態（阿部ら，1964）

図8.4 カノコユリの球根を5℃60日低温処理後，湿潤状態で30℃20日間高温処理をした球根に発生した第1花正常開花，第2花開花遅延株．第2花は第1花開花後55日目に開花．（大川，1977）

花日数が促成栽培より極端に短くなる．チューリップは9℃3週＋1℃2週の予冷後箱植えし，発根後−2℃で最大10カ月間湿潤貯蔵する．チューリップでは凍結貯蔵の実用化により周年切り花生産することが可能になった．

低温処理後の栽培温度は切り花や鉢物の品質に大きな影響を与える．とくに，植え付け直後の高温は脱春化（devernalization）や奇形花の発生を誘発しやすい．

図8.3に植え付け直後の高温により発生したフリージアの奇形花（花下がり花，gladioli-like-flower）を，図8.4にはカノコユリの奇形花を示す．真夏に開花する高温性のカノコユリでは25℃で栽培すると到花日数が短くなるだけでなく，花蕾数が著しく増加する（図8.5）．

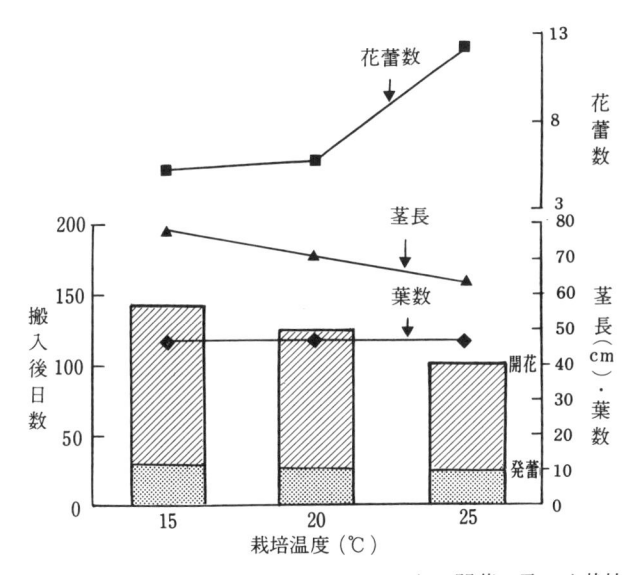

図8.5 カノコユリの品種'うちだかのこ'の開花に及ぼす栽培温度の影響（大川，1977）
4月1日から各温度で栽培

b. 日長処理による生育・開花調節

　短日植物と長日植物では日長処理によって容易に開花を調節することができる．そのためにはまず栽培地の日長の年変動と対象とする植物の限界日長（限界暗期）から日長処理の開始時期と終了時期を決める必要がある．ほとんどの植物は日の出前と日没後の薄明（civil twilight）も明期として反応するため自然日長は日の出から日の入りまでの時間に約60分（表8.6）を加えた値となる．自然日長は緯度によって異なり，高緯度ほど年間の変動が大きく，赤道では日長は年間を通して一定で12時間50分である（図8.6）．

（1）長日処理

　限界日長（critical day-length）よりも自然日長が短い時期に，長日植物の開花を促進するには長日処理が必要である．また，短日植物の開花を抑制し，栄養成長を続けさせる際にも長日処理が必要となる．電灯照明によって日長を延長したり，あるいは暗期を中断して長日条件を作り出す照明を電照といい，電

表 8.6　常用薄明の時間（単位：分）（岸田，1986）

北緯(度)	日	1月	2月	3月	4月	5月	6月	7月	8月	9月	10月	11月	12月
25 (宮古島)	1	25	24	23	23	24	26	26	25	23	23	24	25
	9	25	24	23	23	25	26	26	24	23	23	24	25
	17	25	23	23	23	25	26	25	24	23	23	24	25
	25	24	23	23	24	25	26	25	23	23	23	25	25
30 (屋久島)	1	26	25	24	24	25	27	27	26	24	24	25	26
	9	26	25	24	24	26	27	27	25	24	24	25	26
	17	26	24	24	25	26	28	27	25	24	24	25	26
	25	25	24	24	25	27	27	26	25	24	24	25	26
35 (京都)	1	28	27	25	26	27	29	30	28	26	25	26	28
	9	28	26	25	26	28	30	29	27	26	25	27	29
	17	27	26	25	26	28	30	29	27	25	26	27	28
	25	27	26	25	27	29	30	28	26	25	26	27	28
40 (盛岡)	1	30	29	27	27	29	32	33	28	28	27	28	30
	9	30	28	27	28	30	33	32	27	27	27	29	30
	17	30	28	27	28	31	33	32	27	27	27	29	31
	25	29	27	27	29	32	33	31	27	27	28	30	31
45 (利尻島)	1	34	32	30	30	33	38	38	35	31	30	31	34
	9	34	31	30	31	34	38	38	34	30	30	32	34
	17	33	31	30	32	36	39	37	32	30	30	33	35
	25	33	30	30	33	37	39	36	32	30	31	33	35

照を行う栽培を電照栽培（light culture）と呼んでいる．

電照栽培に必要な光強度は補光栽培と比べるとわずかで，キクでは 0.18 $\mu\mathrm{mol\,m^{-2}\,s^{-1}}$（約 10 lx），アスターでは 0.018 $\mu\mathrm{mol\,m^{-2}\,s^{-1}}$（約 1 lx）で花芽分化が抑えられる．実用的に電照装置を設置する場合は，確実に均一な効果を発現させるため，植物体の頂部で 50 lx（約 1 $\mu\mathrm{mol\,m^{-2}\,s^{-1}}$）となるように，60〜75 W の白熱灯を 10 m^2 当たり 1 灯の割合で配置する．

電照の方法として，(1) 明期延長，(2) 暗期中断，(3) 間欠照明（cyclic lighting）などがある．

電照（長日処理）は短日期に短日植物を栄養生長させる場合やカーネーション，トルコギキョウなどの相対的長日植物の開花促進に利用される．

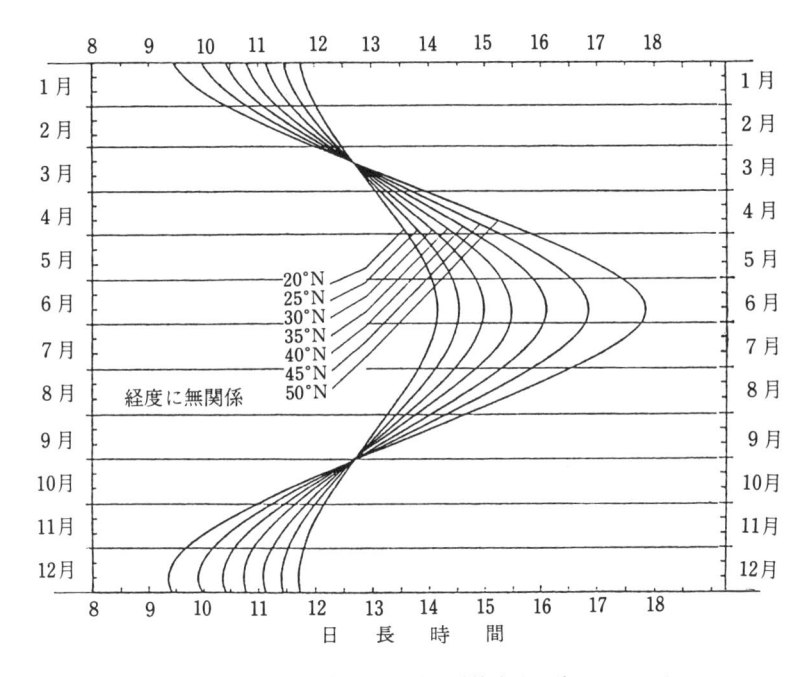

図 8.6 常用薄明を含めた日長の季節変化（岸田, 1986）

（2）短日処理

限界日長よりも自然日長が長い時に短日植物の開花を促進するために用いられており，キク，カランコエ，ポインセチア，エラチオールベゴニア（*Begonia* × *hiemalis*），シャコバサボテンなどで実際栽培に広く利用されている．これらの切り花や鉢物では長日条件下で栄養生長させて，十分な品質が確保できる大きさに達した後に短日処理（short-day treatment）を開始している．

短日処理は長日植物の開花を抑えるのに有効であるが，実際栽培に用いられている例は，トルコギキョウやエクメアファッシアータの抑制栽培など限られている．

短日処理用の資材は古くから黒布が用いられてきたが，価格が高いので最近はアルミ蒸着フィルムが一般的である．

このように，長日期に資材を用いて短日条件を与えて開花を促進あるいは抑制する栽培を短日処理栽培と呼んでいる．短日処理栽培では開花期と品質の点

から日長が11〜12時間（暗期が12〜13時間）になるようにしている．短日処理は高温期に行われるためフイルムの中が高温にならないように工夫する必要があり，近年は自動化が進んでいる．

c．成長調節物質による生育・開花調節

成長調節物質は，植物体内で合成される植物ホルモン（オーキシン，サイトカイニン，ジベレリン，アブシジン酸，エチレン，ブラシノステロイド，ジャスモン酸），植物ホルモンの化学合成物質および微生物生産物質，植物ホルモンと類似した構造と生理活性をもつ化学合成物質の総称である．矮化剤と呼ばれる成長抑制物質もこれに含まれる（図8.7）．

成長調節物質による生育・開花調節をケミカルコントロール（chemical control）と呼んでいる．

成長調節物質は(1)成長と発育の調節（休眠誘導と打破，発根促進，発芽の促進と抑制，茎の伸長促進，開花調節），(2)省力（摘心，摘蕾，摘葉），(3)品質向上（茎の伸長抑制，切り花の鮮度保持と鉢物の観賞期間の延長），(4)生産性の向上（分枝促進），(5)不良環境に対する抵抗性の付与（耐乾性，耐寒性，耐病性）などの目的で花卉生産に広く利用されている．

ここでは，別の章で述べる発根（繁殖）と鮮度保持を除いて実用化しているケミカルコントロールについてまとめる．

成長調節物質
- 植物ホルモン
  1. オーキシン
  2. ジベレリン
  3. サイトカイニン
  4. アブシジン酸
  5. エチレン
  6. ブラシノステロイド
  7. ジャスモン酸
- 合成成長調節物質
  1. 植物ホルモンの化学合成物質および微生物生産物質
  2. 植物ホルモン類似の化学構造と作用性をもつ合成物質
  3. 矮化剤（成長抑制物質）

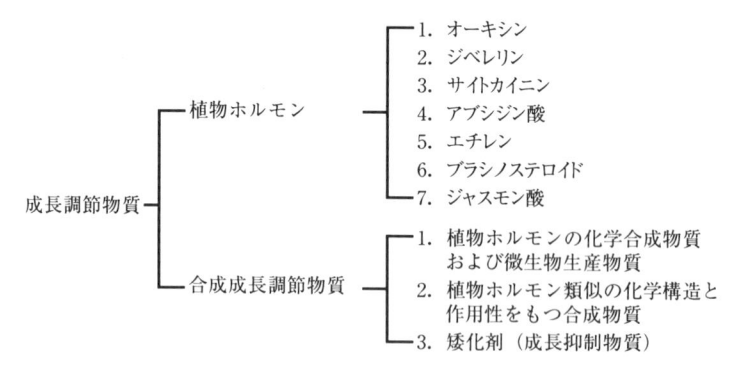

図8.7　成長調節物質の分類

（1）種子の休眠打破

発芽のために低温を要求する休眠中の種子や好光性種子では，ジベレリン処理が有効な場合が多い．サイトカイニンも種子の休眠打破に有効な場合がある．

（2）茎の伸長促進

切り花生産においては，一定の草丈を確保する必要があるが，栽培条件や品種によって草丈を確保することが困難な場合がある．このような場合にはジベレリンが最も効果的であり，ミヤコワスレ，夏ギクなどで実用化している．

（3）側芽の発芽と伸長促進

頂芽優勢を打破して，側芽の発芽と伸長を促進し，切り花本数を増加させたり，分枝数を増加させて草姿をよくする目的でベンジルアデニン（BA）が利用されている．

バラではベーサルシュートの発生を促進するために，採花最盛期を避けて充実した地際部の芽に0.50～1.00％のBAラノリンペーストを塗布することによって，ベーサルシュートの発生を促すことが実用化している（大川，1979）．また，冬切り栽培で品種によっては採花後最上位の側芽が休眠して発芽してこないことがあり，このような場合にも切り口に0.25％のBAラノリンペーストを塗布することにより，発芽させることが広く実用化している（表8.7）．この処理により切り花本数が増加する（大川，1984）．

表8.7 切り口へのベンジルアデニン（BA）ラノリンペースト塗布がバラ'ブルームーン'の生育・開花に及ぼす影響（大川，1984）

BAラノリンペースト濃度（％）	新梢数			到花日数	茎長(cm)	切り花重(g)
	休眠	ブラインド	開花			
無処理	10	0	0	—	—	—
0.125	0	0	10	56.1 ± 2.2	82.2 ± 8.3	32.8 ± 10.3
0.250	0	0	10	53.0 ± 2.3	84.9 ± 7.9	44.4 ± 11.8
0.500	0	2	8	52.1 ± 2.0	82.1 ± 8.5	40.7 ± 7.8

(4) 休眠・ロゼットの導入と打破

夏ギクでは1,000 ppmのエセフォンを切り戻した親株に数回散布すると発生してくる側芽がロゼット化するので，これを採穂して1℃で40日間低温処理後，挿し芽し，促成栽培の苗として利用している．

テッポウユリでは，不発芽現象を回避するための休眠打破の方法が研究され，温湯処理とジベレリン処理が実用化している．

ダッチアイリスとフリージアの休眠打破には，くん煙処理（エチレン処理）が有効である．この処理により，低温感受性が高まり，開花率が高くなり，開花が早まる．

(5) 開花調節

開花に対する成長調節物質の影響は，花芽分化を誘起する質的な作用と，花芽の発達過程に働きかける量的な作用（着蕾数の増加，開花期の促進など）とがある．

パイナップル，観賞用アナナス類に対して，カーバイト，エセフォン，BOHなどが花成の誘起に働く．23葉期のフリーシアカリナータ（*Vriesea carinata*）にエセフォン処理した結果，125 ppm葉筒処理および750 ppm以上の葉面散布で花成が誘導され全個体開花したが，無処理区では全く開花が見られなかった（表8.8）．また，ダミノジット，クロルメコートなどの矮化剤（成長抑制物質）もアザレア，ブーゲンビレアに対して，花成の誘起に働く．これは，幼若相を

表8.8 フリーシアカリナータの開花に及ぼすエセフォンの影響
（樋口ら，1972）

処理	(ppm)	開花率 (％)	開花期 (月・日)	発蕾時 葉数 (枚)	穂長 (cm)
無処理	0	0	—	23.8	—
葉筒注入	75	80	8・2	19.4	24.5
	100	80	8・4	19.8	19.0
	125	100	8・2	19.2	18.4
	500	80	7・31	21.4	25.3
葉面散布	750	100	7・30	20.0	23.6
	1,000	100	8・1	21.8	21.0

表 8.9 ジベレリン (GA) とベンジルアデニン (BA) およびその混合液処理による
チューリップのブラスティング防止効果（村井・浅子，1978）

GA (ppm)	BA (ppm)	ブラスティング発生率 (%)	開花期 (月・日)	花茎長 (cm)	葉長 (cm)	外花被		花首径 (mm)	切り花重 (g)
						長さ (cm)	幅 (cm)		
400	0	0	11・28	42.8	35.0	6.6	3.4	4.1	25.0
200	0	13.3	11・29	42.0	34.6	6.8	3.5	4.3	27.5
100	0	0	11・30	41.2	32.6	6.6	3.7	4.2	24.9
100	25	0	12・1	48.1	39.8	7.8	4.1	5.2	38.8
0	25	46.6	12・9	50.5	39.4	7.9	4.5	5.1	38.8
0	50	33.3	12・8	48.6	38.1	7.8	4.2	5.4	42.1
0	100	21.4	12・8	50.8	38.8	8.4	4.5	5.6	44.0
0	0	100	−	−	−	−	−	−	−

(注) 鳥取県産レッドマタドールを30℃で7日間高温処理後予冷14℃3週間，本冷5℃8週間，定植10月26日，栽培温度：昼25℃，夜14℃．

早く終わらせるためである．

ジベレリンは，多くの長日植物の花芽の発達過程に作用して，開花を促進し，着蕾数を増加させるが，実用化しているのはミヤコワスレ，シクラメン，チューリップなど限られている．

チューリップの促成栽培において，花芽が途中で壊死するブラスティング (blasting) がしばしば発生し，切り花生産を不安定なものにしている．また，このブラスティングの発生は，品種，貯蔵温度，栽培温度により大きく異なる．

しかし，ジベレリン処理を行うと，ブラスティングを防止することができ，BAと組み合わせることにより，ブラスティング防止だけでなく，切り花品質も改善する（表8.9）．

処理方法は，草丈が5〜10 cmの時に，GA100 ppmとBA25 ppmの混合液0.5〜1 mlを葉の間に滴下注入すればよい．また，1日後に同じ処理を繰り返せば，より効果が確実となる．

（6）矮 化 剤

茎組織の細胞分裂と肥大を抑え，茎の伸長を抑える成長調節物質を矮化剤 (growth retardant) という．

矮化剤には，草丈を低くするだけでなく，花芽形成の促進，着蕾数の増加，耐

寒・耐乾性の増強，大気汚染に対する耐性の増加などの効果が認められる場合がある．

現在，花卉生産で利用されている矮化剤は表8.10に示すように5種類である．

1）クロルメコート（chlormequat）

現在実用化している矮化剤では最も歴史が古い．わが国では成長調節剤としての登録が遅かったために，生産者が試薬を購入して使用していた期間が長かった矮化剤である．効果の認められる植物は少ないが，ハイビスカス，メラストマ，ハイドランジア，ゼラニウムなどに利用されている．

2）ダミノジット（daminozide）

わが国では1967年から利用されている．薬害のほとんどでない矮化剤でポットマム，ポインセチア，カランコエ，トルコギキョウの鉢物栽培で実用化している．土壌処理では効果がないので，もっぱら茎葉散布されている．

3）アンシミドール（ancymidol）

1970年にアメリカ合衆国で発売が開始され，日本では1978年に成長調整剤として登録されている．ユリによく効く矮化剤として市販されたが，適用範囲はかなり広く，ポインセチア，トルコギキョウなど多くの花卉で利用されている．土壌処理の効果が安定している．

4）ウニコナゾールP（uniconazole P）

日本で開発された最初の矮化剤で，世界的に広く利用されている．適用範囲は非常に広いが，とくにキク，ポインセチア，ツツジ，シャクナゲの鉢物栽培で広く利用されており，ツツジとシャクナゲでは矮化するだけでなく，花芽分化が早まり，着蕾数が増加する．好適処理濃度範囲は狭い．殺菌剤の開発過程で矮化効果が認められた薬剤であるので，殺菌効果もある．

5）パクロブトラゾール（paclobutrazol）

ウニコナゾールと構造式がよく似た化合物で，適用範囲は非常に広い．草姿改善，品質向上（着蕾数の増加，葉色の鮮明化），開花促進効果があり，殺菌作用もある．ポインセチア，チューリップ，キク，ツツジ，サツキ，バラ，ベゴニアなどで利用されている．

7. 生育・開花調節　87

表 8.10　矮化剤の理化学的・生理的性質

一般名	クロルメコート[z] (Chlormequat)	ダミノジッド[z] (Daminozide)	アンシミドール (Ancymidol)	ウニコナゾール P (Uniconazole P)	パクロブトラゾール (Paclobutrazol)
別称または商品名	CCC, Cycocel	Alar, B-9, B-995	A-Rest, Quel, スリトーン	スミセブン P, ロミカ Sumagic	ボンザイフロアブル Bonzi
化学名	(2-chloroethyl) trimethyl ammonium chloride	succinic acid-2, 2-dimethylhydrazide	α-cyclopropyl-α-(4-methoxyphenyl)-5-pyrimidinemethanol	(E)-(S)-1-(4-chlorophenyl)-4, 4-dimethyl-2-(1, 2, 4-triazol-1-1-yl)-1-pentan-3-ol	2RS, 3RS-(4-chlorophenyl)-4, 4-dimethyl-2-(1H-1, 2, 4-triazol-1-yl) pentan-3-ol
分子量	158	160	256	291.8	293.5
水に対する溶解度	易溶	12 % (W/V)	650 ppm (W/V)	8.4 ppm (W/V)	35 ppm (W/V)
土壌残留性	3～4週間	3～4週間	1年	比較的長い	2～3ヵ月
濃度増加に対する反応	高濃度で有効, 薬害なし	高濃度で有効, 一定濃度以上では反応に差がり, 薬害なし	活性高い, 高濃度で成長は完全に停止, 薬害なし	活性非常に高い	濃度に応じて活性は高まる
散布処理	比較的有効	非常に有効	極めて有効	極めて有効	有効
土壌かん注処理	有効	効果なし	極めて有効	極めて有効	有効
葉のクロロシスの発生	葉身基部が淡緑色になるが, 回復する	高濃度においても薬害なし	葉縁部がわずかに褪変し, 葉が赤身を帯びる	高濃度においても薬害なし	葉が濃緑化・葉縁部が波打つことがある
水耕への利用	安全	比較的安全	極めて安全かつ有効	極めて安全かつ有効	安全
有効な植物	多数 (21/87)[y]	かなり多数 (44/88)[y]	ほとんどの植物 (68/88)[y]	ほとんどの植物, アンシミドール以上範囲広い	ほとんどの植物
散布後の注意	―	処理後24時間葉を乾かさず	5分で十分吸収される	乾燥後のかん水は影響なし	―
効果の季節差	冬により有効	春と秋により有効	春と秋により有効	不明	1年を通して有効
花色への影響 (キク)	わずかに黄化	黄化	なし	なし	なし
作用機作	ジベレリンの生合成阻害	ジベレリンの生合成阻害	ジベレリンの生合成阻害	ジベレリンの生合成阻害	ジベレリンの生合成阻害
発表年	1960	1962	1970	1985	1989

z : Cathey, H. M. 1975. HortScience 10 : 204-216による.
y : 効果のみられた植物/供試した植物.

d. 昼夜温の温度差による草丈の調節

従来，施設花卉の昼夜の温度管理は生育・開花調節技術の一つとして位置付けられ，昼間は光合成促進のために高く，夜間は呼吸による消耗を防止するため低くするのが一般的で，草丈の調節はジベレリンや矮化剤に頼っていた．

ミシガン州立大のHeinsらは1980年代の後半に昼間（明期）の温度から夜間（暗期）の温度を差し引いた値（DIF，差を意味するdifferenceの頭の三文字）を変えることにより草丈を調節できることを見いだした．この栽培技術は瞬く間にアメリカ合衆国やヨーロッパの花鉢物や苗生産に広く利用されるようになった．

DIFによる草丈調節の概念はDIF（昼温－夜温）が大きいほど（プラスの値になるほど）草丈は高くなり，小さいほど（マイナスの値になるほど）短くなるというものである．これは昼夜の温度差が節間の伸長に影響を及ぼすためである．

図8.8はテッポウユリの夜間の栽培温度をいずれも18℃とし，昼間の温度（DT）を変えて栽培した結果で，左から－4DIF，0

図8.8 テッポウユリの草姿に及ぼす昼温と夜温の影響（Heins, 1991）

図8.9 テッポウユリの草姿に及ぼす夜温と昼温の影響（Heins, 1991）

DIF, ＋4DIF, ＋8DIF, ＋12DIFである. DIFが負から正の値になるにつれて草丈は高くなっている. また図8.9は昼温をいずれも26℃とし, 夜温（NT）を変えた結果を示している. この場合は左から＋12DIF, ＋8DIF, ＋4DIF, 0DIF, －4DIFとなってDIFが正から負の値になるにつれて草丈は短くなっている. なお, 開花は草丈に関係なく平均温度が高くなるほど早くなっている.

また, DIFが異なるため草丈が異なっても平均温度が同じであれば同じ時期に開花する.

このように草丈を短くするためには施設内の昼温を夜温より低くする必要があるが, 冷房装置がない限り昼温を夜温よりも低く維持し続けることは難しい. そこで, 実際の栽培では日の出直後の約2時間, まだ外気温が低いうちに天窓や側窓あるいは換気扇で換気をして施設内の気温を急激に下げて, 昼温を夜温より低くする方法が取られている. このようなショック療法は昼温を長時間にわたって下げるより効果が大きい.

DIFは花鉢物の草丈を調節することを目的として開発されたが, DIFに対する反応は種類によって異なる（表8.11）.

DIFの基本概念は以上のとおりであるが, 生産の現場で活用する際に留意すべき点はつぎのとおりである.

(1) DIFが0から＋15へ増加するときの方が－15から0へ増加するときより節間長の増加は大きい（図8.10）.

(2) 茎は遅延段階, 急速伸長段階, プラトー（Plateau）段階の3つの段階を経

表8.11 DIFに対する花卉の反応（Heins, 1991 ; Mysterら, 1995）

反応大	反応小または反応なし
テッポウユリ, ダイアンサス類, ストック, キク, カンパニュライソフィラ, フクシア, ポインセチア, サルビアスプレンデンス, リーガースベゴニア, エラチオールベゴニア, ダリア, シクラメン, ケイトウ, パンジー, インパチエンス, スカシユリ, マツバボタン, オリエンタルユリ, ヒポエステス, ペチュニア, ペラルゴニウム（種子系）, キンギョソウ（切り花）	キキョウ, チューリップ, スイセン, マリーゴールド（フレンチ, アフリカン）, ヒアシンス, カランコエ, 宿根アスター, トケイソウ, バラ, アスター, キンギョソウ（花壇苗）, ペラルゴニウム（栄養系）

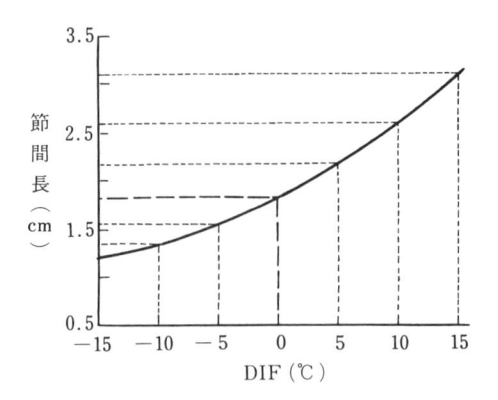

図8.10 ポインセチアの節間長に及ぼすDIFの影響（Heins, 1991）

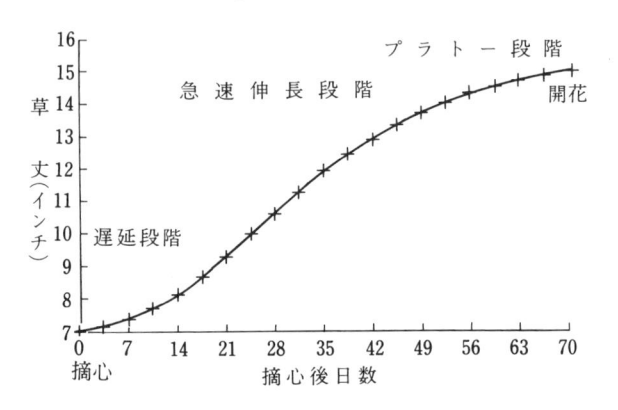

図8.11 ポインセチアおよびキクの茎伸長曲線（Heins, 1991）
1インチ＝2.54 cm

て伸長し，開花に至るが，DIFの効果が大きいのは急速伸長段階である（図8.11）．

(3) 植物は，1日単位でDIFに反応する．このことは，DIFを用いるときに長所と短所の両面を持つ．長所としては節間伸長を日単位で制御できる点である．しかし，この利点は昼温がコントロールできないときには，生育をコントロールする手段がなくなるという短所にもなる．

(4) 植物のDIFに対する反応は，日長の影響を受ける．DIFが同じ場合，長日よりも短日の方が効果が大きい．

(5) DIFは，草丈だけでなく，葉色，葉の向きにも影響を与える．DIFが減少すると葉は明るい緑色から黄白色になる．クロロシス（chlorosis）は，若い葉で起こり＋DIFに2～3日おくと回復する．若い実生苗が強い－DIF下におかれると，クロロシスが起こりやすく，生育が遅くなる．これはサルビアとガーベラで著しい．

テッポウユリの葉は＋DIFでは上を，－DIFでは下を向き，0 DIFでは水平に近くなる．これは，葉が成熟する前に起きる現象で，葉が成熟していなければ，－DIFによって下に向いた葉を＋DIFにすることによって上に向けることができる．

(6) 植物は気温に対して図8.12に示したような反応をする．成長最低温度以下では気温に反応せず，成長最低温度から適温までは気温が上昇するにつれて，反応速度は速くなる．成長最低温度から適温より3～4℃低い気温までは，ほぼ直線的に気温に反応する．このときの気温の範囲を温度比例域という．また，適温を越えると急速に反応は減少し0になる．昼間と夜間の気温が温度比例域内であれば，1日の成長量は24時間の平均気温に比例する．成長を最も速くするためには，適温付近の気温で栽培すればよい．

温度比例域内で栽培すれば，24時間の平均気温が同じである限り，DIFに関わらず，成長速度は同じになり，同時に開花する．しかし，開花時の草丈は

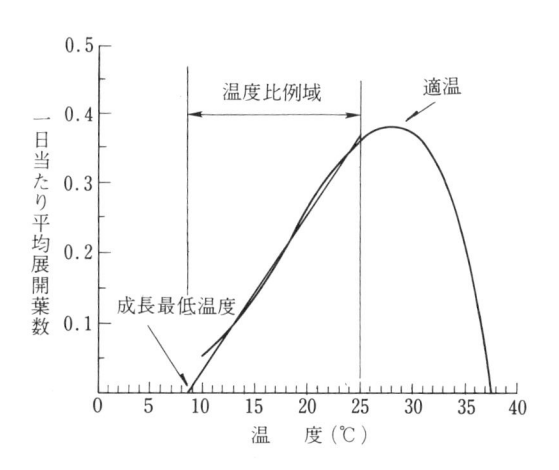

図8.12　代表的な温度反応曲線（Heins, 1991）

DIFの影響を受けて異なる．また，DIFを変えたことによって，昼温や夜温が温度比例域から外れたときには，平均気温が同じでも成長速度は変化する．このように，DIFを変えることによって成長速度にさまざまな影響を与えることができる．

(7) 花鉢物生産では予定した期日に予定した草丈で開花させて，出荷することができれば経営的に有利である．この目的をできるだけ簡便な方法で実現するために考えだされたのがグラフ追跡法（graphical tracking）である．

グラフ追跡法の実行手順は次の4段階よりなる．

1. 予想成長曲線を作成する．
2. 草丈を測定して予想成長曲線に書き込む．
3. 測定した草丈と予測した草丈を比較し，結果に応じてDIFを変えたり，成長調節剤を施用する．
4. 上記の2と3を3〜4日ごとに繰り返す．

グラフ追跡法では，1.の植物の成長曲線を作成することが最も重要になる．この予想成長曲線ができてしまえば，後はこの予想草丈と実際の草丈を比較して栽培を行なえばよい．

ポインセチアの予想成長曲線を作成するには，次の5つのことが必要である．

1. 摘心日
2. 開花日
3. 栽培当初の高さ（鉢＋草丈）
4. 開花期に予定する高さの最小および最大値
5. 茎の伸長曲線

これらのうち，1〜4までは簡単に分かる．また，5については栽培中に週に1〜2度茎の長さを実際に測定し，グラフに書き込んでいく．

現在の草丈が予定より高ければDIFを小さくしたり，矮化剤を散布して伸長を抑制し，予定より低ければ，DIFを大きくして伸長を促進する．図8.13にポインセチアの予想成長曲線を示す．

以上のようにDIFは植物の成長を調節するのに非常に有効な手段で，DIFを用いることによって矮化剤の使用を大幅に減らすことができる．しかし，DIFも万能ではなく，温室内の全ての個体に同時に同じDIFしか与えることができ

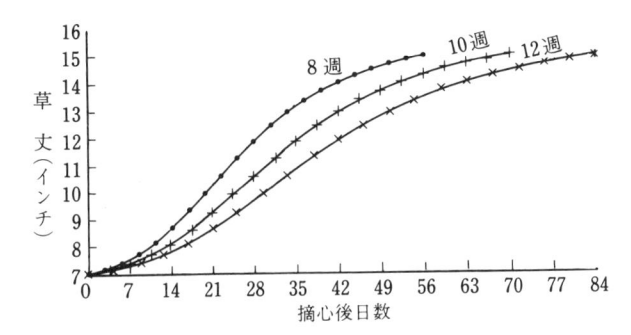

図8.13 ポインセチアの予想成長曲線 (Heins, 1991)
摘心時の草丈と開花時の草丈がそれぞれ同じで，摘心から開花までの日数が異なる場合 (8, 10, 12週間) のグラフの違いを示した．

ないため，生育のばらつきが大きいときには有効な方法ではない．また，気温は草丈，成長速度，花芽分化に影響を及ぼし，適温を選択する際にはこれらの優先順位を考える必要がある．すなわち，生育が遅れている時に，花芽分化に悪影響を及ぼすような気温にはできないし，大きなDIFを与えることもできないため，成長を犠牲にして花芽分化に適した気温を選ばなくてはならないことも生じる．

最近になってDIFによる草丈調節の手法が組織培養苗生産における培養小植物体の草丈（シュート長）や実生のプラグ苗の制御に有効であることが報告されており (Erwin et al., 1989, 古在ら, 1992)，またキクなどの切り花生産の草丈の伸長促進効果も認められて，適用範囲が広がっている．

世界的に地球の環境汚染が大きな問題となっている折から今後農薬の使用が大幅に規制されるようになることは確実で，矮化剤の使用も例外ではない．このような状況下で，DIFの重要性は高まることになると考えられる．

8. 開花調節の実際

a. キク

現在のキクの栽培種 *Chrysanthemum morifoliom* Ramat. (*Dendranthema* × *grandiflorum* Kitam.) の起源について定説はない．北村 (1938) は唐時代に中国華北に分布する二倍体のチョウセンノギク (*D. zawadskii* var. *latilobum*

(Maxim.) Kitam.) と華南に分布する四倍体のハイシマカンギク (*D. indicum* (L.) var. *procumbens* (Lour.) Kitam.) との交雑によって三倍体ができ，その後染色体重複現象が起きて六倍体となり現在のキクの原型になったとしている．この栽培種の原型は天平時代から16世紀にかけてわが国に渡来し，17世紀以降中国やわが国からヨーロッパを経由してアメリカ合衆国に渡り，当初は庭園用として栽培されたが，その後切り花用に改良された．わが国で本格的な切り花生産が始まったのは大正年間にアメリカ合衆国から切り花用品種とその栽培技術が導入されてからである．

　1920年に植物の光周性が発見されてから，日長操作により短日植物であるキクの開花調節ができるようになり，欧米では質的短日性の秋ギクを電照（長日処理）で花芽分化を抑制しておき，短日処理（冬季は自然の短日を利用する）によって開花させる周年生産が定着した．

　一方，わが国においてはキクの切り花栽培が始められたころから秋ギクに加えて，江戸時代に突然変異によって短日性を失い，日長に対して中性反応を示すようになったと考えられる夏ギクが栽培されていた．そのため短日処理に多大の労力を必要とする短日処理栽培にかわって秋以外の時期に自然開花する育種が進み，秋ギクの早生咲き系の選抜によって順次9月咲きギク，8月咲きギク，7月咲きギクなどの種々の生態型をもつ品種が育成された．これによりわが国におけるキクの自然開花期は4月下旬から2月上旬に渡り，夏ギク，7月咲きギク，8月咲きギク，9月咲きギク，秋ギク，寒ギクの順で開花することになった．

　この結果，わが国においてはアメリカ合衆国から導入された秋ギクを利用し，電照（長日処理）と短日処理を組み合わせて周年栽培する方式は発展せず，さまざまな生態型の品種を用いて秋から春にかけては暖地の露地または施設で栽培し，夏から秋にかけては主として高冷地や冷涼地での露地あるいは簡易な施設で栽培するというような適地別季節生産による周年供給が定着した．

　しかし，このようなわが国独自の周年供給体制には欧米の人工的な日長による開花調節に比べて自然の日長と温度条件を利用するために，開花時期が年によって大きく変動し計画出荷が難しいこと，労力の季節的な偏りが大きく労働生産性が低いなどの問題がある．

(1) 生態的特性による品種分類

1) 岡田による生態的分類

岡田 (1957) はわが国独自の周年供給を支えているさまざまな生態型の品種について主に日長や温度に対する花芽分化および花芽の発達を調べ生態的分類を行った (表8.12). この分類はわが国で成立した多様な作型における開花調節技術を理解するうえで極めて有用で, 長年にわたって利用されてきた. しかし, その後, (1) 天寿など岡田の品種分類に当てはまらない品種群が登場したこと, (2) 岡田が分類した当時は日長反応についての分類が不十分で, 13時間を基準に短日性, 長日性を判断し, 現在では一般的に用いられている絶対的短日植物 (質的短日植物), 相対的短日植物 (量的短日植物) の概念がなかったことなどから, 川田ら (1987) は新しい生態的品種分類を提唱した.

2) 川田らによる生態的分類

川田ら (1987) はまず岡田の品種分類をもとにして品種の日長に対する開花反応を調査した. その結果, 周年生産用品種として理想的なタイプと考えられ

表8.12 キクの生態的分類 (岡田, 1957)

類別番号	品種群別	日照時間に対する反応		温度に対する反応
		花芽分化	蕾の発達・開花	
I	秋ギク	短日性	短日性	花芽分化は大部分15℃以上で行われ, 蕾の発達および開花も高温で抑制されない.
II	寒ギク	短日性	短日性	高温で花芽分化, 蕾の発達, 開花が抑制される.
III	夏ギク	中性	中性	花芽分化は大部分10℃前後の温度で行われる.
IV	8月咲ギク	中性	中性	花芽は秋ギクと同様15℃以上でなければ分化せず, 蕾の発達も低温ではやなぎ芽となる.
V	9月咲ギク	中性	短日性	高温に対しては8月咲きと同様.
VI	岡山平和型	短日性	中性	温度に対しては秋ギクと同様.

ていた岡山平和型品種（岡山平和，映光など）は，花芽の分化だけでなく発達も短日で促進される，早生秋ギクに属する品種であることが明らかになった．花芽の分化，発達がきわめて早く，短期間の短日処理で開花するため，岡田は花芽の発達は日長に対して中性であると判断したと考えられる．

次いで自然開花期が4月下旬から6月下旬である夏ギクおよび7，8，9月を自然開花期とするキクの日長反応を調べ，夏ギクと7月咲き品種の早生系品種は24時間日長下でも開花するが，短日下での開花が早くなる相対的短日植物であ

表8.13 キクの生態的特性によって分類された品種群とその適応作型
（川田・船越，1988，一部改変）

品種群名		自然開花期	適応作型	備考
夏ギク	早生	〔暖地〕 4月下旬〜 5月上旬	冬至芽定植による季咲き・促成栽培	早生品種は晩生品種より低温下で花芽分化する．
	中生	5月中旬〜 5月下旬		
	晩生	6月上旬〜 6月下旬		
夏秋ギク	早生	〔冷涼地〕 7月	挿し芽苗定植による季咲き・電照・短日処理栽培	高温による開花遅延の小さい品種が多い．
	中生	8月		
	晩生	9月		
秋ギク	早生	〔冷涼地・暖地〕 10月上旬〜 10月中旬	挿し芽苗定植による季咲き・電照・短日処理栽培	
	中生	10月下旬〜 11月上旬		
	晩生	11月中旬〜 11月下旬		
寒ギク		〔暖地〕 12月以降	挿し芽苗定植による季咲き栽培	高温による開花遅延が著しい．

（注）暖地は東海地方の平地を標準とする．冷涼地は長野県の平地を基準とする．

表 8.14 キク品種群の自然開花期を支配する発育相別特性（川田，1988）

品種群名		ロゼット性	幼若性	感光性		開花反応期間（リスポンスグループ）
				限界日長	適日長限界	
夏ギク	早生	極弱	極弱	24時間		
	中生	弱	弱			
	晩生	弱	弱			
夏秋ギク	早生	弱〜中	中	17〜24時間未満	13〜14時間	7〜8週
	中生	中〜強	中〜強	17時間	13〜14時間	7〜8週
	晩生	中〜強	中〜強	16時間	12〜13時間	7〜9週
秋ギク	早生	−	−	14〜15時間	12時間	8〜10週
	中生	−	−	13時間	12時間	9〜10週
	晩生	−	−	12時間		11〜12週
寒ギク		−	−	11時間以下		13〜15週

(注) 限界日長：開花についての限界日長
　　 適日長限界：時間当たり4日以上開花遅延を基準として判別
　　 開花反応期間：短日処理開始から開花までの期間

り，約半数の7月咲き品種と，大部分の8，9月咲き品種は秋ギクと同様に絶対的（質的）短日植物に属し，その限界日長は秋ギク（10〜11月咲き）が12〜15時間であるのに対し，9月咲き品種は16時間，8月咲き品種は17時間，7月咲き品種は17〜24時間未満であることを明らかにした（表8.13，14）．

この成果は夏咲きのキク（夏ギク，8月咲きギク）は日長に対して中性としていた岡田の生態的分類を覆すもので，これまで日長による開花調節が不可能と考えられていた夏に開花するキクの開花調節への道を開くこととなった．すなわち，夏に開花する品種は耐暑性があるため，夏期の短日処理栽培において開花遅延や切り花品質の低下が少なく，欧米に比べて高温条件となるわが国のキクの夏期生産において利用価値が高いことを明らかにした．

しかし，7〜9月咲き品種の自然開花期の違いが2カ月以上に及ぶことから限界日長の差だけでは自然開花期の差を説明できないので，従来，基本栄養生長や苗齢による花芽分化能力の違いと説明されていたキクの特性に着目して，温

表 8.15 キクの発育相の呼称,形態変化ならびに各発育相通過の外的条件
(川田,1988)

発育相の呼称	ロゼット相 → 幼若相 → 感光相 → 成熟相
形態の変化	ロゼット形成 → 節間伸長 → 花芽分化・発達 → 開花・種子の成熟
発育相通過の外的条件	低温 → 高温 → 短日

度に対する開花反応を調査した．その結果，冬至芽由来の芽は生育初期には花芽分化能力をもたず，気温の上昇によって生育が促進されると花芽分化能力をもつようになり，その期間は7～9月咲きの品種では，自然開花期の遅い品種ほど長い傾向が認められ，花芽分化できない状態の長短，あるいは強弱も品種の自然開花期を支配する要因であることが明らかになった．そしてこの特性を幼若性（juvenility）と呼んだ．さらに，キクの開花反応を統合的に説明するためにルイセンコの発育段階説を採用し，表8.15のようにキクの冬至芽から開花・結実に至る過程をロゼット相，幼若相，感光相，成熟相の四つの相に分け，各相における類型によって日長や温度に対する反応と自然開花期との関係を理解しやすくした．挿し芽苗だけでなく，冬至芽を利用した生産が行われているわが国においてこれらの新しい概念を導入したことによって，これまで説明のつきにくかった現象が理解できるようになった．

キクの品種は，定植時の苗の違いにより通過する発育相が以下のように異なる．

夏ギクはもともと冬至芽定植による季咲き栽培のために育成された品種群である．冬至芽の定植から開花までの期間は，ロゼット相，幼若相，感光相，成熟相の期間の和から成り立っている．

夏秋ギクの季咲き栽培は，冬至芽の1～2回摘心に由来する幼若状態にある挿し芽苗の定植によって行われており，定植から開花までの期間は幼若期以降の三相の期間の和から成り立っている．

秋ギクおよび寒ギクの季咲き栽培は，挿し芽苗の6～8月定植によって行われている．定植までに大部分の品種では幼若相を消失しているものと推定される．したがって定植から開花までの期間は感光相と成熟相の二相の期間の和から成り立っている．

このように，品種の生態的特性はそれぞれの関与する発育相によって特徴付けられる．

そこで，川田ら（1988）は，キク品種をそれぞれ季咲き栽培において関与する各発育相の期間を支配する生態的特性（ロゼット性，幼若性，感光性）を分類基準とし，夏ギク・夏秋ギク・秋ギク・寒ギクの4群に分類した（表8.14）．

〈夏ギク〉

暖地における自然開花期が4月下旬から6月下旬および冷涼地で育成された7月咲き品種の一部を含む量的短日植物（24時間日長下でも開花するが，より短い日長下で開花が促進される植物）に属する品種群．したがって電照で花芽分化期および開花期を抑制することはできるが，その程度は小さく，実用的には電照栽培は採用されておらず，開花調節は栽培温度によって行われる．

秋ギクよりロゼット性および幼若性が弱く，そのため低温下で花芽分化できるという特性を備えている．

〈夏秋ギク〉

冷涼地における自然開花期が7月から9月に至る品種のうち，質的短日植物（24時間日長下では開花せず，ある一定の日長以下で開花する植物）に属する品種群．約半数の7月咲き品種と大部分の8月・9月咲き品種は，開花についての限界日長がそれぞれ17時間以上24時間未満，17時間および16時間内外である．夏秋ギクは質的短日植物であるので，理論上は全ての品種で電照抑制栽培が可能である．また，秋ギクより，高温栽培による開花遅延や奇形花の発生が少なく，開花について限界日長が長いので，短日処理を必要とする期間が短いという特性を備えている．とくに7月咲き品種では最も日長の長い6月の日長下で正常に花芽分化する性質を備えているので，労力や資材を必要とする短日処理を行わずに電照のみによって開花調節できる．

なお，表8.14の適日長限界とは著しい開花遅延を起こさない限界日長で，切り花品質の点から見た適日長は適日長限界値かその値より1時間位上回る日長である．適日長限界以下のときには，管状花が増加し，止め葉が小型化してボリューム不足となる．

〈秋ギクおよび寒ギク〉

秋ギクは自然開花期が10月から11月で，開花についての限界日長は12～15

時間，寒ギクは自然開花期が12月以降で開花についての限界日長は11時間以下の品種群である．両品種群とも自然開花期が感光性のみに依存しているのが共通点である．

秋ギクでは，早生品種は高温による開花遅延の程度が小さいので短日処理栽培への適応性が高い．一方，晩生品種には低温開花性のある品種が多いが高温による開花遅延が著しい傾向がある．この傾向は寒ギクにおいてさらに著しい．

（2）周年生産体系

電照抑制栽培によって生産される一輪ギクを電照ギクと称しているが，福田・西尾により夏秋ギクの電照抑制が始まって，秋ギクの電照抑制との組み合わせによる周年栽培が確立された（図8.14）．図は神馬の二度切り栽培に夏期に夏秋ギクの岩の白扇の電照栽培をした例を示した．この新しい作型の出現により，わが国でも欧米と同様な大型施設栽培を利用した周年栽培体系が確立され，一輪ギクだけでなくスプレーギクへと拡がっている．

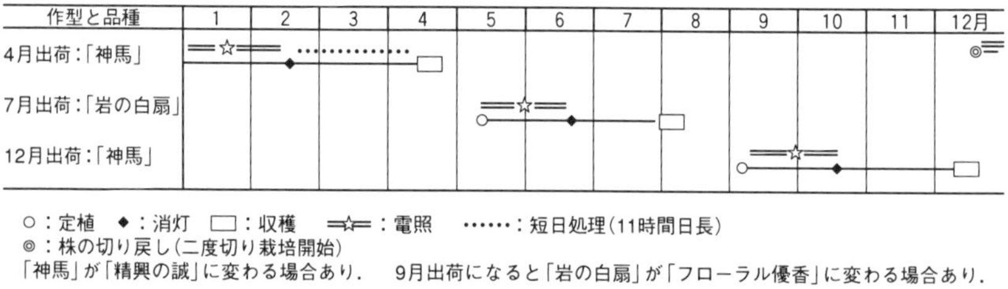

作型と品種	1	2	3	4	5	6	7	8	9	10	11	12月
4月出荷:「神馬」	═☆	●‥‥‥‥		□								◎═
7月出荷:「岩の白扇」					═☆	═●	═	□				
12月出荷:「神馬」									○═☆	●═	═	□

○：定植　●：消灯　□：収穫　═☆═：電照　‥‥‥：短日処理（11時間日長）
◎：株の切り戻し（二度切り栽培開始）
「神馬」が「精興の誠」に変わる場合あり．　9月出荷になると「岩の白扇」が「フローラル優香」に変わる場合あり．

図8.14　キクの周年栽培体系（西尾，2007，一部改変）

周年栽培体系は電照抑制栽培によって成り立っているが，当初電照は日没と同時に点灯する方式であった．その後24時間タイマーの普及とともに暗期中断方式が一般化した．花芽分化抑制効果は深夜の方が日没と同時に点灯よりも高い．電照はクリアタイプの白熱灯（100 W）を10 m^{2}当たり1灯設置し，最低50 lxの照度で深夜0時を中心として3時間程度照明する．

電照抑制栽培では電照により花芽分化を抑制し，自然の短日を利用して花芽を形成させるが，日長が短すぎると開花率が低下し，開花が遅れる．すなわち適当な短日条件（適日長）があり，それは夏秋ギクでは12〜14時間，秋ギクで

は栽培適温下で11時間前後である.

　花芽形成時の日長は開花率や開花時期だけでなく，花の品質にも影響を及ぼす.著しい短日条件下では舌状花数が減少し，管状裂花が増加する露心花になったり，上位葉が小型化（うらごけと呼ばれる）して品質が著しく低下する.この点については岡田ら（1954），大須賀ら（1978）による，自然の短日下で花芽分化させた後，再び照明する再電照（短日中断電照, interrupted lighting）により解決された.再電照は12日間自然短日後，4～5日間電照するのが一般的である.

　キクは低温短日下でロゼット化し，低温で打破されるが，小西（1975）は苗の低温処理（1～3℃）によってロゼット化が打破されることを明らかにした（図8.15）.この方法は全ての品種に適応できるわけではない.現在の電照ギクの主要品種である神馬は低温処理すると開花が著しく遅れ，二度切り栽培が難しい.このため，定植前年の冬に低温に遭遇させないよう熱帯高地で生産された挿し穂を輸入して使っている.一方，岩の白扇はロゼット化しやすい品種であるので，苗の低温処理は欠かせない.

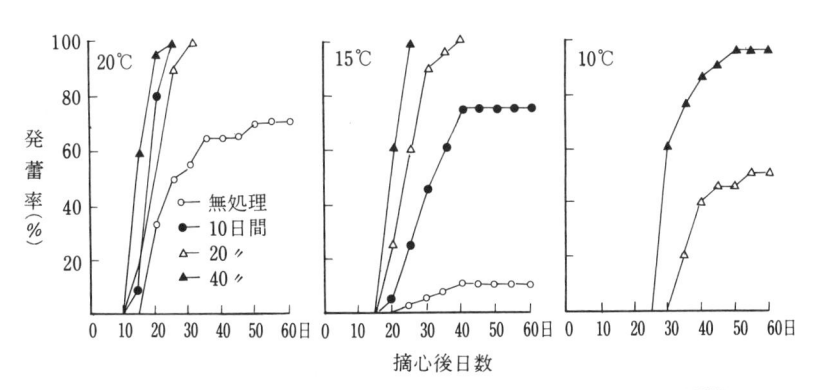

　図8.15　挿し芽苗の低温処理および生育夜温が発蕾におよぼす影響
　　　　（品種：岡山平和）（小西，1967）

b．トルコギキョウ

　リンドウ科 *Eustoma*（ユーストマ）属には *E. Barkleyi* Standly ex Shinner, *E. exaltatum* (L.) G. Don, *E. grandiflorum* (Raf.) Shinner の3種が報告されている

が,現在の園芸品種は最も大型な E. grandiflorum を改良したものである.

E. grandiflorum (Raf.) Shinnerは北米のネブラスカ,コロラド,カンサス,オクラホマ,テキサス,ニューメキシコ,ユタを中心に,北はサウスダコタ,ワイオミングから,南はメキシコ北部までの石灰岩地帯の草原に広く自生している.染色体は $2n = 72$ で,4倍体である.

日本ではすでに昭和8年(1933年)に種子が販売されていた.品種改良は日本で昭和20年代から行われ,現在欧米各国で栽培されている品種はほとんど日本で育成された品種である.品種改良は導入後50年間(1980年代前半まで)は,もっぱら民間育種家の手で行われ,公的研究機関や種苗会社の品種が栽培されるようになったのは1980年代に入ってからである.

早生系は F_1 品種が,晩生系品種は固定品種が主流であったが,現在では品種の早晩に関係なく F_1 品種になっている.花色は紫,白,ピンク,赤,黄,ラベンダー,純白地に弁端が濃紫やピンクの覆輪と豊富であるが,白色品種の栽培が40%を越え,主流となっている.

(1) 生態的特性

幼苗期はロゼット状に生育するが,本葉が6~10枚(3~5対)展開後に節間伸長を始める.節間伸長を開始後間もなく花芽分化する.花芽分化時の草丈や花芽分化節位は品種によって異なり,同一品種でも節間伸長後の温度や日長によって異なるが, F_1 品種では草丈5~10cm,7~10節で花芽を分化することが多い.

花芽はがく,花弁,雄ずい,雌ずい,葯・胚珠の順序で分化する.相対的(量的)長日植物であるため花芽分化と発達は,高温・長日で促進され,低温・短日で著しく遅れる.長日は節間伸長も著しく促進する.

種子が吸水してから本葉が4枚(2節)完全に展開するまでに,日平均気温25℃以上,かつ夜温20℃以上(昼温30~35℃,夜温20~25℃)の温度条件に遭遇すると,幼苗は葉の分化を続け,形態的にロゼット化する.これは関東以西の平坦地の6月から9月中旬の気温に相当する.昼温28~30℃,夜温20~23℃では温度以外の要因も関与し,強光,短日,乾燥,断根などの要因がロゼット化を助長する.これより低い温度(昼温20~25℃,夜温15~18℃)では環境要因に影響されずに本葉6~10枚展開後に,ほとんど全ての個体が節間伸長を始

める．この温度域では冬季の短日もロゼット化の要因としては作用しない．

　高温は播種後種子が吸水して胚が活動を開始してから発芽が始まるまでの期間もロゼット化を促し，本葉展開まで高温化におくと50％以上がロゼット化する．その後高温遭遇する期間が長く，温度が高いほどロゼット率が高くなる．このような高温での影響は本葉が4枚（2節）完全に展開するまで続く．このステージ以後の高温の影響は，この苗齢に達するまでの栽培温度によって異なり，幼苗期を中温で生育した苗に対しては節間伸長を促進し，高温で生育した苗に対してはロゼット化をいっそう深める（Ohkawaら，1991）．

　発芽適温は25〜30℃と高く，発芽および発芽後の生育が最も促進される温度条件で育苗するとロゼット化する．自生地では春に発芽して，夏の高温でロゼット化し，冬を経過して翌春節間伸長して夏に開花する生育習性を持っていることから，発芽適温がロゼット化を誘導する温度であることは，自生地の気象条件に適応した生態的特徴といえる．

　ロゼット打破には，一定期間の低温遭遇が必要で，低温処理の効果は5〜20℃の範囲で認められる．最も有効な温度は本葉4枚展開程度の若い苗齢では15℃であるが，8枚程度に苗齢が進むと適温は10℃と低くなる．処理期間は若い苗齢では4週間，苗齢が進むと5〜6週間必要になる（Ohkawaら，1994）．低温処理には照明が必要で，$3\mu mol m^{-2} s^{-1}$以上の光強度が望ましい．暗黒化での低温処理は3週間が限度である．

　ロゼット化は品種間差が大きく，F_1品種の方が固定品種より，早生品種の方が晩生品種よりロゼット化しにくい傾向が認められるが，十分な生態育種がされていないために，同一品種の中にロゼット化に関して異なった遺伝性をもつ個体が含まれている（福田ら，1994）．

　なお，幼苗のロゼット化は種子の登熟中の温度の影響も受け，登熟期の温度が低いと発芽した苗のロゼット率が低い．これは同一品種でも採取地や採取時期が異なるとロゼット化の程度が異なることを示している（Ohkawaら，1992）．

　また，湿潤種子の低温処理（適温10℃）によっても幼苗の抽だい率を高めることができるが，幼苗に対する低温処理と異なって品種間差が大きく，実用場面は限られている．

（2）開花調節の方法

基本的な作型は高冷地や寒冷地では秋と春に播種し，品種の早晩性，加温の有無の組み合わせによって，5月から11月にかけて収穫するものである（図8.16，17）．

一方，暖地においては適応品種を用いることにより，抑制（促成）二度切り栽培と半促成二度切り栽培が可能になった．これらの作型を導入することにより，11月から6月まで，草丈80 cm以上の品質のよいものを採花することができる（図8.18）．

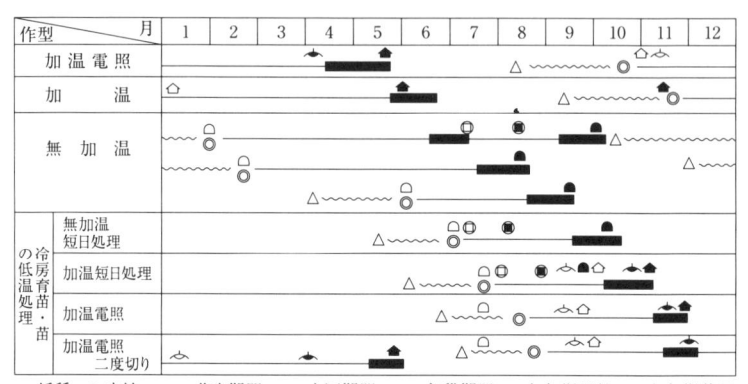

図8.16　長野県におけるトルコギキョウのおもな作型（山本，2003）

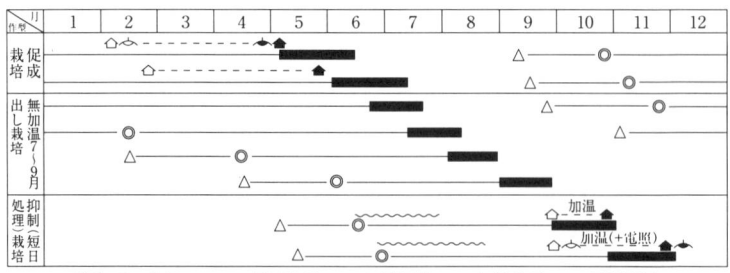

図8.17　山形県におけるトルコギキョウのおもな作型（佐藤，2003）

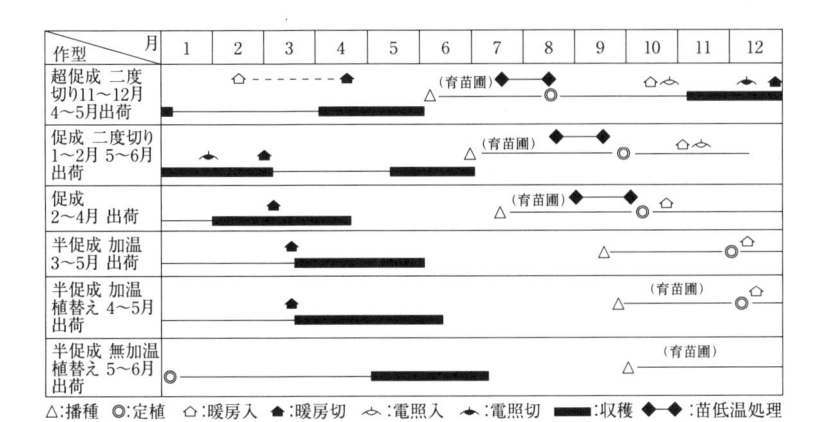

図8.18 静岡県におけるトルコギキョウのおもな作型（速水，2003）

現在の品種では，バラやカーネーションのように同じ品種を用いて，品質のすぐれたものを，同一施設内で周年栽培することは不可能であるが，地域的な分担により周年栽培が可能となっている．

秋から冬にかけて採花する作型では，播種期の気温が高いため幼苗がロゼット化する．このため夜冷育苗や冷房育苗でロゼット化を回避する栽培方法が試みられ，広く実用化しているが，これらの育苗法では秋冬期の採花率が低く，適応品種が限られている．大川ら（1991）は，播種後高温下で栽培し，生理的にロゼット化が誘導された苗を，照明下で4〜5週間低温処理をして秋・冬切り栽培を試みたところ，開花の揃いがよく，適応できる品種も多いことが明らかになった．暖地で10月から12月にかけて収穫する作型では品種の選択，播種日，低温処理時の苗の大きさ，低温処理期間中の光強度，定植直後からの夜温管理などがポイントとなる（図8.19，表8.16）．

30日間の低温処理(12±1℃)により　　低温処理をしなかったため，ロゼッ
節間伸長を開始した'あずまの雪'　　　ト状態を示す'福紫盃'
　　　　(定植後40日目)　　　　　　　　　(定植後40日目)

図8.19　トルコギキョウの低温処理による幼苗のロゼット打破（大川，1990）

c．ユ　リ

　ユリは北半球のアジア，北アメリカ，ヨーロッパに96種が自生している．日本には14種が自生しているが，このうち日本にだけ自生しているのはウケユリ，タモトユリ，ヤマユリ，オトメユリ，ササユリ，イワトユリの6種である．日本に自生するユリのなかにはテッポウユリ，カノコユリ，ヤマユリ，タモトユリ，ウケユリ，ササユリのように改良の手を加えなくても観賞価値の非常に高いものが多い．

　ユリはその生育習性から夏休眠型と冬休眠型に大別できる．日本に自生するユリのすべてについてその生育・開花習性が詳細に調べられているわけではないので断定はできないが，大部分のユリは冬休眠型に属し，夏休眠型に入るのはテッポウユリとウケユリだけである．また，日本自生のユリを中心にして育成されたアジアティックハイブリッドやオリエンタルハイブリッドの品種はす

表8.16 トルコギギョウの育苗方法が採花時期に及ぼす影響（三好・大川ら，1990）

品種	育苗方法	採花率（%）					
		12月	1月	2月	3月	4月	5月
福紫盃	夜冷60日	0	0	0	21	67	82
	夜冷45日	0	0	0	3	17	50
	夜冷30日	0	0	0	5	25	52
	低温処理30日	0	0	0	52	83	87
	低温処理15日	0	0	0	3	43	88
	高冷地	0	0	0	35	57	77
	平地（対照）	0	0	0	0	2	50
あずまの雪	夜冷60日	0	7	50	78	85	97
	夜冷45日	5	17	35	57	77	88
	夜冷30日	2	3	8	23	37	78
	低温処理30日	0	13	75	92	93	93
	低温処理15日	0	2	8	48	58	70
	高冷地	0	0	32	60	70	73
	平地（対照）	0	0	0	2	20	80

（注）1990年7月20日に播種し，夜冷育苗区は40％遮光した雨よけハウスで栽培し，播種後30，45，60日間，午後4時30分から午前8時30分までの16時間，10℃の保冷庫（暗黒下）に搬入した．苗の低温処理区は播種後30日および45日間ガラス室で栽培後，30日および15日間，10℃の保冷庫（光量5.2〜67.3 μmolm^{-2}s^{-1}）で育苗した．高冷地育苗区は静岡市井川（標高1,100 m）で播種から9月18日まで育苗した．各区とも9月26日に，ビニルハウス内に12×12 cm（3.3 m^{2}当たり118株）で定植した．11月1日から暖房（最低15℃に設定）を開始し，25℃換気で栽培した．同時に，75 W白熱灯で深夜4時間の暗期中断（1個/10 m^2，高さ1.5 m）を開始した．暖房は採花終了時まで行い，暗期中断は2月28日で打ち切った．1区60株を供試した．

べて冬休眠型の生育・開花習性を示す．冬休眠型の代表的な自生種であるカノコユリと夏休眠型を代表するテッポウユリの自生の中心はそれぞれ鹿児島県の甑島と南西諸島であり，地理的に近いのにその生育・開花習性が大きく異なる理由は明らかではない．

（1）テッポウユリ（夏休眠型）の生態と開花調節

テッポウユリの球根生産は現在ではもっぱら沖永良部島で行われているが，以前には北海道でも行われていた．北海道における球根生産では分球と生育中に新球の生長点が発芽する再出芽（summer sprouting, premature sprouting of the daughter bulb）が大きな問題であった．これはオランダにおけるテッポウユリの球根生産でも同様で，このため長い間オランダでのテッポウユリの球根生産は不可能であった．

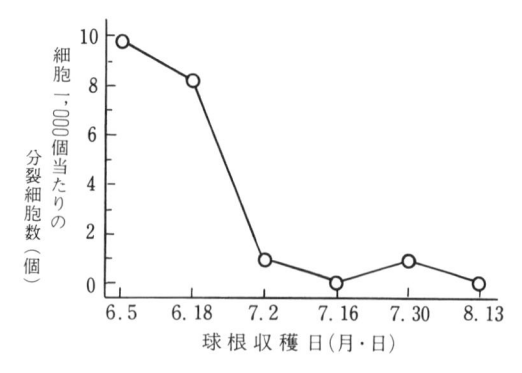

図 8.20 テッポウユリりん茎の茎頂分裂組織における分裂細胞数の時期的変化（供試品種　福岡産'ひのもと'）（安井, 1973）

　現在オランダで球根生産されている品種ホワイトヘブン（White Heaven），ホワイトヨーロプ（White Europe），ホワイトエレガンス（White Elegance）などはオランダのような生育中の気温が低いところでも再出芽しないように，オランダで育種された品種である．

　このようにテッポウユリでは生育中の気温，とくに開花期以降の気温が低く15℃前後であると，細胞分裂活性の低下がないまま，葉原基の分化から茎の伸長へ移行し，発芽する．一方，開花期以降20℃付近の中温で栽培すると，長期間生育を続け，球根は著しく肥大する．ところが，沖永良部島では開花期の5月上旬以降高温期に入る．テッポウユリは30℃付近の高温に遭遇すると球根は休眠に入り，茎頂部における細胞分裂活性が低下する（図8.20）．

　いったんこのような休眠状態に入ったりん茎は十分な高温期間を経過しないと，休眠が破れず発芽しない．自然状態でりん茎が完全に休眠覚醒する時期は産地や品種によって異なるが，開花後50～60日である．このため開花期以降の気温が低い場合や早掘球根を促成栽培に使用するには不発芽球が問題となる．未成熟球の成熟を進める方法，すなわち休眠打破処理としては掘り上げ後りん茎を45℃の温湯に60分間浸漬する温湯浸漬処理，GA_7 200 ppm液またはGA_3 1,000 ppm液30秒間浸漬処理が実用化している．

　休眠覚醒したりん茎の発芽は20℃前後の温度でも発芽し，発芽に低温を必要

としない.

このようにテッポウユリでは完全な乾期のある気候帯に自生地をもつ球根類と異なり, 休眠が比較的浅い. しかし, 花成誘導のためにはりん茎は一定期間低温に遭遇することが必要である. 低温は発芽前でも発芽後でも有効であるが, 実際栽培では発芽後の低温処理は作業性が悪いので, 休眠覚醒した発芽前の球根に対して行われる. テッポウユリの花芽分化は発芽して間もなく起こる (小杉, 1952) から, 促成栽培で行われる低温処理は春化処理である. 21℃以下の温度が春化処理として有効である (Weilerら, 1967).

低温処理の温度と期間は作型によって異なるが, 13℃2週間の処理で茎頂部の細胞分裂を開始させた後, 8℃5週間の低温処理をするのが促成日数と品質の点で基準となっている. 超促成栽培では定植時の地温がまだ高いので, 低温処理温度を8℃より5℃程度高く, 半促成では定植時の地温が低いので, 5℃程度低くする. 低温処理期間は21℃以下の温度が花成誘導温度として作用することから定植時の気温の低い半促成栽培では基準より1週間程短くしてもよく, 逆に定植時の気温が高い超促成では十分に低温処理してから植え付ける必要があるため1週間程長くする. なお, ユリ類の球根は無皮りん茎で貯蔵器官としての機能が十分発達していないため, 乾燥状態で低温処理しても効果がない. 湿らせたピートモスなどをパッキング資材として湿潤状態で低温処理する. 花成誘導に十分な低温を感受した球根は発芽後の生育・開花に温度と日長に対する特別な要求性を持っていない.

日長は低温処理が不十分な場合にだけ影響し, 長日条件は低温の代替作用を示す.

（2）カノコユリ（冬休眠型）の生態と開花調節

夏休眠型のテッポウユリの'ジョージア'を北海道で栽培すると開花期は7月20日前後であるが, 関東地方で栽培すると6月20日頃となり, 自生地の沖永良部島では4月下旬から5月上旬にかけて開花する. 関東地方や北海道では, 球根は降霜により地上部が枯死するまで肥大を続ける. 一方, 沖永良部島では開花50〜60日後の6月下旬から7月上旬には梅雨が終わり, 気温が著しく高くなるので梅雨明け後間もなく地上部は枯死する.

一方, カノコユリの'うちだかのこ'を北海道で栽培すると開花期は8月下旬

から9月上旬，関東地方では8月上旬となり，自生地の鹿児島県の甑島では7月下旬，沖永良部島では6月上旬から中旬となり，栽培地に関係なく，球根は秋まで肥大を続ける．

このようにカノコユリの開花期が栽培地に関係なく夏となるのは，休眠打破に必要な低温要求量が大きく，低い温度で長い期間低温に遭遇する必要があるため，春にならないと発芽しないことと，開花に高温要求性が強いためである．

カノコユリは3月下旬から4月上旬に発芽した茎の基部葉腋組織に，4月10日前後（茎長約17 cm）に新しい頂端分裂組織が形成されるが，これは主茎先端における花芽の分化初期とおおむね一致する．頂端分裂組織では6月上旬から中旬までりん片葉の形成が続き，以後普通葉を形成するようになる．普通葉の形

図8.21 カノコユリが不十分な低温を受けた場合にみられる開花遅延株（左）花芽未分化株（右） 発蕾した株（大川，1977）

成は翌春抽だい後4月上旬に頂端分裂組織が花芽分化するまで続く．

頂端分裂組織で形成されるりん片葉が普通葉へ転換する原因が何によるのかは明らかではないが，おそらく，りん片葉の数は母球自体の大きさ（母球重）によって左右され，その他の環境条件の影響を受けることは少ないものと考えられる．

これに対して普通葉はその後の環境条件の影響を強く受け，掘り取り時期，低温量などによって大きく左右される．カノコユリはテッポウユリと同様，発芽してから花芽分化するが，低温遭遇量が不十分な場合には，発芽はしても花芽分化が遅れるから葉数が多くなる．たとえば低温処理5℃20日，13時間以下の短日，栽培温度21℃以上の条件下では発芽はするが花芽分化せず，長期間葉を分化し著しく葉数が多くなる（図8.21）．

6月上旬から中旬に頂端分裂組織における形成葉がりん片葉から普通葉への転換が起こるころから，頂端分裂組織は低温に感応して発芽可能となるが，このころの感応温度範囲は5℃を中心にして極めて狭い．しかし，球根が成熟するにつれて，発芽可能な温度範囲は広くなり，10月上旬の掘り取り適期には－2～21℃の範囲の温度で発芽するようになる（図8.22）．

このように球根が成熟するにつれて発芽可能な温度範囲が広がるだけでなく，発芽日数も短縮される．

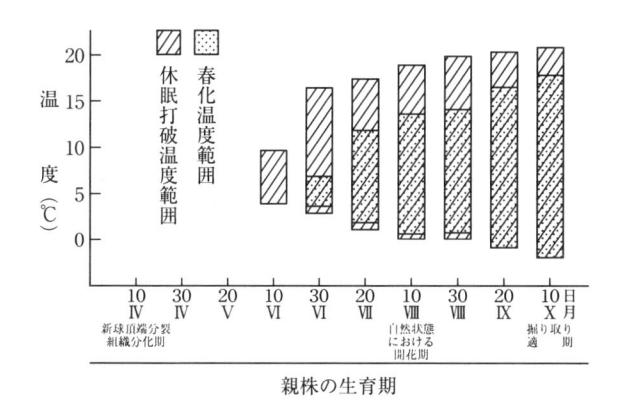

図8.22 カノコユリの掘り取り期別にみた休眠打破および春化温度範囲模式図（大川，1977）（親株は神奈川県にて栽培）

すなわち，球根の成熟につれて休眠が浅くなるが，発芽に対しては他の要因では代替できない質的低温要求を持っていて，21℃以上の温度では発芽しない．一方，球根の肥大は球根が4月上旬に発芽してからまず前々年に形成されたりん片の養分が地上部に移行するため，球重は低下を続け，5月中旬最低となる．これ以後，頂端分裂組織から分化したりん片の肥大と，前年に分化したりん片の肥大によって，6月上旬には再び植え付け時期の球重に達し，その後掘り取りまで球根全体として肥大を続けるが，6月上旬から7月にかけては前年形成りん片重の増加に，8～10月にかけては当年形成りん片の肥大によるところが大きい．

球根の発芽を抑制している物質は当年形成されたりん片に含まれている．このことは，前年形成りん片をすべて取り去り，当年形成りん片だけにすると発芽が遅れるのに対し，当年形成りん片を除去し，前年形成りん片を残すと発芽が著しく促進されることから明らかである．当年形成りん片の発芽抑制作用はりん片の形成初期には強く，球根が成熟するにつれて弱くなる．球根養成中の環境要因と栽培条件のうち，この当年形成りん片の発芽抑制物質の生成に影響を与えるのは地・気温で，りん片の形成から肥大初期（りん片の分化期から8月上旬の開花期ころまで）の高地温（25℃前後）あるいは高気温（25℃前後）は生成を阻害し，逆に肥大後期（開花期以降掘り取りまで）の高地温・高気温は生成を促進ないし分解の抑制に働く．このため，開花前に25℃前後の高地温・高気温で栽培し，開花後15℃前後の低い地・気温で栽培すると休眠が著しく浅くなって再出芽（summer sprouting）する（図8.23）．

掘り取り適期に掘り上げた球根を低温遭遇量と日長条件を変えて夜温21

図8.23 カノコユリの再出芽（summer sprouting）（大川，1977）

表 8.17 カノコユリの低温処理期間と日長が発芽，花芽分化，開花に及ぼす影響（大川，1977）

5℃処理日数（日）	発芽率（%）		発芽日数（日）		花芽分化率（%）		(z)到花日数（日）		(z)花蕾数（個）		(z)茎長（cm）		(z)(y)葉数（枚）	
	8時間	16時間	8	16	8	16	8	16	8	16	8	16	8	16
											(x)	(w)	(x)	(w)
0	60	60	190	188	0	50	—	347	—	3.2	(8.2)	78.4	(50.3)	71.8
10	100	100	163	158	0	90	—	311	—	3.9	(10.0)	77.8	(60.1)	73.0
20	100	100	59	60	0	100	—	200	—	4.0	(35.6)	101.0	(78.1)	71.1
30	100	100	31	30	0	100	—	140	—	5.8	(58.0)	78.7	(82.0)	56.4
40	100	100	26	25	80	100	155	131	7.5	8.0	59.2	71.5	54.8	54.5
50	100	100	21	20	100	100	142	128	9.4	9.9	53.8	63.4	52.3	52.6
60	100	100	19	20	100	100	131	127	9.2	8.1	62.2	74.3	54.2	52.9

(z) 到花日数，花蕾数，茎長，葉数は開花した個体の平均
(y) 5℃処理開始時の葉原基分化数40.0枚
(x) 括弧内は試験終了時（'72年10月11日）の茎長と葉数
(w) 茎長と葉数は地際部から第1花蕾の着生部まで
(v) 夜温21℃，昼温21～27℃で栽培

℃，昼温23～27℃で栽培すると，花芽分化に引き続き開花するためには短日条件下では少なくとも40日低温（5℃）処理する必要があり，100％開花には50日処理する必要があるが，長日条件下では全く低温（5℃前後）に遭遇していなくても，21℃以下の温度遭遇により，発芽すれば花芽分化が可能となり，続いて開花に至る（表8.17）．このように，カノコユリでは低温は休眠打破とバーナリゼーションの両方に作用している．そして14時間以上の日長には一定限度で低温の代替作用があり，低温処理の長さが，日長に対する反応の程度を決定している．すなわち，発芽と開花に充分な低温を受けた球根は日長に対してほとんど反応しない（図8.24）．

このようなカノコユリの花芽分化に対する低温と日長の作用は，テッポウユリとおおむね同じであるが，テッポウユリでは21℃で長日の低温代替作用がないのに対し，カノコユリでは効果が認められる点が異なっている．花芽分化数はカノコユリでは15℃や20℃よりも25℃のほうが分化数が多く，ブラスティングしないが（図8.5），テッポウユリでは30℃や25℃よりも20℃が，また20℃よりも15℃で分化数が多く，高温ではブラスティングする（Kohl, 1958；松

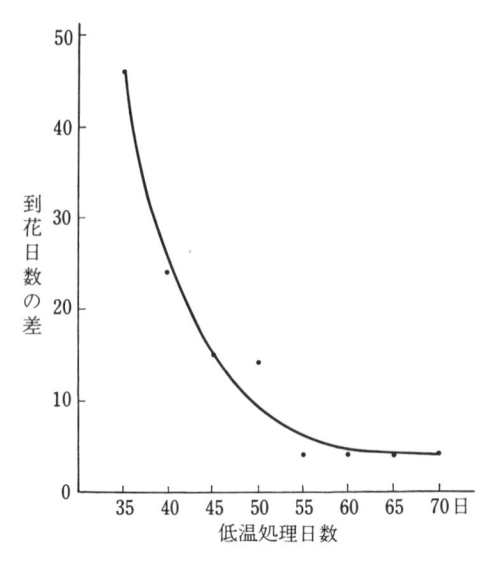

図8.24 カノコユリの低温処理日数が長日区,短日区間の到花日数差に及ぼす影響（大川,1977）

川,1969).

　球根養成期間中の温度を昼夜一定にして,15,20,25℃で栽培すると,温度が低いほど球根の休眠が浅く,15℃区では100％再出芽する．発芽から開花までを25℃,開花後掘り取りまで15℃で栽培すると,さらに休眠が浅くなり,逆に発芽から開花までを15℃,開花後掘り取りまで25℃で栽培すると休眠が深くなる．

　テッポウユリでは一度高温に遭遇すると,その後高温期間が継続することが休眠の破れる前提条件となっている．しかし,カノコユリでは高温遭遇によって頂端分裂組織の活性が低下することなく,6月上旬にりん片葉形成から普通葉形成への転換が起こってから頂端分裂組織は翌春まで規則的に普通葉を分化し続け,頂端分裂組織活動の停止は起こらない．

　そして発芽の前提条件としての高温の必要性は高くなく,逆に球根成熟期の温度が低いほど休眠が浅く,発芽に必要な低温量が少ない．したがって,カノコユリは北海道などの気温の低い産地で生産されたものほど休眠が浅い．このような違いはテッポウユリが夏休眠型の球根に属し,カノコユリが冬休眠型の

表8.18 カノコユリの発芽日数，到花日数および開花そろいからみた低温処理温度ならびに日数の限界と適正度（大川，1977）

掘り取り日 / 低温処理温度	8月10日 40 50 60 70	8月30日 40 50 60 70	9月20日 40 50 60 70	10月10日 40 50 60 70
0°C	× × × ×	× × △ ○	△ ○ ○ ○	○ ◎ ◎ ●
5	△ ○ ◎ ◎	○ ○ ◎ ◎	○ ◎ ◎ ●	○ ◎ ◎ ●
10	△ ○ ○ ◎	△ ○ ○ ◎	○ ○ ◎ ◎	○ ◎ ◎ ◎
15	△ △ △ △	△ △ △ △	△ △ △ △	△ △ △ △

図中の記号は，×：低温感応なし，△：花芽分化が遅れるため開花が著しく遅延，○：開花不ぞろいで実用的に不利，◎：到花日数が短かく開花そろいで促成に有利，●：最も感応がよい．しかし処理日数が長くなるため開花が遅れる．

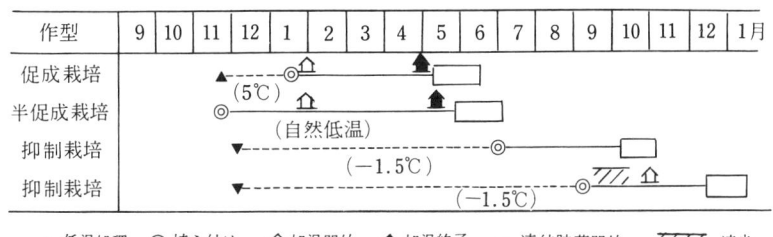

図8.25 カノコユリの作型（大川，1995）

▲低温処理　◎植え付け　⇧加温開始　⬆加温終了　▼凍結貯蔵開始　////遮光
---- 球根低温処理・貯蔵期間　―― 生育期間　□ 収穫期間

球根に属しているためであると考えられる．

冬休眠型にはいるカノコユリでは低温要求量が多く，早掘り球根では5°C 60日が，球根が成熟した10月上旬に掘り上げたものでは0～5°C 50日処理が発芽と開花を最も促進する（表8.18）．

カノコユリの作型は図8.25に示すとおりで，秋の掘り取り後，0～5°Cで50～60日間の低温処理が必要で，テッポウユリよりも高温性で到花日数も長いことから促成期間は5月から7月にかけてで，球根の凍結貯蔵による抑制栽培が中心となる．凍結貯蔵は11月から12月に球根を湿ったピートモスやオガクズでパッキング後，1°Cで30～45日間予冷をして，球根に耐凍性を与え，-1・5°Cで貯蔵する．18カ月間の貯蔵が可能である．室温で解凍後6月以降順次植え付けていけば，9月から4月にかけて切り花が得られる．

d. バ ラ

バラの原種は世界に150ほど分布しているが，その分布は，北半球の亜寒帯から亜熱帯に限られており，ニュージーランド，オーストラリア，南アメリカなど南半球には原種は分布していない．

バラは有史以前から栽培されているが，*Rosa* 属は容易に種間交雑するのと，枝変わりが発生しやすいため，自然状態でも多くの変異が出現し，これに人為的交雑が加わって，多くの系統が作られてきた．現在切り花用として利用されている品種の大部分はハイブリッドティー（Hybrid Tea）系とフロリバンダ（Floribunda）系である．ハイブリッドティー系は，強い四季咲き性をもつが性質は弱い．これは，花が小さく，四季咲きのティー（Tea）系と，四季咲き性はないが強健で花の大きいオールドローズのすべての血統を集めたハイブリッドパーペチュアル（Hybrid Perpetual）系との交雑によって作出された系統である．

ハイブリッドティー系の最初の品種は1867年に発表されたラフランス（La France）である．その後ローザフェティダ（*R. foetida*）の血を入れて花色の幅を広げるなど改良が進められた．

フロリバンダ系は，ポリアンサ系（*R. multiflora*, *R. chinensis* var. *minima*, *R. wichuraiana* などの交雑で作出された）にハイブリッドティー系を交雑して作出された系統で，房咲き，強健，多花性である．

（1）花芽の分化と発育

1）花芽の分化期およびその後の発育経過

バラの腋芽は頂芽優勢によって発芽が抑えられているあいだは葉の原基の形成を続け，花芽分化できない．採花やピンチあるいは剪定によって頂芽を除かれた後もしばらく葉原基の分化を続け，発芽して新梢が1〜4 cmに達すると環境条件に関係なく花芽分化を開始する．この時期はおおむね頂芽が除去されてから2週間後である．バラは花芽分化に対して質的要求性を持たない．バラのように環境条件に関係なく花芽分化する植物を自己誘導型植物（self-inductive plant）といい，花卉ではバラの他カーネーション，グラジオラス，ガーベラなどが知られている（Halevy, 1970）．

バラの花芽分化の最初の徴候は茎頂が平らになることで，その後がく片，花

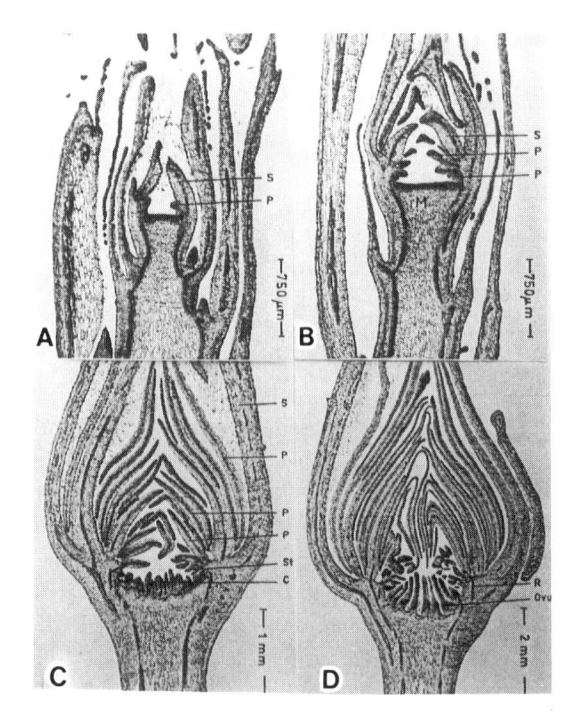

図 8.26 バラ品種スーパースターの花芽分化（Zeller, 1975）
（A）がく片分化および花弁分化初期，（B）花弁分化期，（C）雄ずい
および心皮分化期，（D）胚珠分化期．
S：がく片，P：花弁，St：雄ずい，C：心皮，Ovu：胚珠，R：花床

弁，雄ずい，心皮（carpel）の順で分化する（図8.26）．花芽分化後開花までの日数（花芽の発育速度）は，品種，温度などによって異なることが知られている．
　ソニア，ピンクセンセーション，バッカラの3品種を比較すると，ソニアが最も早く新梢が1cmの時に花芽が分化し，次いでピンクセンセーションで，バッカラの分化が最も遅く新梢4cmで分化する．また，ピンクセンセーションは季節に関係なく3cmまでにすべて花芽分化し，発育も順調であるが，バッカラは3月と8月には順調に分化し，発育するが，12月には分化と発育がおくれる．しかし，4.2cm以上の枝で未分化のものは認められない．
　冬季の加温適温とされる16℃以上に温度を維持した場合には花芽分化までの日数に差はあってもスーパースターを除いて品種に関係なく，新梢が1～4

cmの時点で花芽分化するが，夜温の低い場合や冬季剪定をし，徐々に温度をあげたときには著しく遅れる．

スーパースターを冬季13℃で栽培すると，新梢が7〜8 cmで花芽分化するが，12月中旬に剪定し，1月中旬まで5〜7℃，その後2月上旬まで9℃，2月中旬まで11℃に保つと新梢が20 cmになっても花芽分化しない．

このような花芽分化と花芽発育の様相は一季咲き性の台木用ノバラでも同様で，ノイバラ（*R. multiflora*）では春に生長を開始してから24日めごろに茎頂が平らになり，数日後にがく片が分化し，4月下旬に花弁原基，5月上旬に雄ずい，心皮の原基が分化し，6月下旬に開花する．カニナ（*R. canina*）やルビジノザ（*R. rubiginosa*）でも同様である．

2）花芽の発育不全（atrophy）と奇形（malformation）

切り花栽培でしばしば花蕾をつけない枝（blind shoot）が出現し問題となる．ブラインド枝は花芽分化しないのではなく，開花枝に比べて遅れて分化し，花弁分化の段階で発育が停止（abortion）するために起こる．発育停止の最初の徴候はがくや花弁細胞が崩壊して壊死帯ができ，雌ずい原基の下に離層ができる．

しかし，雌，雄ずい形成後はほとんど発育停止は起こらない．雌，雄ずい形成時の茎長は品種によって異なり，バッカラでは30 cm，キャラミア30 cm，ソニア20 cm，ベリンダ10 cmである．

花芽の分化と発育の研究の当初からブラインド枝は開花枝に比べて茎長が短く，葉数（節数）が少ないことが知られていたが，茎長が短いのは花芽が発育停止すると茎の伸長が停止するからである．このように茎の伸長には雄ずいや心皮が必要であるが，これは子房や葯でつくられるオーキシンが茎の伸長に不可欠であるからである．

葉数が少ないのは花芽の発育が停止する際，上位の葉4枚（1, 2枚葉）が同時に発育停止するためである．

ブラインドの発生には品種間差のあることが知られている．このためとくに切り花用品種には周年を通してブラインドの少ない品種が用いられてきた．現在用いられている品種の多くは発育不全をあまり起こさないものである．

ブラインドは低光量で多く発生する．そこで，新品種の育成に際して，実生

表8.19 バラ切り花用品種の全枝数とブラインド率（De Vries, 1977）

品種	全枝数	ブラインド率(%)	品種	全枝数	ブラインド率(%)
アナベル	44.3	27.2	プレシラ	22.2	25.6
メルセデス	30.7	31.8	イローナ	17.2	20.4
エスターオファリム	30.2	5.9	ビンゴ	17.0	23.3
ベリンダ	29.9	12.6	バッカラ	15.0	20.0
ソニア	24.8	12.3	ゴールデンウェーブ	12.7	9.7

苗を4,000～8,000lxのような低光量下で栽培して，ブラインドの少ない個体を選抜する方法がオランダ国立作物育種生殖研究所（CPRO‒DLO）で行われている．

De Vries (1977) は切り花用10品種とCPRO‒DLOの前身であるオランダ国立園芸作物育種研究所（IVT）で選抜した52品種の計62品種の開花枝数とブラインド枝数を1年間にわたって調査し，ブラインド枝数と開花枝数の間に相関がないことから，冬切り用品種の交配親には枝数が一年中多く，かつブラインドの少ないものがよいと報告している．

DeVriesが供試した既存の10品種の全枝数とブラインド率は表8.19の通りで，アナベル，メルセデスのように全枝数もブラインド枝も多い品種（A），エスターオファリム，ベリンダ，ソニアのように全枝数は多いが，ブラインド率は少ない品種（B），プレシラ，イローナ，ビンゴ，バッカラのように全枝数が比較的少なく，ブラインド枝の多い品種（C），ゴールデンウェーブのように全枝数もブラインド枝も共に少ない品種（D）群に分けられる．B群のような遺伝的特性を持った品種が最も望ましい．

ブラインドは実際栽培では切り花価格の高い冬に問題となるが，冬だけでなく，春や夏にも多く発生する．しかし，開花枝に対するブラインド枝の割合は冬に多い．これは冬には休眠芽が発生するため新梢数が減り，生長量も低下して到花日数が長くなるため発芽した新梢のブラインドがとくに目立つためである．

一方，分化した花芽が発育停止しないで発育はするが，正常な花にはならず，商品価値のない奇形花になることがある．花弁数は正常花よりも多く，花弁は

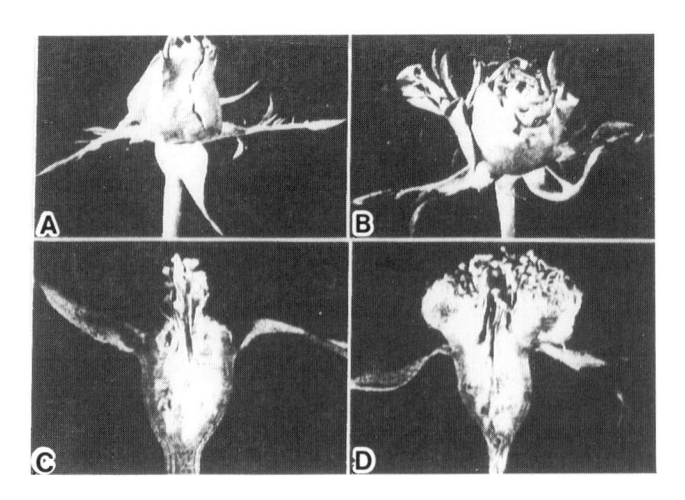

図8.27 バッカラの正常花と奇形花（Lindenbaumら，1975）
A：正常花（採花ステージ），C：正常花 縦断面（花弁と雄ずい除去），B：奇形花（採花ステージ），D：奇形花 縦断面（花弁と雄ずい除去）

短く幅広で内側に曲り，著しい場合には花の中心部が平らになり，しばしば二心，三心になる．その格好が雄牛の頭を連想させることからブルヘッド（bullhead）と呼ばれる（図8.27）．ブラインドと同様品種によって発生率に大きな差があり，発生の多いベタータイムス，バッカラで原因究明がなされている．奇形花は高温期と低温期に発生するが，高温期のブルヘッドは，花蕾が発達し，がくが花弁から離れて下がる，開花約1週間前（花弁の発達が大きい時期で蕾の直径が0.95〜1.90 cmの間）に短時間30℃の高温に遭遇することによって発生する．発育速度と奇形の間に正の相関が認められる．

　低温期に発生する奇形花は，Zieslin（1969）が報告している．花蕾の発育初期に5℃前後の低温に遭遇すると発生する．ブラインドと同様雄，雌ずいの完成後は低温の影響を受けない．正常花では花蕾の縦方向への発育が横方向への発育を常に上回っているが，ブルヘッド（bullhead）では花蕾の発育初期から縦方向と横方向への発育が同じになる．ブラインドを誘起する低光量は奇形花の発生には関係ない．

(2) 花芽の分化に伴う内生成長調節物質の消長

茎のオーキシン含量は高温区ほど，また上部の節間ほど多く，光量が少ない場合や低温ならびに下位節間では低い．営利栽培でのブラインド発生率は低光量，低温，下位節間で多いが，このような条件下ではオーキシンの生成が低下するために花弁原基分化段階で花芽の崩壊が起り，ブラインドが発生する (Moe, 1970, 1971)．

Halevyら (1970) は花芽分化と発育に伴うGAとオーキシンの消長を調べた．花芽分化直前にはGAもオーキシンもレベルが低く，分化を開始するとまずGAのレベルが高くなり，つづいてオーキシンレベルが高くなる．そして，花器が完成すると両方ともほとんど消失し，かわって結合型のGAとABA様物質が出現する．このような消長は開花枝およびブラインド枝とも同じで含量に差がない．しかし，ABA様物質とサイトカイニン含量は開花枝の方が高い．低光量，低温などブラインドを増加させる条件でGA含量は低下する．このような結果からGAは光合成産物の花蕾への移行に影響して花の発育やブラインドの減少に役立っていると考えられる．

(3) 花芽の発育に及ぼす環境要因と栽培条件

1) 光量，光質，日長

遮光などで光量を低下させると，光量の減少に比例してブラインド率が増加する．日長はブラインドの発生に影響を与えない．しかし，補光はブラインドの減少に大きな効果がある．

2) 温度

フロリバンダ系品種のマパーキンス (Ma Perkins) を11.1, 16.6, 22.2, 27.7, 33.3℃で栽培すると，花径は16.6, 22.2℃で最大となり，花弁の長さと花弁数は16.6℃で最大になる．27.7, 33.3℃の高温では花弁数はバラ原種の基本数の5枚となる．

温度と花蕾の発育不全との関係を最初に研究したのはノルウェーのMoe (1969, 1971) で，ブラインドの発生の多いバッカラを12℃のような低温で栽培するとブラインドが多発するが，18℃で栽培するとほとんど発生しないことを明らかにした．18℃で21日間栽培してから12℃に移すと，ブラインドの発生率はピンチから開花まで続けて18℃で栽培したものとほとんど差がみられ

なかった．18℃で21日間栽培した直後の花芽を顕鏡するとすべての花芽が雄ずいと雌ずいを分化していた．

　気温だけでなく，地温の低下もブラインドの発生を助長する．これは根でつくられる成長調節物質の減少のためであると考えられる．

　3）摘　　葉

　採花母枝の成熟葉あるいは新梢の未成熟葉を除去するとブラインド枝が増加する．とくに母枝と新梢の両方の葉を完全に除去すると100％ブラインドとなる．

　母枝の茎と成熟葉は光合成産物の供給源として，また新梢の未成熟葉は光合成産物の花蕾への転流を促す内生成長調節物質の供給源としてそれぞれ花蕾の発育に影響を与える．雄雌ずい完成以後に発育不全を起こしにくいのは雄雌ずいが光合成産物の転流を促進する内生成長調節物質の供給源としての役割を果たすようになるのと，この段階になると新梢の葉が成熟して花蕾の発育を支えられるようになるためである．

　4）施肥量

　肥料とブラインドの関係を調べた試験は少ない．通常の施肥量の範囲内ではブラインドに影響を与えないとする報告と窒素とカリの施用でブラインドが減少するという報告があり，施肥量との関係は明らかでない．

　5）剪定の強さと採花節位

　バッカラでは剪定が強いほどブラインドが多く，収穫に際して，新梢の残す芽数が多いほどブラインドが少ない．同一節位では母枝が細いほどブラインドが多いことが報告されている．

　6）成長調節物質

　GA散布の影響を調査した報告は多いが，散布によりブラインド枝が増加する場合と，影響がない場合およびブラインド防止効果が認められる場合が報告されている．開花は促進される場合と影響を受けない場合がある．いずれの報告も発芽して0.5〜3 cmの時点で散布しているが花芽分化段階の調査をしていないので，すでに花芽分化を開始した新梢に散布したのか，未分化の新梢に散布したのか明らかでない．おそらく品種，GAの種類，散布濃度，散布回数，散布時の花芽の発育段階によって，散布の影響は異なるのであろう．なお，茎長

は品種間差はあるが，例外なく，処理により長くなっている．

　Zieslin ら（1974，1976）はバッカラを供試して GA_3, CCC, IAA, カイネチン，BA, ABA, CEPA（エセフォン）などの成長調節物質の花蕾の発育に及ぼす影響を調査した．摘心時から2日毎に上部の芽とその下の芽に，下部の芽が発蕾するまで滴下処理したところ，GA_3 と CCC に，また，散布処理では新梢の長さが0.5〜1.0 cm の時点から2日おきに4回の GA_3 100 ppm 処理でブラインド防止効果を認めた．そして，CCC のブラインド防止効果は他の多くの植物に対する作用とは異なり内生 GA の減少を防ぐことによることを明らかにした．CEPA の滴下処理ではブラインドが増加した．バッカラの発育後期の花床（receptacle）に GA_3 を注入すると，花蕾の伸長が促進され，花重，花弁，花床，小花柄（pedicel）が増大し，花弁の着色が促進される．

　このような効果は低温（夜温14℃，昼温20℃）で認められ，高温（夜温20℃，昼温30℃）では認められない．

（4）開花調節の実際

　バラの花芽は温度や日長に関係なく分化するが，その後の発育は光強度や温度に大きく左右されるので，地域の気象条件や立地条件を考慮して図8.28に示す3つの作型のいずれかが導入され，市場には周年出荷されている．

　これらの作型は品種，施設の構造様式，定植の時期，剪定やピンチの時期・方法，暖房の時期・期間・方法などを組み合わせることによって成り立っている．

　〔冬切り中心〕　春に植え付け，9月から翌年の6月中・下旬まで6〜7回採花し，剪定して樹高を下げ，その後摘心を数回行って9月から再び収穫する方法が，施設栽培で最も多い作型である．早めに定植し，6〜7月に一度収穫して，秋の採花を9月下旬〜10月上旬へと遅らせる方法もある．この作型は冬季比較的温暖で，光量の多い太平洋岸地域に多い．最も高度な栽培技術を必要とする作型である．

　〔厳寒期休眠〕　気温が低く，光線量の少ない1月から2月にかけて休眠させ，3週間から1カ月低温に遭遇させた後，剪定して加温を始め，3〜4月から初冬まで夏を中心に採花する方法で，中部高冷地や日本海沿岸地方に多い作型であるが，オイルショック以後は全国的にこの作型が見られるようになった．

　〔周年切り〕　周年休まず採花する方式であるが，この作型に適する品種が少

124   第8章 生育と開花調節

| 作　型 | 1 | 2 | 3 | 4 | 5 | 6 | 7 | 8 | 9 | 10 | 11 | 12 | 月 | 立　地 |

図 8.28　バラ切り花生産の作型

○—○ 定植　　×—× 剪定　　----- 休眠　　▨ 収穫　　→ 次年へ継続

冬切り中心／厳寒期休眠／周年切り　　暖地／寒・高冷地 中間地／暖地

なく，冬季の収穫が減少し，品質も悪くなるため全国的にこの作型の割合は極めて少なかった．しかし，1990年頃からロックウール耕をベンチ栽培し，発生するベーサルシュートを株元から収穫するアーチング栽培による周年切り栽培が増加している．

e．アルストロメリア

チリ，ペルー，ブラジル，エクアドル，パラグアイ，ボリビア，アルゼンチンなど南米に広く自生しており，コロンビア，ベネズエラ，ギアナ，ウルグアイからは現在のところ自生地は見つかっていない．アルストロメリア属は湿地から砂漠地帯にかけて，また日の当たらない熱帯雨林の低地からアンデス山脈の高地にいたるまで幅広い地域に自生している．

図 8.29　アルストロメリア（品種パロマ）

Uthof(1952)は原種数は62で，今後新種が発見される可能性が大きいと述べている．正確な原種数はアルストロメリア属と非常に近縁なボマレア属との区別が困難なため明らかでないが，各国の研究者が報告したものをまとめると103にも達する．原種の中にはペレグリナ(*A. pelegrina*)，リグツ(*A. ligtu*)，オーランチアカ(*A. aurantiaca*)のように広範囲に自生しているものからパタゴニカ(*A. patagonica*)やナナ(*A. nana*)のように自生地が非常に限られるものがある．

 このように数多くの自生種があるが，種間交雑はきわめて難しい．まれに種間交雑ができても，雌雄ずいとも交配能力がないものが大部分で，育成した種間雑種を交配親として利用できない場合がほとんどである．一方，大変丈夫な植物で，一度植え付けると，雑草のように増える．このため現在の営利品種がどのような原種を用いて育成されたかは企業秘密となっているが，オーランチアカ(*A. aurantiaca*)，リグツ(*A. ligtu*)，ペレグリナ(*A. pelegrina*)などのチリグループの原種が最初の園芸品種の親になったと考えられ，その後，ヘマンタ(*A. haemantha*)，ヴィオラセア(*A. violacea*)，プルケルラ(*A. pulchella*)が大きな役割を果たしたと推定されている．

 このうち交配親として重要な役割を果たした4種類の自生地を表8.20に示した．

表8.20 アルストロメリア自生地の気象条件（Wilkinsら，1980，一部改変）

自生種	緯度	気温（℃）				降雨量（mm）					日長	自生地	気候
		春	夏	秋	冬	春	夏	秋	冬	合計			
A. pelegrina	33°S	16	18	14	12	26	8	243	185	462	14時間20分〜9時間58分	Valpariso（チリ）	乾燥した海岸地帯
A. violacea	26°S	15	19	16	13	10	15	5	20	50	13時間46分〜10時間30分	Taltal（チリ）	砂漠
A. aurantiaca	40°S	13	16	10	8	347	249	1,003	889	2,488	15時間02分〜9時間20分	Corral（チリ）	多雨地帯
A. haemantha	33°S	16	18	14	12	26	8	243	185	462	14時間20分〜9時間58分	Valpariso（チリ）	乾燥した海岸地帯

（1）生態的特性

地下の根茎（図8.30, 31）で低温を感受し，低温は花芽分化に絶対的に必要な条件である．長日には低温の代替作用はない．根茎が十分低温に遭遇すると花

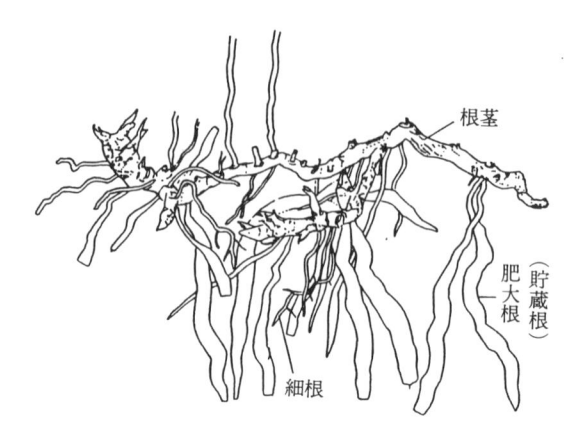

図8.30 オーランチアカ（*A. aurantiaca*）の根茎（Buxbaum, 1951）

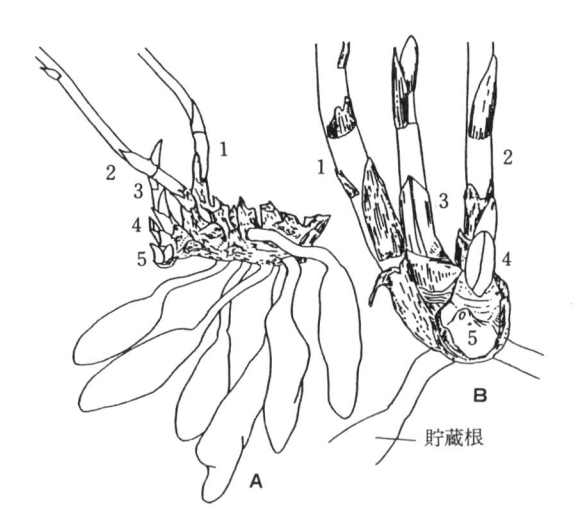

図8.31 ブラジリエンシス（*A. brasiliensis*）の（A）根茎と貯蔵根および地上茎の側面図，（B）地上茎および貯蔵根の正面図，番号は地上に発芽した順序を示す（Buxbaum, 1951）

表8.21 地温が開花期間に及ぼす影響（Wilkins ら, 1980）

地温（℃）	開花週数
5	連続
10	連続
15	14
20	13
25	12

1) 品種'レジナ'
2) 十分な低温に遭遇した根茎を供試
3) 自然日長（8時間45分〜15時間27分）

表8.22 5℃の低温処理期間が到花日数に及ぼす影響（Wilkins ら, 1980）

5℃（週）	到花日数
0	開花せず
5	147
10	121
15	105

1) 低温を受けていない'レジナ'の根茎を供試
2) 昼温15℃, 夜温13℃, 13時間日長で栽培

芽分化が誘導される．

花芽は発芽直後の節間伸長が始まっていない時期，すなわち新梢が地上部に伸長してこない時期に分化を開始するが，地上部に発芽してからも分化する．分化時期は根茎が感受した低温量，根茎上のシュートの位置，苗齢，品種などの影響を受ける．表8.21は十分低温に遭遇した'レジナ'の根茎の地温を5, 10, 15, 20, 25℃に維持した場合の開花状況を示した．室内の温度は13〜30℃，日長は8時間45分〜15時間27分と変化したが，5℃および10℃区では1年以上連続して開花した．しかし，15, 20, 25℃区ではそれぞれ14, 13, 12週間後に開花しなくなった．一方，全く低温に遭遇していない根茎を5℃で5週間低温処理して，昼15℃，夜13℃，13時間日長で栽培したところ，147日後に開花し，低温処理期間が長くなるにつれて，到花日数が短くなった．そして，このように5℃で5週間以上低温処理されて花芽誘導された根茎は昼温15℃，夜温13℃，日長13時間の条件下では，根茎が21℃以上の地温に遭遇するまで，継続して開花した．これに対して対照区（低温処理を受けていない根茎を20℃で栽培）は，全く開花しなかった（表8.22）．自生地では冬の間に低温を受け，春になって一斉に開花する．

一方，低温処理を受けた根茎は長日（暗期中断）で開花が促進され，短日で著しく抑制される（表8.23）．

一方シュートの形成数は，9, 13, 17, 21, 25℃で比較すると温度が高いほど増加する．すなわち，高温はシュートの形成を促進する（図8.32）．同時にシ

表 8.23 日長が低温処理を受けた'レジナ'の到花日数に及ぼす影響 (Wilkinsら, 1980)

日　　長	到花日数	開花日
自　　然	184	3月24日
短　　日[1]	251	5月30日
暗期中断[2]	119	1月28日

1) 16:00〜8:00まで暗黒 (8時間日長)
2) 22:00〜2:00 (4時間) 白熱灯使用
3) 試験は9月から開始, 13℃で栽培

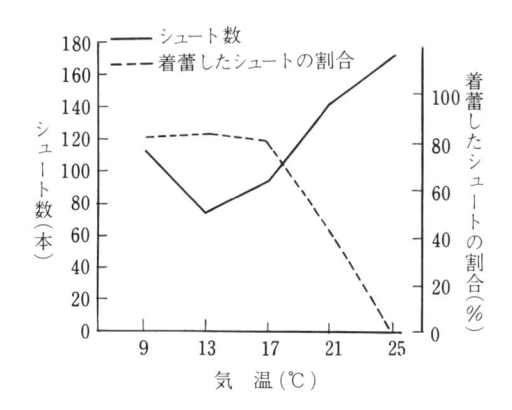

図 8.32　16時間日長で182日間栽培した場合のシュート数と着蕾したシュートの割合 (Vonk Noordegraaf, 1975)

ュートの形成は日長の影響を受け，長日は根茎の分岐とシュートの成長を抑える．このようにシュートの形成を増加させる条件と，開花を促進させる条件は相反する関係にあるが，切り花本数は12〜13時間日長で最も多くなる．

　根茎が低温を感受（レジナは5℃で6週間，13℃では16週間）した後の栽培温度については，Healyら (1982) は根茎が低温を感受する以前の前歴に関係なく，13℃が18℃よりもよいことを明らかにしている．18℃は13℃より開花を促進するが，切り花本数，株当たりのシュート数，品質（切り花長，切り花重，1株当たりの花蕾数）の点で，13℃より劣る．

また，18℃よりも13℃で促成したほうが1株当たりの花数が多くなる．これは18℃では小花柄（pedicel）数が減少するのではなく，小花柄の2, 3, 4次分枝数が減少するからである．すなわち，高い促成温度は花芽の発育を阻害する．

根茎から発生するシュート数は，多くの根茎が活動的であるときには，急速に増加し，開花中および開花直後に根茎は休眠状態に入り，その後シュートの形成が再び始まる．高温でシュートの形成は促進され，急速な栄養生長をする．9～16℃，16時間日長ではシュートの形成は行われず，地下部は休眠に入る．この期間は採花することによって，短くすることができる．地下部の休眠は高温に維持することによって防ぐことができ，いったん休眠に入った根茎も高温で離脱させることができる．このように高温および高地温はシュートの形成を促進するが，一定の規則性は見られない．

このような根茎の休眠現象は'オーキッド'の他，いくつかの自生種で知られている．レジナでは休眠期間は極めて短い（Vonk Noordegraaf, 1981）．

（2）開花の調節

Wilkinsら（1980）が根茎で低温を感受し，根茎の地温を15℃以下に維持すると気温に関係なく周年開花することを明らかにしてから，オランダ，アメリカ合衆国，カナダ，ベルギー，日本などで15℃以上の地温でも開花する品種の育成と地中冷却（soil cooling）についての研究が精力的に行われている．

1990年代前半までは切り花用に用いられている品種は表8.24に示すようにその育成経過から6タイプに分類されたが，現在の品種はほとんどハイブリッドタイプに分類される．

地中冷却は地下5～10 cmの深さに30 cmの間隔でパイプやチューブを埋設し，冷却液を循環させる．夏が冷涼な地域では地下水を用いて，地温を15℃前後に維持できるが，夏の地温が高い地域では，冷却液を用いる必要がある．

地中冷却システムでは高温期の冷却効率を高めかつ栽培ベンチやベッドの表面の日射による地温上昇を防ぐため，粉砕チップ，バーク堆肥などの有機質マルチが主に用いられている．

地中冷却の効果は品種によって異なり，ベルギーのvan Labeke（1993）がレッドサンセット（春咲，カルメンタイプ），イエローキング（春咲，オーランチアカタイプ），モナリザ，リベル（周年開花タイプ），アナベル（周年開花タイ

表8.24 オランダにおけるアルストロメリアの品種分類 (Arts, 1988)

タイプ	花色	草丈(cm)	ネット段数	主要開花期(月)	収穫方法	間引[z]時間	該当品種
オーランチアカ(オーレア)	黄	160～200	4	4～5～6	切り花引き抜き	++	イエローキング, ムーンライト
バタフライ	ローズ～白ローズ	80～100 100～140 140～160	3	3～4～5 4～5～6 5～6～7	切り花	+	カリナ, フラメンゴ, ジャクリーン, マノン
カルメン	赤	150～200	4	4～5～6	切り花引き抜き	++	カルメン, キャピトール, バレリア, バニタス, レッドサンセット
ハイブリッド	ローズ～赤	160～200	4	4～5～6	引き抜き	+++	カバリエル, レジナ, ウィルヘルミナ, サングリア, ピンクトライアンフ, サンライズ
オーキッド	黄～白	180～220	4	3～4～5 4～5～6	引き抜き	++	アポロ, ビアンカ, カナリア, サイプル, ミナス, オーキッド, リオ
タッセン	ローズ～リラ	150～180	4	3～4～5 4～5～6	切り花	+	ジュビリー, セレナ, ウェストランド

z:+++多, ++中, +少.

プ)の5品種を供試して, 地温を13～15℃に冷却(対照区は16～22℃)して2年間にわたり切り花本数と品質を調査した. 最も効果の見られたのはモナリザで, これは2年目で著しかった. アナベルとレッドサンセットでは収量は増加しなかったが, 開花期が早まった. これに対し, リベルでは効果が見られず, イエローキングでは切り花本数が減少した. 切り花重や小花柄数などの品質は年間を通してみると地中冷却の影響を受けなかった. これらは地温よりも気温の影響を受けるためである.

このように地中冷却の効果は品種によって大きく異なり, 効果がないばかりか, 切り花本数が減る場合もあるので, 地中冷却システムの導入にあたっては品種の選択が肝要である.

参考文献

1) 阿部定夫・川田穣一・歌田明子. 1964. フリージアの開花促進に関する研究1. 球根冷蔵,植え付け当座の温度ならびに休眠の影響について. 園芸試験場報告 A 3 : 251 - 317.
2) 青葉 高. 1976. 球根作物の休眠現象—休眠覚醒と温度条件を中心として—. 農業および園芸 51 (4) : 491-496.
3) Brown, R. G. S., et al. 1997. Daminozide and Prohexadione have similar modes of action as inhibitors of the stages of gibberellin metabolism. Physiologia Plantarum 101 : 309-313.
4) Buxbaum, F. 1951. Die grundachse von Alstroemeria und die einheit ihres morphologischem typus mit dem Echtem Lilaceen. Phytomorphology 1 : 170-184.
5) Cathey, H. M. 1975. Comparative plant growth-retarding activities of Ancymidol with ACPC, Phosfon, Chloromequat and SADH on ornamental plant species. HortScience 10 (3) : 204-216.
6) De Vries, P. 1977, Shoot production in cut roses with reference to breeding for winter flowering. Euphytica 26 : 85-88.
7) Fortanier, E. J. 1973. Reviewing the length of the generation period and its shortening particularly in Tulips. Scientia Hortic. 1 : 107-116.
8) 福田康浩・大川 清・兼松功一・是永 勝. 1994. トルコギキョウの高温遭遇後の抽だい特性に基づくロゼット性の品種分類. 園学雑. 62 (4) : 845-856.
9) Halevy, A. H. 1970. Phytohormones in flowering regulation of self-inductive plant. Proc. 18 th. Int. Hort. Cong. 5 : 187-198.
10) 樋口春三・米村浩次・片野 豊. 1972. エスレルによるアナナス類の開花促進に関する研究. 愛知農総研 B (園芸), 4 : 75-80.
11) 樋口春三. 1993. 生長・開花の生理・生態と発育相. 農業技術大系花卉編1 : 3-7. 農文協. 東京.
12) 細谷 毅・長島 稔. 1974. 秋ギクの施肥に関する試験 (1) 生育と養分吸収経過について 埼玉園試昭和48年度化学成績書 : 60-64.
13) 川田穣一ら. 1987. キクの開花期を支配する要因. 野菜茶業試験場研究報告 A. 1 : 187-222.
14) Kawata, J. 1987. The phasic development of Chrysanthemum as a basis for the regulation of vegetative growth and flowering in Japan. Acta Horticulturae 197 : 115-123.

15) 岸田恭允. 1986. 近畿中国における日長環境データブック. 中国農試研究資料16号：1-67.
16) 北村四郎. 1938. イワギの学名. 植物分類地理 7.
17) Kohl, H. C. Jr. 1958. Effect of temperature variation of forced *Lilium longiflorum* var. 'Ace'. Proc. Amer. Soc. Hort. Sci. 72：477-480.
18) 小西国義. 1975. 挿し芽苗の低温処理によるキクのロゼット化防止. 園学雑44：286-293.
19) 小杉　清. 1952. テッポウユリの花芽分化について. 園学雑21：59-62.
20) 小杉　清. 1973. 花芽分化と開花生理. p.489-495. 園芸学全編. 養賢堂. 東京.
21) Le Nard, M. and A. A. De Hertogh. 1993. Bulb growth and development and flowering, p.29-43. In : Le Nard, M. and A. A. De Hertogh (eds). The physiology of flower bulbs. Elsevier Science Publishers B. V. Amsterdam.
22) Lindenbaum, S., C. Ginsburg and A. H. Halevy. 1975. A morphological study of the bullhead malformation in the Baccara rose. Annals of Botany. 39：219-233.
23) Lysenko, T. D. 1932. Fundamental results of research on the vernalization of agricultural plants. Bull. Jarov. 4.
24) 松川時晴・柏木征夫. 1969. テッポウユリの花芽分化に関する研究（第2報）. 制御環境下における花芽分化. 園学要旨. 昭44秋：250-251.
25) Moe, R. and T. Kristoffersen, 1969. The effect of rosa 'Baccara' in greenhouses. Acta Horticulturae 14：157-166.
26) Moe, R. 1971. Factors affecting flower abortion and malformation in roses. Physiologia plantarum 24：291-300.
27) Moe, R. 1971. The relationship between flower abortion and endogenous auxin content of rose shoots. Physiologia plantarum 24：374-379.
28) 村井千里・浅子誠一. 1978. 促成チューリップのブラスティング防止のための高温処理, 貯蔵条件. 園学要旨. 昭53春：380-381.
29) Myster, J. and R. Moe. 1995. Effect of diurnal temperature alternations on plant morphology in some greenhouse crops － a mini review. Scientia Horticulturae 62：205-215.
30) 大石一史. 1993. 農業技術の源流を訪ねて（7）電照ギクの開花調節. 研究ジャーナル：16 (8) 44-50.
31) 大川　清. 1977. アカカノコユリの開花生理ならびに開花制御に関する研究. 神奈川園試特別報告. 73 pp.
32) Ohkawa, K. 1977. Promotion of renewal canes in greenhouse roses by-6 benzyl-

amino purine without cut back. HortScience14 (5) : 612-613.
33) Ohkawa, K. 1984. Effects of benzyladenine on bud break of roses. Scientia Horticulturae 24 : 379-383.
34) 大川　清. 1988. ユーストマ野生種とその利用. 昭和63年度日種協育技研シンポジウム : 84-90.
35) 大川　清. 1989. 日本自生ユリの花芽分化期について. 園学雑 57 (4) : 655-661.
36) Ohkawa, K. 1990. Time of flower bud differentiation in Asiatic lilies. Acta Horticulturae 266 : 211-220.
37) 大川　清. 1990. トルコギキョウの品種改良の流れ. バイオホルティ 6 : 45-46, 62-69.
38) Ohkawa, K. et al. 1991. Effect of air temperature and time on rosette formation in seedling of *Eustoma grandiflorum* (Raf.) Shinn. Scientia Horticulturae 48 : 171-176.
39) Ohkawa, K. et al. 1992. Influence of temperature prior to seed ripening on rosette formation and bolting of *Eustoma grandiflorum*. Scientia Horticulturae 53 : 225-230.
40) 大川　清編著. 1992. 花専科・育種と栽培・トルコギキョウ（ユーストマ）. 誠文堂新光社. 東京.
41) Ohkawa, K. et al. 1994. Reversal of heat-induced rosetting in *Eustoma grandiflorum* with low temperatures. HortScience 29 (3) 165-166.
42) 大川　清・古在豊樹監訳. 1992. DIFディフで花の草丈調節―昼夜の温度差を利用する―. 農文協. 東京.
43) 大須賀源芳・桜井康雄・村上　実. 1978. 電照栽培秋ギクの再電照に関する研究. 愛知農総試験報 B (10) : 21-29.
44) 岡田正順. 1957. 開花に対する生態反応から見た菊品種の分類. 園学雑 26 : 59-72.
45) 岡田正順. 1963. 菊の花芽分化および開花に関する研究. 東京教育大学農学部紀要第9号 : 63-202.
46) Rünger, W. 1978. 園芸植物の開花生理と栽培（浅平・中村訳）. 誠文堂新光社. 東京.
47) Sijtsema, W. 1962. Bloei van sering aan afgesneden en takken. Mededelingen van de Landbouwhogewschool te Wageningen 62 (2) : 1-57.
48) Uphof, J. C. Th. 1952. A review of the genus *Alstroemeria*. Plant life 8 : 36-53.
49) Van Labeke, M. C. and P. Dambre. 1993. Response of five Alstroemeria cultivars

to soil cooling and supplementary lighting. Scientia Horticulturae 56 : 135-145.
50) Vonk Noordegraaf, C. 1981. Bloemproductie by *Alstroemeria* 'Walter Fleming' Mededeling nr. 69 van het Proefstation voor de Bloemisterij in Netherland te Aalsmeer. 152 pp.
51) Vonk Noordegraaf, C. and Th. M. van der Krogt. 1976. Temperature and day length requirement of Alstroemeria. Acta Horticulturae 51 : 267-274.
52) Weiler, T. C. and R. W. Langhans. 1967. Determination of vernalizing temperatures of *Lilium longiflorum* Thunb. cv. 'Ace'. Proc. Amer. Hor. Sci. 93 : 623-629.
53) Wilkins, H. F., W. E. Healy and T. L. Gilbertson-Feriss. 1980. Comparing and contrasting the control of flowering in *Alstroemeria* 'Regina', *Freesia* × *hybrida* and *Lilium longiflorum*. p.51-63. Petaloid monocotyledons, horticultural and botanical research. Academic Press, London.
54) 安井公一. 1973. 温度処理に伴うテッポウユリ球根茎頂部の組織化学的変化に関する研究. 園学雑 42 (3) : 271-279.
55) Zeller, O. 1975. A Contribution on the floral morphogenesis and histogenesis of *Rosa canina rubiginosa*, *Rosa virginiana* and the cultivar Super Star. Gartenbauwissenshaft 40 : 276-284.
56) Zieslin, N., I. Biran. and A. H. Halevy. 1974. The effect of growth regulators on the growth and pigmentation of Baccara rose flower. Plant and Cell Physiology 15 : 341-349.
57) Zieslin, N. and A. H. Halevy. 1976. Flower bud atrophy in Baccara roses IV. Activity of various growth substances in leaves of flowering and non-flowering shoots. Physiologia plantarum 37 : 317-325.
58) Zieslin, N. and A. H. Halevy. 1976. Interaction between Cytokinins and CCC in bud breaking, flower bud atrophy and the Gibberellin content of roses. Zeitschrift for Pflanzen Physiology 77 : 160-166.

第9章　土壌と栄養

1．施設切り花土壌の特性

a．連作土壌の実態と対策
（1）連作土壌の実態

　毎年栽培場所を変える移動型のビニルハウスは別として，通常施設の切り花生産は固定化したガラス温室やビニルハウスで栽培されるので，連作障害が発生しやすい．

　連作障害については1983年に当時の野菜試験場が行った全国調査があり，その要因は図9.1のとおりで，病害が最も多く35.8％を占め，ついで線虫などの虫害と養分の過剰・欠乏や塩類集積による栄養生理障害があげられ，さらに土壌物理性の不良などもあり，原因不明のものも9.7％に達している．

　これらの要因は相互にかかわり合いがあり，塩類集積や塩基・リン酸の富化，また土壌物理性の悪化などによる根の健全な発達の阻害や，根圏微生物相の変化による静菌作用の低下により，土壌病害の発生が助長されることが明らかになっている．

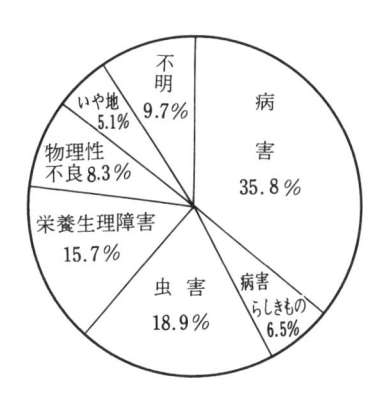

図9.1　花卉の連作障害の要因調査
（217例）
（野菜試験場1983年）

キク，カーネーション，バラなどの主要な切り花の連作土壌の実態は次のように要約される．

(1) 塩類集積，(2) 有効態リン酸および置換性塩基の富化，(3) 塩基バランスの不良，(4) 硫酸根（SO_4^{2-}）の集積による土壌の酸性化，(5) 下層土における硬盤の形成による物理性の悪化．

(2) 連作障害対策

1) 塩類集積対策

施設では雨による養分の溶脱がないうえ集約栽培になるのでどうしても多肥となり，硝酸態窒素，カルシウム，リン酸，それにカリなどの肥料塩類が集積する．このような塩類の集積によって土壌溶液濃度が高まり，生育が阻害される．塩類が集積した施設では，(1) 暗きょ排水設備を利用してかけ流しあるいは湛水により溶脱させる，(2) トウモロコシ，ソルガムなどのクリーニングクロップを導入し，塩類を吸収した茎葉を持ち出す，(3) 断水して塩類を表層に集め，表層土5 cmを搬出するなどの対策を講ずる．

2) 土壌伝染性病害と害虫対策

連作障害の主要な要因となる土壌伝染性病害と害虫にはキクでは半身萎凋病，ネグサレセンチュウ，カーネーションでは萎凋細菌病，萎凋病，ネコブセンチュウ，バラでは根頭がんしゅ病，半身萎凋病，ネコブセンチュウ，ネグサレセンチュウなどがある．防除対策には，(1) 抵抗性品種の導入，(2) 抵抗性台木の利用，(3) 土壌消毒などがあげられるが，防除対策の中心は土壌消毒である．

(i) 化学薬品による土壌消毒

蒸気消毒に比べて簡便で，全面消毒できるが，催涙性，刺激性，臭気があり，消毒に2～3週間必要とする．クロルピクリン剤，臭化メチル剤，ダゾメット剤，D-D剤などが切り花の種類，対象とする病害虫などにあわせて利用されている．なお，臭化メチルは大気圏を取り巻くオゾン層を破壊することから，国際規制により2005年1月から不可欠な用途以外使用禁止となった．

(ii) 蒸気による土壌消毒

蒸気ボイラーからでる200℃程度の乾燥蒸気を利用して消毒する．乾燥蒸気は耐熱ホースで送られる間に温度が下がり，土壌中では90～100℃の温度にな

1. 施設切り花土壌の特性 137

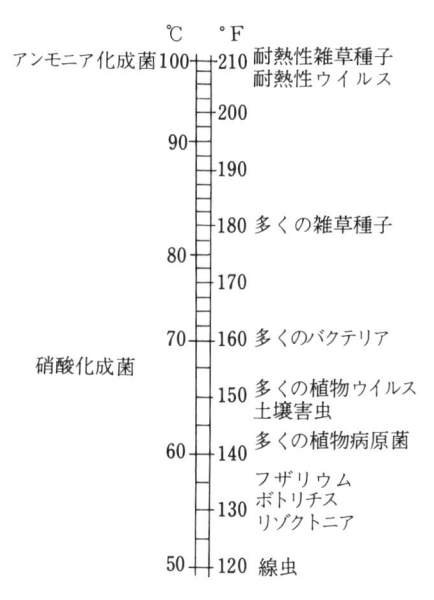

```
           ℃    °F
アンモニア化成菌 100 ┼ 210  耐熱性雑草種子
                     耐熱性ウイルス
               ┼ 200
           90 ┤
               ┼ 190
               ┼ 180  多くの雑草種子
           80 ┤
               ┼ 170
           70 ┼ 160  多くのバクテリア
硝酸化成菌
               ┼ 150  多くの植物ウイルス
                     土壌害虫
           60 ┼ 140  多くの植物病原菌
                     フザリウム
               ┼ 130  ボトリチス
                     リゾクトニア
           50 ┼ 120  線虫
```

図 9.2　30分間の蒸気消毒による生物の致死温度（Baker, 1957）

る．土壌孔隙内の空気を追い出す形，すなわち熱前線が移動する形で消毒される．図9.2に示すようにほとんどの病原菌や害虫は60〜65℃30分で死滅するので，90〜100℃の高温は必要ないだけでなく死滅温度が病原菌や害虫より高い硝酸化成菌（nitrifying bacteria）が死滅することにより硝酸化成作用（nitrification）が抑制され，アンモニア態窒素や亜硝酸態窒素の過剰障害が発生する．空気混合方式の蒸気消毒機を利用すると，60〜65℃の低温蒸気で消毒できる．

　蒸気消毒は消毒効果がきわめて高く，地温に関係なくいつでも消毒でき，施設内の部分消毒が可能で，消毒後土壌温度が下がればすぐに定植できるが，設備にかなりの投資を要し，慣行的なベット栽培では所用労力が大きいなどが実用上問題となる．蒸気消毒の方法にはホジソンパイプ法，キャンバスホース法（図9.3），ドレンタイル（排水管）法，スチーミングプラウ法などがある．

　この他土壌伝染性病害と害虫対策として温湯消毒，湛水消毒，太陽熱土壌消毒なども一部で行われている．

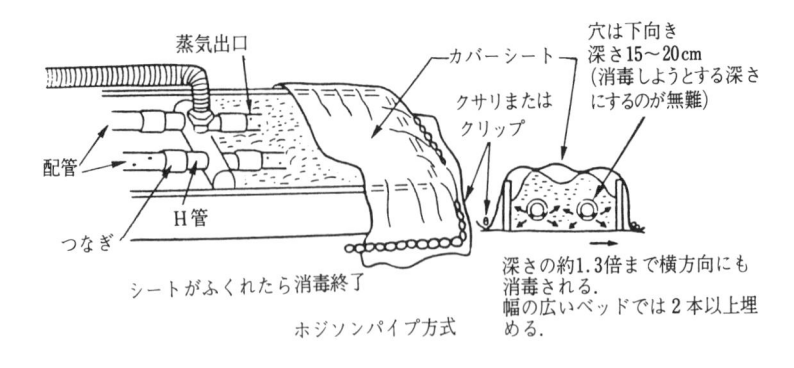

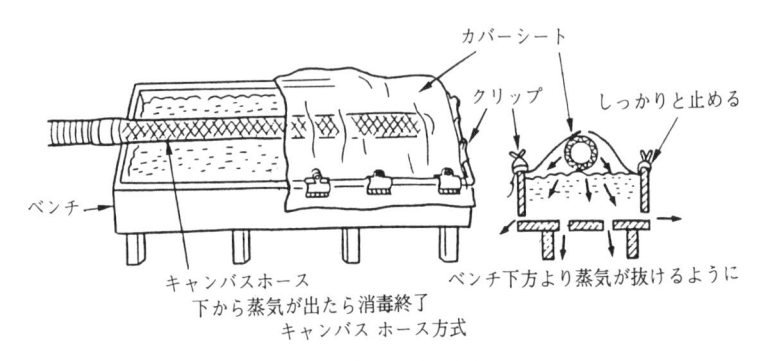

図9.3 蒸気消毒の方法（米村，1990）

b．養分吸収特性

　切り花の養分吸収特性は種類によって異なり，同じ種類でも作型によって異なる．図9.4に代表的温室切り花であるキク，トルコギキョウ，スイートピーの養分吸収経過を示した．

　3種類の花卉の養分吸収の様相は異なり，10a当たりの吸収量はキクではN 15.0 kg (100)，P_2O_5 3.1 kg (21)，K_2O 28.1 kg (187)，CaO 6.2 kg (41)，MgO 2.3 kg (15)，トルコギキョウではN 12.4 kg (100)，P_2O_5 2.2 kg (18)，K_2O 14.6 kg (118)，CaO 1.6 kg (13)，MgO 2.8 kg (23)，スイートピーではN 16.7 kg (100)，P_2O_5 4.5 kg (27)，K_2O 12.8 kg (77)，CaO 12.1 kg (72)，MgO 3.4 kg (20) である．スイートピーで最も多く吸収されるのは窒素で，次いでカリウムとカルシウムであるのに対し，キクとトルコギキョウでは最も多

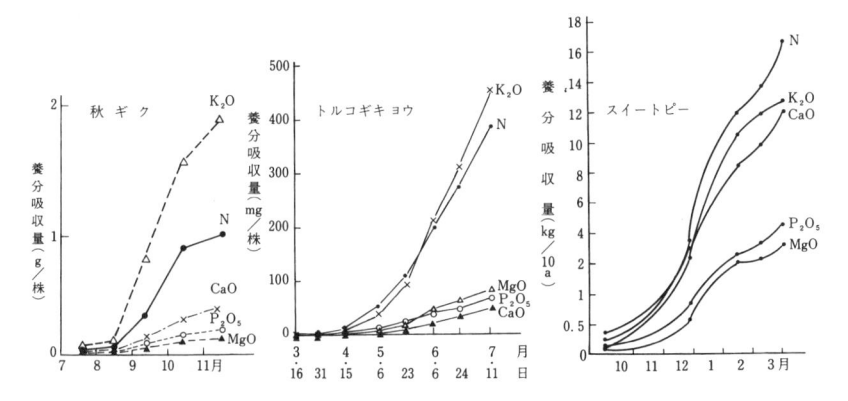

図 9.4 秋ギク,トルコギキョウおよびスイートピーの養分吸収経過
（細谷 1974,松尾 1990,古藤 1970）

く吸収されるのはカリウム,次いで窒素となりカルシウム,リン酸,マグネシウムの吸収量は少ない.

スイートピーのように窒素の吸収量が最も多い種類は例外で,多くの切り花ではNの吸収量を100とした場合,P_2O_5 20〜30,K_2O 120〜140,CaO 50〜100,MgO 30前後である.

このようにカリの吸収量が最も多いのは多くの作物でカリをぜい沢吸収（luxury absorption）するためである.カリの吸収量は濃度に比例して多くなるが,多量に吸収されても作物に直接的な障害が発生しない.

c. 養分の欠乏による生理障害

養分の欠乏による花卉の生理障害（physiological disorder）には次のようなものがある.

（1）石灰欠乏によるチューリップの首折れ曲がり（topple）

開花前後に花茎の上位部分が水浸状に変色して,その後この付近から茎が湾曲してしおれ,花の重みで茎が曲がり折れる.茎は植物体についたままで,花弁の色抜けは生じない.土壌のpHが5以下,石灰飽和度30％以下の土壌で発生しやすい.生育の早い促成栽培で広く認められる.

（2） ホウ素欠乏によるチューリップの首折れ（kubiore）

開花時に花首の横にひび割れが生じて花茎が折れ，花をつけたまま落下する．

このほか赤系品種で花弁のアントシアニン色素が消失して花色が絞り状に抜ける花弁の色抜け，開花後花弁内側の基部の表皮にひびが入り，外側に折れる花弁折れなどはいずれもホウ素欠乏である．

（3） クロロシス（chlorosis）

葉緑素（chlorophyll）の生成に必要な必須要素が欠乏し，植物体内の葉緑素が激減あるいは消失して，ほとんどカロチノイド色素の色調（黄色，黄白色）になることをクロロシスという．葉緑素構成金属のマグネシウムの欠乏および葉緑素の生成過程に不可欠な鉄，あるいはマンガンの欠乏が発生の原因である．バラ切り花栽培で肥培管理が適切でない場合に多く発生する．

（4） ネクロシス（necrosis）

植物組織の一部が変色して壊死することをネクロシスという．病原菌に侵入されて病斑を形成し，その中心部などが褐変して壊死する場合，要素欠乏あるいは過剰によって誘起される場合，肥料ガスや大気汚染，暖房の不完全燃焼による場合などがある．軽症の場合クロロシスであるが，後に壊死してネクロシスになる場合が多い．たとえば葉縁にカリや石灰欠乏によって黄化部分を生ずるが，後ネクロシスとなる．ホウ素過剰でも同様である．また光化学スモッグでも発生する．葉脈間クロロシスの場合も同様で，重症になるとネクロシスとなる．

（5） チップバーン（tipburn）

ユリ，トルコギキョウなどに発生する縁腐れ症状のこと．カルシウム欠乏，カルシウム不足または多肥によりカルシウムと他の肥料要素とが競合した場合や，乾燥などによって根に障害を起こし，カルシウムが吸収できない場合に生じる．また，高温下で生育が早い場合に多く認められるが，これはカルシウムが植物体内で難移動性であるためである．

有機リン剤の土壌施用および散布によりリンが葉先に集積し，葉先が枯れ込む現象もチップバーンと呼ばれる．

d. 施肥の方法

施設における切り花生産を安定化し，有利な経営を持続させるためには連作障害を発生させないようにすることが肝要である．そのためには土壌診断による残存養分を考慮した施肥，切り花の養分吸収特性に合わせた合理的施肥を行う必要がある．

施設の切り花に限らず，作物栽培の施肥管理では成長速度と窒素の吸収速度がほぼ比例することから窒素を施肥の基本としている．根から吸収される窒素の形態は主に硝酸態とアンモニア態であるが，硝酸態を好むものが多く，カーネーション，スイートピー，ユリ，ガーベラを始め硝酸態を主とし，ややアンモニア態が共存した場合に生育，開花が良好になる種類が多い（吉羽ら，1981）．

土壌では施肥した窒素は有機，無機のいずれも硝酸化成細菌の働きで硝酸態に変化して作物に吸収されるので窒素の形態は実用場面ではあまり問題にならないが，土を用いない養液栽培では問題となる．

施肥方式では油粕，骨粉などの有機質肥料，速効性および緩効性の化成肥料，それに液体肥料を組み合わせて，あるいは単独で施肥する方式があるが，土壌中の窒素を中心とした肥料濃度を常に適正濃度に保つには追肥主体の液肥方式が適している．

2. 鉢物用土の特性

a. 用土の条件

鉢物用土はピートモスや水苔のように単一で用いられる場合もあるが，一般的には数種の用土素材を配合して使用に供する．このようにいくつかの素材を種々の割合で混合した用土を配合土（mixed soil または soil mix）という．

鉢物用土には次のような特性が要求される．(1) 物理性および化学性が優れている，(2) 安価で均質なものが大量に入手できる，(3) 理化学性の経時変化が少ない，(4) 病害虫や雑草の種子を含まない，(5) 軽くて取り扱いやすい．

b. 用土の種類と特性

(1) ピート (peat)

ピート（泥炭）は，寒冷な湖沼地帯に生育したヨシ，スゲ，水苔（こけ）などが嫌気的な条件下で堆積，分解したものである．ピートの形成が最も盛んに行われたのは，氷河後退期から温暖期へ移行する頃で，湿地帯にヨシ，スゲ，水苔などの水生植物が大群生し，分解された．その後，気温が高く乾燥した地帯では，さらに分解が進み，黒泥となったが，北緯45から65度の間の寒冷湿潤な地帯では，現在でもピートとして残っている．

ピートは，原料となる植物やその分解の程度によっていくつかの種類に分けることができるが，水苔 (sphagnum moss) を主原料としたスファグナムピートはとくに良質で，園芸用の土壌改良材として広く使用され，ピートモス (peat moss) と呼ばれる（表9.1）．採取地が異なると分解の程度が異なり，可溶性の多量要素と微量要素含量が大きく異なるが，分解の進んでいない良質のものほど肥料分が少なく，酸性が強い．また，良質のものほど保水，通気性が良く，塩基置換容量が高い．ほとんど無菌で，病害虫や雑草種子の心配がない．単用またはバーミキュライトなどと配合して鉢物用土や育苗用土に広く利用されている．比重は0.1〜0.2と軽いので取り扱いやすい．近年，イギリスを中心にしてEU諸国では自然環境保護のため，ピートの使用を削減している．このため代替培土の研究が進められている．わが国では良質のものが少ないので，主にカナダから輸入している．園芸以外には，古くから燃料として使われている．

表9.1 鉢物用土素材に適したピートの理化学性基準

項目	値
容積重	48〜180 kg/m^3
孔隙率 (v/v)	88〜97 %
液相率 (v/v)	45〜80 %
気相率 (v/v)	10〜40 %
有効水分	35〜55 %
塩基置換容量 (me/100 g)	85〜140 me
全窒素（重量%）	0.5〜2.5 %
pH (H_2O)	3.5〜4.0

出典：Teicher and Fisher (1986), Puustjarvi (1964)

（2） 水　苔（sphagnum moss）

　水苔類は標高500～800 mの湿原や腐植土壌に群生する蘚類の仲間で，日本には約50種存在する．その中のオオミズゴケまたはフサミズゴケを選別・乾燥させたものを園芸資材として用いている．茎葉を乾燥させたものであるために非常に軽い．白緑色または淡緑色の枝が密集していて，葉は広卵形で，葉脈がなく，透明細胞と緑色細胞という2種類の細胞からなる．透明細胞は，中空の死細胞で，緑色細胞よりも大きいことから多くの水を貯える．その周りを生きた緑色細胞が取りまいている．そのため保水性はきわめて高い．また，通気性にも優れている．pHは4.2～4.5．

　水苔はラン科植物，観葉植物などの鉢植え用土，取り木や苗木輸送の保湿資材，挿し木用土，パッキング資材として主に用いられる．また，細く切って，微細種子やシダ胞子の播種床としても用いられる．鉢植え用土として利用し，肥料を与えた場合は，通気性が悪くなるので1年で取り替える．

　水苔は自生しているものを国内で採取していたが，最近では入手困難になり海外から輸入している．

（3） バーミキュライト（vermiculite）

　バーミキュライトは雲母状の蛭石をごく短時間，約1,000℃の温度で焼いてから砕いたものである．焼成したため薄層間が膨張しており多孔質で軽く，同体積の砂と比較すると1/15ほどの重さしかない．透水性，通気性，保水性にすぐれ，肥料分，病害虫，雑草種子を含んでいない．塩基置換容量が大きい．pHは6.7．

　主に播種，挿し木床や鉢物の用土として使われる．播種や挿し木に用いられる場合，パーライトやピートモスなどと混合することが多い．近年はピートモスと組み合わせて，プラグ苗用土としてもさかんに用いられている．

（4） パーライト（perlite）

　パーライトは火山岩の1種である真珠岩（perlite）を約1,000℃で焼成して粉砕したもので，乳白色，多孔隙で軽く，通気性，透水性にすぐれている．保水性もよいが，この点ではバーミキュライトに劣る．塩基置換容量は極めて小さい．バーミキュライトと同様，肥料分，病害虫，雑草種子を含まない．また，pHは8.1で，ピートモスと混合するとピートモスの酸性を中和する．粒の大き

さによって，粗・中・細粒のものに分類され，大粒のものは，パーライトとは別の商品名で販売されている．

播種，挿し木床の用土や苗木，球根の貯蔵用のパッキング資材として用いられる．

この他，砂，礫（れき），腐葉土（leaf mold），樹皮（bark），堆肥（manure），おがくず，籾殻（chaff），籾殻くん炭（carbonized chaff），パミス（pumice），ココナッツの繊維コイア（coir），田土（clay soil），赤土（loam soil），鹿沼土（かぬまつち）などが利用されている．

c．用土の配合

わが国の鉢物生産者は沖積土（田土），火山灰土（赤土），堆肥，腐葉などの素材（表9.2）を配合して用土を作成してきたが，このような分解しやすい素材を混合した配合土は，理化学性が変化しやすい．このため次々と鉢がえをして，新しい用土を継ぎ足し，鉢を大きくする栽培法を採用してきた．しかし，このような栽培法は管理が複雑で，経験を要し，企業的な大規模生産が困難である．

このような事情は外国でも同じで，安価で大量に入手でき，理化学性の変化しにくい無菌の素材を用いた標準配合土が研究されてきた．標準配合土はイギリスのジョンインネス研究所が1939年に発表した John Innes compost（壌土，砂，ピートモス），カリフォルニア州立大学の Baker が1957年に発表した U. C. Soil mixes（細砂，ピートモス），コーネル大学の Cornell Peat-lite mixes（パー

表9.2　配合素材の主な理化学性（荒木，1975）

素材	仮比重	全孔隙率	気相率	液相率	塩基置換容量
		%	%	%	me
田土	1.10	54.4	10.4	44.0	18
火山灰土	0.60	73.0	16.0	57.0	20〜40
赤土	0.64	75.2	15.4	59.8	20〜30
川砂	1.40	45.5	26.6	18.9	3>
バーミキュライト	0.36	86.9	16.9	70.0	100〜150
パーライト	0.18	92.4	55.6	36.8	0.5〜1
ピート	0.10	94.4	30.6	63.8	77〜128
腐葉土	0.20	90.7	52.3	38.4	98

ライト，ピートモス）などが良く知られている．これらの標準配合土はいずれも肥料の種類と量を定めており，企業的な画一生産を意図していることがうかがえる．

　最近の標準配合土の素材は，ピートモス，バーミキュライト，パーライトなどのように，どこでも均一な素材が安価に大量に入手でき，病害虫や雑草の種子を含まず，かつ肥料分の少ないものを組み合わせる方向に進んでおり，無土壌配合土（soilless compost, loamless compost）が中心となっている．

　なお，用土配合にはドラム型やスクリュー回転型の用土配合機が使われている．

d．施肥の方法

　鉢物生産の省力・機械化と規模拡大に大きく貢献した技術として，先に述べた多くの種類に適用できる無土壌の標準配合土の確立と，施設の利用率を著しく高めた移動ベンチおよび作業場にベンチごと移動する全移動ベンチの開発，それに底面給水の普及があげられる．

　従来の多種類少量生産では，上部給水が主流で，かん水量が多く，肥料の多くが流亡・溶脱するため，基肥に緩効性および速効性肥料を与え，固型肥料や液肥を追肥として頻繁に与える方式がとられ，施肥量が非常に多かった．

　配合土も粗孔隙（非毛管孔隙）が多く，塩基置換容量の高いことが重要視された．上部からの給水はホース，ノズル，スプリンクラー，チューブなどが用いられるが，施肥のポイントはいかにして均一に給水するかにおかれていた．

　これに対して，マットを飽水状態にして，底部の鉢穴を通して鉢土に吸水させる底面マット給水，C型鋼材から給水ひもによって補給する底面ひも給水，ベンチの内部を一時的に湛水状態にする液面上下式（ebb and flood）給水などの底面給水では肥料の流亡・溶脱と鉢内の水分状態は給水方式によって大きく異なる．底面マット給水や液面上下式給水では鉢内の水分状態は上部給水と同じで肥料成分の流亡・溶脱が起こるが，底面ひも給水では鉢内の水分状態は常に一定で，肥料成分の流亡・溶脱がほとんど起こらないため，施肥量は上部給水よりかなり少なくて良い（図9.5）．また，底面給水はいずれの方式でも均一に給水が行われるため，省力化だけでなく水分管理と肥料管理の標準化に大き

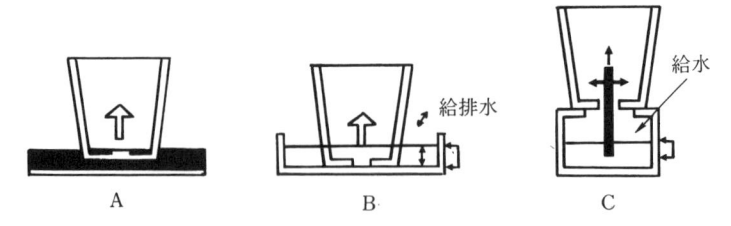

図 9.5　底面吸水方式の模式図（須藤原図，1992）
A. 底面マット給水　B. 液面上下式（ebb and flood）給水　C. 底面ひも給水

く貢献している．

底面給水方式は作物の茎葉をぬらさないので，病害による被害が少ない．

底面給水では，給水方式に応じた配合土を用いて施肥することになり，給水方式が主導して配合土を決めることになる．

このように鉢物生産の施肥方法は配合土，かん水方法，施肥方法を1セットとして考える必要がある．

3．養液栽培

土壌を用いないで，作物に必要な養水分を培養液によって与え，酸素供給を行って栽培する方法を養液栽培（soilless culture）という．土壌の地力によらな

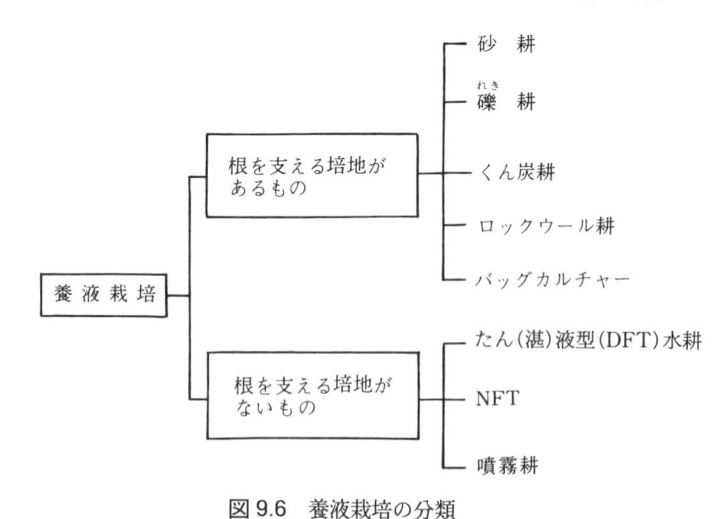

図 9.6　養液栽培の分類

いで栽培するので，無土壌栽培とも呼ばれる．

養液栽培は根を支える固型培地の有無，固型培地材の種類，培養液の供給方法などによって図9.6のように分類される．

日本における養液栽培は1946年（昭和21年）に東京の調布で在日米軍に対して新鮮な野菜を供給する目的で建設された礫耕によるハイドロポニックファームが最初である．その後，野菜の養液栽培は低迷していたが，1970年に入って湛液循環式水耕（deep flow technique, DFT）や薄膜水耕（nutrient film technique, NFT）などの水耕方式が開発されてから増加に転じ，さらに1980年代に入ってからデンマークで開発され，オランダで普及したロックウール耕がオランダから導入されて飛躍的に伸び，2005年には1,298 haに達している（図9.7）．

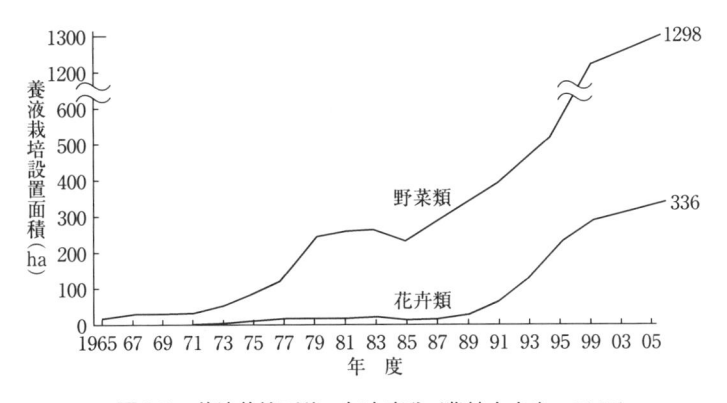

図9.7　養液栽培面積の年次変化（農林水産省，2005）

一方，花卉の養液栽培は1960年に山崎らによって開発された礫耕（れき）（gravel culture）がバラやカーネーションの切り花栽培に一部導入されたが，夏の高温時に培養液の温度が高くなりすぎ，生育不良になるため定着しなかった．1970年代に入って開発された各種の水耕プラントも花卉栽培にはほとんど導入されることはなかった．

花卉の養液栽培が本格的に導入されたのは1980年代に入ってロックウール耕の制御システムが市販されてからである．バラ，カーネーション，ガーベラ，キクなどに導入されたが，バラのロックウール耕は驚異的な普及を示し，1998

表9.3 オランダにおける主要切り花の養液栽培面積の推移 (ha)

種類	1987	1989	1991	1993	1995	養液栽培面積の割合
バラ	62	100	219	355	408	44 %
シンビジウム	150	179	179	194	193	100
ガーベラ	66	90	67	92	113	60
アンスリウム			59	69	70	100
カーネーション	45	43	39	54	47	23
その他	30	25	17	25	59	1.4
合計	353	437	580	789	890	24

出典：Kwantitative Informatie voor de Glastuinbouw, 1987-1995

表9.4 オランダの切り花生産と野菜生産における養液栽培面積割合の推移

部門	1985	1990	1995	2000	2004
切り花	18.3	20.5	24.6	32.5	32.6 %
野菜		61.4	70.4	73.7	68.5

出典：Kwantitative Informatie voor de Glastuinbouw, 2005-2006

年にはバラ切り花生産面積の43％にあたる267 haに達し，さらに増加を続けている．

　一方ロックウール耕を技術的に確立したオランダの主要切り花の養液栽培面積は表9.3に示すとおりで，日本と同様バラの養液栽培が最も多く，ついでシンビジウム，ガーベラの順となっている．バラとガーベラ，シンビジウムの養液栽培はロックウール耕がほとんどであるが，カーネーションではピートモスを培地とするものが多い．オランダの切り花生産の養液栽培割合は30％を越えたところで足踏み状態となっている（表9.4）．

　近年は環境汚染を減少させるため閉鎖系養液栽培システムが導入されている．

a．ロックウール培地の特徴

　ロックウールは，玄武岩や珪酸質岩石，スラグなどを1,500℃以上の高温で溶融し，遠心力，圧縮空気，蒸気などで直径3〜10 μmの繊維状にした人工鉱物

繊維である．主成分は珪酸カルシウムで，化学的な活性はなく，イオン吸収力もほとんどない．強酸や強アルカリには溶解し，CaやMgが溶出するが，中性付近では安定している．pH調整された栽培用のマットのpHは，7.0～7.5程度である．Feの溶出，吸着，不溶化は実用上ほとんど問題のない程度であるが，けい酸（SiO_3）の溶出が認められる．

　マット，ブロックの密度は70～100 kg/m^3で，容積の約3～5％が固相，残りが孔隙で，孔隙率が非常に大きいため培地容量を著しく小さくできる．これが栽培装置の簡易化と軽量化を可能にしている．水に浸すと孔隙が全て水に置き替わる．毛管水の上昇が繊維密度によって20～30 mmであるため，水平に設置すると上部ほど気相率が大きくなる．pF 1.0程度以下の水分が全体の65～85％，pF 2.0以上の水分は数％に過ぎないため，マット内に保持可能なほとんどの水分が移動しやすく，作物に吸収されやすい．このため，通常の給液管理のもとでロックウール栽培された作物が水分ストレスを受けることはない．マッ

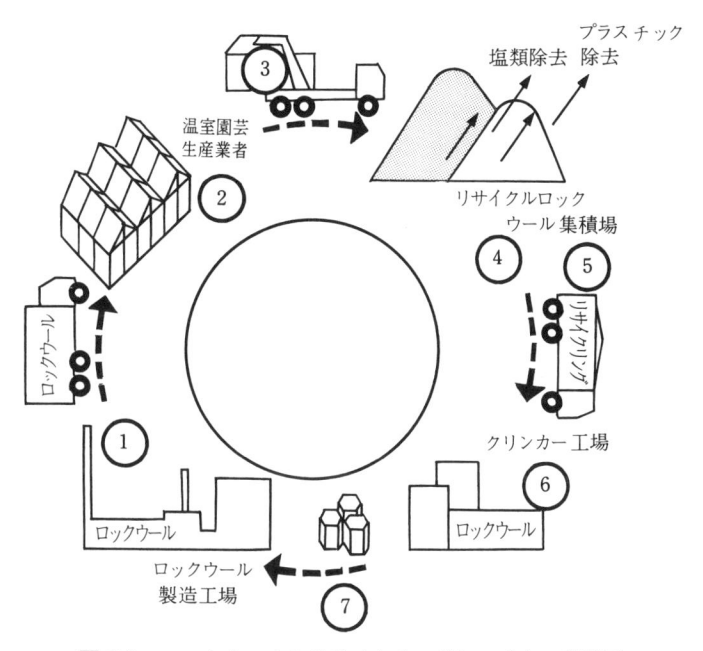

図9.8　ロックウールのリサイクリングシステムの鳥瞰図
（出典：Vakblad voor de Bloemisterij）

ト状，ブロック状，粒状のものが市販されているが，切り花用には20（幅）×90（長さ）×7.5（厚さ）cmのものが主に利用されている．

使用後は土壌物理性の改良資材として利用できる他，細かく粉砕して配合土の素材としても利用できる．オランダではリサイクリングシステムができている（図9.8）．

b．切り花のロックウール耕
（1）バ　ラ

切り花のロックウール耕はバラで最も普及しているが，これは土耕に比べて次のような利点があるためである．

(1) 生育が早く，定植後採花開始までの期間が短い．
(2) 採花本数が増加する．
(3) 連作障害が回避される．
(4) 栽培管理が省力化される．とくに，改植時の労力が著しく省力化され，かつ軽作業化されるため規模拡大しやすい．
(5) 品種によっては挿し木苗が利用できる．
(6) 根圏の物理性が均一化され，かん水や施肥が制御しやすい．

これらはいずれもバラの土耕栽培の問題点を解決してくれるものである．これらのメリットに加えて1988年に高須賀らによって開発されたアーチング（Arching）栽培（図9.9）がバラのロックウール耕の普及に大きく貢献している．この新しい栽培法はベンチの上にロックウールマットを置き，定植後1～2カ月間は発生するシュートを全て折り曲げ，その後

図9.9　バラのロックウール耕におけるアーチング栽培

発生するベーサルシュートはすべて発生部位から収穫する．摘心，剪定（せんてい），整枝，誘引などの作業を省略できる．

しかしロックウール耕は，夏季剪定後の生育が土耕に比べて劣り，2年目以降の採花本数が減少する．培地内の培養液の安定を目的として，使用する培養液の20～40％を排液するため肥料代がかかり，環境汚染につながるなどの問題点も指摘されている．

（2）カーネーション

カーネーションのロックウール耕はわが国だけでなくオランダでも伸び悩んでいる．最大の理由はバラのように切り花本数が顕著に増大しないことと，ステムが軟らかくなるなど品質の点で問題があるためである．この他，夏季の高温障害により生育が不安定なため標準的な定植時期が6～7月となる平暖地の作型では導入しにくいことがあげられる．

カーネーションのロックウール耕は定植時期が秋から冬になる高冷地や寒冷地での作型や，定植から採花までの期間が長い晩生品種に導入されるにとどまっており，養液栽培の本格的な普及はロックウールに変わる固形培地の開発を待たなければならない．

（3）キ　ク

キクのロックウール耕は切り花の中では最も容易で，生育期間が土耕より長日期で2週間，短日期で1週間短縮し，きわめて品質の良いものが採花できる．また，品種によっては花持ちがよくなる．このように技術的には全く問題がないが，栽培期間の短いキクではロックウール耕は経済性がないことが明らかになっている．

（4）ガーベラ

オランダではバラ，シンビジウムに次いでロックウール耕が導入されている．切り花本数が土耕栽培より増加し，ガーベラの切り花生産の最大の障害となっている疫病などの土壌病害を回避できるからである．この他採花本数の増加をもたらす地中加温が容易に行えることもロックウール耕の利点としてあげられる．

マルチブロックで4週間育苗した組織培養苗を利用したガーベラのシステム生産が確立しており，わが国での今後の普及が期待されている．

この他宿根カスミソウ，ブバルジア，トルコギキョウなどで試作されているが，技術的には確立していない．

c．培養液作成の実際
（1）用水の水質

井戸水，河川水，水道水，雨水などが利用されているが，病原菌を含まず，無機成分濃度が低いもの程よく，純水に近い状態のものが望ましい．

地下水にはカルシウム，マグネシウム，鉄，マンガン，亜鉛，銅，重炭酸（HCO_3）の含有量が多かったり，海岸に近い場所ではナトリウムや塩素が多いことがあるので，定期的な用水の水質検査が肝要である．

オランダではナトリウム，塩素，カルシウム，マグネシウム，カリウム，重炭酸などが用水中に含まれていることが多く，これらの成分濃度を計算に入れて培養液を作成している．

（2）培養液の作成

花卉の健全な生育にはC, H, O, N, P, K, Ca, Mg, S, Fe, Mn, B, Cu, Zn, Mo, Clの16の元素が必須であるが，C, H, O, N, P, K, Ca, Mg, Sは必要量が多いので多量要素，Fe, Mn, B, Cu, Zn, Mo, Clは必要量はごくわずかであるので微量要素と呼ばれている．C, H, OはCO_2およびH_2Oから与えられるので，肥料として与える必要があるのは残りの13元素である．しかし，Clは作物の吸収量が少なく，用水中に含まれているので肥料成分として与える必要はない．必須元素の濃度表示にはmM（ミリモル），me（ミリ当量），ppmの3種類が使われているので，表9.5, 6に多量要素と微量要素の濃度表示単位の変

表9.5　濃度表示の単位の変換（田中作表，1989）

単位の変換	N (NO_3)	P	S	N (NH_4)	K	Ca	Mg
mM→me	×(1)	×(3)	×(2)	×(1)	×(1)	×(2)	×(2)
mM→ppm	×(14)	×(31)	×(32)	×(14)	×(39)	×(40)	×(24)
me→mM	／(1)	／(3)	／(2)	／(1)	／(1)	／(2)	／(2)
me→ppm	×(14)	×(10.3)	×(16)	×(14)	×(39)	×(20)	×(12)
ppm→mM	／(14)	／(31)	／(32)	／(14)	／(39)	／(40)	／(24)
ppm→me	／(14)	／(10.3)	／(16)	／(14)	／(39)	／(20)	／(12)

（注）×：乗法（かけ算），／：除法（割り算）を表わす．

表9.6 微量要素の濃度表示の単位の変換 (田中作表, 1989)

単位の変換	Fe	B	Mn	Zn	Cu	Mo
① μM→ppm	×(0.056)	×(0.011)	×(0.055)	×(0.065)	×(0.064)	×(0.096)
② ppm→μM	／(0.056)	／(0.011)	／(0.055)	／(0.065)	／(0.064)	／(0.096)

(注) ×:乗法(かけ算), ／:除法(割り算)を表わす.

換法を示した.培養液作成の際には多量要素にはmeが,微量要素にはppmが濃度表示の単位として用いられている.

養液栽培に使用する肥料は必要とする多量要素以外の要素を含まない純度の高いことが要求される.培養液の作成には表9.7に示すような肥料が用いられるが,わが国では硝酸カルシウム,硝酸カリウム,硫酸マグネシウム,第一リ

表9.7 培養液作成用肥料

肥料名	化学組成	要素含有率	分子量	当量重	当量
		%		mg/me	me
硝酸カルシウム	$Ca(NO_3)_2 \cdot 4H_2O$	11N, 23Ca	236	118	N1, Ca1
硝酸カリウム	KNO_3	13N, 46K	101	101	N1, K1
硫酸カリウム	K_2SO_4	53K	174	87	K1, S1
第一リン酸カリウム	KH_2PO_4	51P, 34K	136	45	K0.3, P1
第一リン酸アンモニウム	$NH_4H_2PO_4$	59P, 11N	115	38	N0.3, P1
硫酸マグネシウム	$MgSO_4 \cdot 7H_2O$	16Mg	246	123	Mg1, S1
硝酸マグネシウム	$Mg(NO_3)_2 \cdot 6H_2O$	11N, 9Mg	256	128	Mg1, N1
硝酸アンモニウム	NH_4NO_3	35N	80	40	N1
硫酸アンモニウム	$(NH_4)_2 \cdot SO_4$	21N	132	66	N1, S1
尿素	$(NH_2)_2CO$	49N	60	30	N1
硝酸(61%)	HNO_3	8N	(170)		
リン酸(61%)	H_3PO_4	12P	(265)		
キレート鉄	Fe-EDTA	13Fe	(430)		
硫酸マンガン	$MnSO_4 \cdot 4H_2O$	24Mn	223		
塩化マンガン	$MnCl_2 \cdot 4H_2O$	28Mn	198		
硫酸亜鉛	$ZnSO_4 \cdot 7H_2O$	23.0Zn	288		
硫酸銅	$CuSO_4 \cdot 5H_2O$	25.5Cu	250		
ホウ酸	$H3BO_4$	18.0B	62		
ホウ酸ナトリウム	$Na_2B_4O_7 \cdot 10H_2O$	11B	381		
モリブデン酸アンモニウム	$(NH_4)_6Mo_7O_{24}$	49.0Mo	1.163		
モリブデン酸ナトリウム	$Na_2MoO_4 \cdot 2H_2O$	47.0Mo	242		
炭素水素カリ	$KHCO_3$	39K	100		
カセイカリ	KOH	70K	56		

ン酸アンモニウムを主に用いて培養液を作成している．

(3) 主要切り花の培養液

オランダにおける主要切り花のロックウール耕の培養液処方を表9.8, 9に示した．バラの処方は当初に比べてアンモニア態窒素の割合が増加し，リン酸の濃度が下がっている．用水の水質を考慮して培養液を単肥で作成し，定期的にマット内の根圏の培養液濃度と組成をチェックしている．

わが国の培養液組成もオランダの場合と基本的には同じである．

表9.8 オランダで使われている主要切り花の養液栽培における培養液組成（1994）

種類	EC	NO_3-N	NH_4-N	H_2PO_4	K	Ca	Mg	SO_4	使用できる培地
	dS/m	$mmol.l^{-1}$							
バラ	1.6	11.0	1.5	1.25	4.5	3.25	125	1.25	ロックウール
カーネーション	1.8	13.0	1.0	1.25	6.25	3.75	1.0	1.25	ピート, ロックウール
ガーベラ	1.7	11.25	1.5	1.25	5.5	3.0	1.0	1.25	ロックウール
フリージア	2.1	14.5	1.25	1.25	7.75	3.375	1.5	1.5	砂, ロックウール
ブバルジア	1.9	13.0	1.25	1.75	6.0	4.25	1.0	1.5	ロックウール
アルストロメリア	1.7	11.25	1.25	1.25	6.0	2.875	1.0	1.25	ロックウール
宿根アスター	1.8	13.0	1.0	1.25	6.25	3.75	1.0	1.25	ピート, ロックウール
宿根カスミソウ	2.2	17.0	1.25	1.25	4.0	6.0	1.7	1.2	ロックウール
スターチス	1.7	12.0	1.0	1.0	6.0	3.0	1.0	1.0	ロックウール
アンスリウム	0.8	4.5	0.8	0.7	3.0	1.0	0.7	1.0	ピート, ロックウール
アネモネ	1.9	13.0	1.0	1.5	6.5	3.75	1.0	1.25	ロックウール
シンビジウム	0.8	4.5	0.5	0.8	3.0	1.2	0.75	1.25	フェノールフォーム

表9.9 オランダで使われている主要切り花の循環式ロックウール培地における培養液組成（1997）

種類	EC	NO_3-N	NH_4-N	P	K	Ca	Mg	SO_4
	dS/m	$mmol.l^{-1}$						
バラ	0.7	4.2	0.8	0.5	2.2	0.8	0.6	0.5
バラ（ヤシガラ培地）	0.7	4.3	0.6	0.5	2.0	0.9	0.7	0.5
ガーベラ	0.9	7.25	0.75	0.6	4.5	1.6	0.4	0.7
アンスリウム	0.8	4.7	0.3	0.7	3.5	0.9	0.7	0.8
宿根アスター	1.0	7.0	0.75	0.7	3.9	1.625	0.6	0.7
アルストロメリア	1.1	7.3	0.7	0.7	4.3	2.0	0.7	1.2
カーネーション	1.0	7.0	0.75	0.7	3.9	1.625	0.6	0.7
宿根カスミソウ	1.3	9	0.75	0.75	3.5	2.5	1.0	0.75
ブバルジア	1.3	10.5	1.0	1.0	5.5	2.5	0.7	0.7

参考文献

1) 荒木浩一．1975．最近の鉢物用土の種類，特徴と配合上の問題．農業および園芸50（5）：670-674．
2) Baker, F. K. 1957. The U. C. system for producing healthy container-grown plants. University of California Manual 23. U. S. A.
3) 古藤　実・竹下純則・小沢　博．1970．温室スイートピーの施肥改善に関する研究（第1報）．神奈川園研報18：136-144．
4) 松尾多恵子・白崎隆夫．1990．トルコギキョウの生育および養分吸収に及ぼす施肥量の影響．園学雑59（別1）：584-585．
5) 農林水産省生産局野菜課編．2005．園芸用ガラス室，ハウス等の設置状況．（社）日本施設園芸協会．
6) 大川　清．1992．施設花卉の栽培管理．p.129-141．古在豊樹編著．新施設園芸学．朝倉書店．東京．
7) Puustjarvi, V. 1974. Physical properties of peat used in horticulture. Proc. Sympo. Art. Media. in hort. 1973. 1922-1929 p. Ghent, Int. Soc. Hor. Sci.
8) Robinson, D. W. and J. G. D. Lamb. 1975. Peat in Horticulture. Academic Press. London.
9) 米村浩次．1990．定植．p.83-102．米村浩次編著．カーネーション（下）．誠文堂新光社．東京．
10) 吉羽雅昭・麻生昇平・細谷　毅．1981．花き作物の栄養生理（予報）．培養液の硝酸態窒素とアンモニア態窒素の濃度比率が花きの生育と無機養分吸収に及ぼす影響．東農大農学集報26：68-81．

第10章　花卉の鮮度保持と貯蔵

1．切り花の鮮度保持

a．切り花の生理
（1）蒸散と吸水

　大部分の切り花では収穫後気孔が閉じ，蒸散は急激に減少する．その後蒸散と吸水は平衡状態となり，最後に蒸散が吸水を上回って初期萎凋を生じる．このため，はじめは生体重が増加し，その後減少する．その典型的な例としてバラの場合を図10.1に示す．この図のように生体重が急激に減少するのは維管束閉塞（へいそく）（vascular blockage）により茎の通道性が低下するためで，その原因には，(1) 水1 ml当たり10^6以上のバクテリアが増殖することによる閉塞，(2) 水面より上の道管部に見られる粘着物質（ペクチン，炭水化物）による閉塞，(3) 道管に存在する気泡による水の円柱崩壊（cavitation），(4) 茎葉から切り水に漏出する物質（糖，タンパク質，ポリフェノール）による閉塞などがある．

　維管束閉塞が起こらなくても，採花後蒸散が吸水を上回る環境条件下では切り花は萎れる．バラの切り花は24時間明条件下では完全な暗条件下よりも蒸散量が5倍以上になり蒸散が吸水を上回りやすい．補光栽培したバラではこの傾向がより顕著になる．一方，アブシジン酸（ABA）やアルミニウムイオンには気孔を閉鎖させる作用があり，水分バランスを改善し，萎凋を遅らせる．

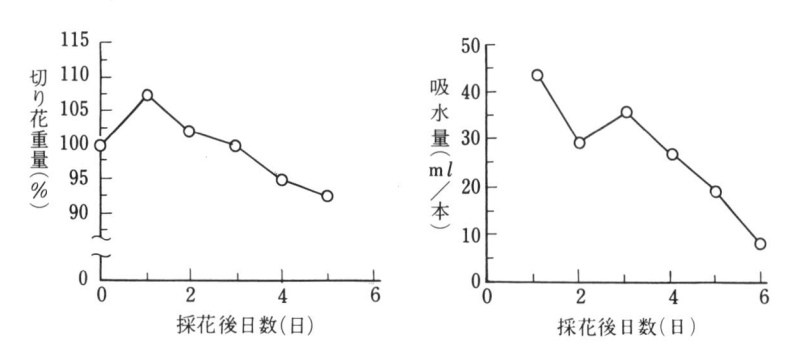

図10.1　バラの採花後の切り花重量と吸水量の変化（大川ら，1993）

表10.1 主要切り花の呼吸量（武田ら，1986）

種類	品種	CO_2 ml/kg・時間		30℃/10℃
		30℃	10℃	
カーネーション	ロニア	338	55	6.1
	ノラ	192	61	3.1
アルストロメリア	ゼブラ	190	34	5.6
	タイガーベロー	248	73	3.4
キク	清風	187	60	3.1
	新さんご	253	81	3.1
トルコギキョウ		161	50	3.2
宿根カスミソウ		567	104	5.5

（2）呼　吸

　切り花の呼吸量は種類，品種によって異なるが，温度によっても著しく異なり，切り花温度（品温）が30℃から10℃に下がると1/3～1/6になる（表10.1）．したがって採花後品温を下げることは鮮度保持のうえで効果が大きい．とくに，宿根カスミソウのように呼吸量が高い種類は品温を下げることにより花持ちが著しくよくなる．

（3）エチレンと花持ち

　老化ホルモンとも呼ばれるエチレンは多くの種類で切り花の老化に深く関係している（表10.2）．なかでもカーネーションはエチレンに対して感受性が高く，萎凋に際して多量のエチレンを生成するため，多くの研究が行われている．カーネーションの切り花は満開時にはエチレン生成が微量であるが，萎凋が進むにつれて著しく生成され，完全に萎凋すると急激に減少する（図10.2）．アブ

表10.2 数種の切り花に対するエチレンの影響

種類	症状
ユリ	花蕾のブラスティング（blasting），花弁の離脱
カーネーション	花弁の縁が内側に曲がる（sleepiness），花弁の萎れ
アルストロメリア	奇形花，花弁の離脱
スイートピー	落蕾・落花
ラン	花弁の萎れ

シジン酸はカーネーションの老化を促進することが知られているが，これはエチレン生成を早めるためである．一方，高濃度（4％）の二酸化炭素下ではエチレンの生成と花の老化は抑制される．カーネーションの萎凋を誘導するエチレンの生成はまず雌ずいでACC合成酵素が誘導されて，ACCが生成され，これがACC酸化酵素によりエチレンに転換される．これに続いて花弁でも同様の反応を経て多量のエチレンが生成され，花弁の萎凋が引き起こされる．

スイートピーの落花，萎凋と

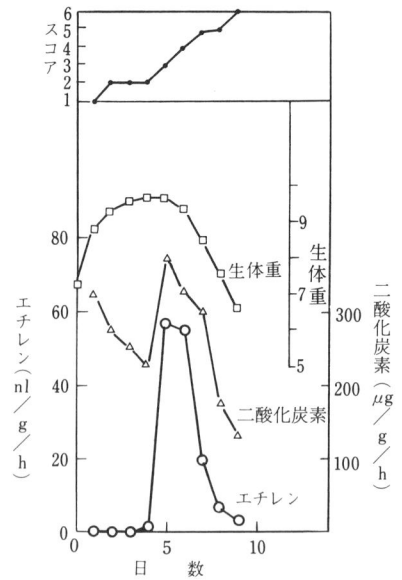

図10.2 カーネーション切り花のエチレン生成，呼吸（CO_2放出），萎凋指数（スコア），生体重の変化（兵藤ら，1988）
指数（スコア），2：満開，3：萎凋の開始，4：中程度の萎凋，5：完全萎凋

エチレンとの関係もカーネーションの場合と同様であることが明らかになっている（大川ら，1990）．カーネーションと異なる点はエチレンの生成がまず雄ずいで起こる点である．花の組織で生成されるエチレンはAdams・Yang（1979）によって明らかにされたメチオニンを基質としてS-アデノシルメチオニン（SAM）→1-アミノシクロプロパン-1-カルボン酸（ACC）→エチレンであると考えられている．

エチレンの生成は受粉，ABA，エチレン処理などにより誘導され，高二酸化炭素，低酸素，減圧下，エチレン作用阻害剤（STS），エチレン生合成阻害剤（AOA）などによって抑制される．

大気中のエチレンは内燃機関，成熟した果実，物理的な損害を受けた葉組織，灰色かび病菌の寄生を受けた花などから主に発生している．

（4）花持ちに及ぼす糖の効果

多くの切り花で糖は老化を遅らせ，観賞期間を長くする働きのあることが明

かになっている．これは吸収された糖が花に移行して花の浸透圧を高め，その結果吸水力が高まるからである．同時に気孔を閉じさせて水分損失量を少なくして，切り花の水分バランスを改善することによって老化を遅らせている．

糖の最適濃度は花の種類と使用目的によって異なる．パルシング（pulsing）処理は出荷前に切り花の下部を糖と殺菌剤の入った液に数時間から2日程度浸漬する処理で，糖濃度が後処理の場合より高いので，葉や花弁に害が出やすい．このため浸漬時間は種類ごとに決められている．通常20〜27℃，2,000 lx以上の光強度下で処理する．処理により花持ちがよくなる，花弁の色がよくなる，蕾貯蔵の場合には開花が促進されるなどの効果がある．パルシング処理には高濃度（10〜20％）を，蕾貯蔵した切り花の開花処理には中程度の濃度を，後処理剤には低濃度（0.5〜2.0％）で用いる．

カーネーションの品種スケニアにブドウ糖を処理すると花に多く集まり，葉にはあまり移動しない．ブドウ糖（G）はそのまま花に移動するものと，果糖（F）に変わった後，ショ糖（S）になって花に移るか，すぐショ糖になって花に移り，そこでまた果糖またはブドウ糖に変わる．葉にはショ糖とブドウ糖がわずかに移行する．

一方，バラの品種カリナではカーネーションよりも多くのショ糖が葉に移り，そこで果糖とブドウ糖に変わり，花に移動する（図10.3）．高濃度の糖処理をすると花弁よりも先に葉に害が出るのは，浸透圧の調節能力が花弁の方が勝れているためである．バラがカーネーションより糖の障害が出やすいのは，吸収されたショ糖の多くがまず葉に移動するためであると考えられる．

b．栽培環境と花持ち

切り花は採花前の栽培環境で，花持ちが異なる．栽培環境のなかで花持ちに関係する要因としては，気温，湿度，光強度，土壌水分，施肥量，病害虫などがあげられる．これらのなかで，花持ちに最も影響を与えるのは気温である．キク，バラ，カーネーション，テッポウユリなどでは高温多湿条件下で栽培されたものは葉肉が薄くなり，葉緑素含量が低下し，さらに葉緑素の保持力も低下して，採花後黄変しやすい．茎は細くなり，とくに花首直下の木部が未発達で，道管数も少ない．根の量も減少し活性が低下する．このため切り花は，水

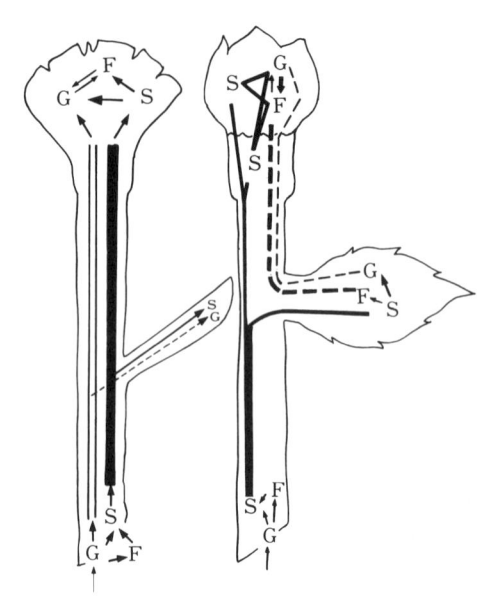

図10.3 カーネーションの品種スケニア(左側)とバラの品種カリナ(右側)の切り花に3%のブドウ糖を切口から吸収させた際の糖の転換の模式図(Paulinら, 1982)
S:ショ糖, G:ブドウ糖, F:果糖

分バランスをくずしやすく,花持ちが悪い(船越,1984).

気温は花色にも大きな影響を与える.黄色のバラ品種ゴールデンラプチャーを夜温15℃以下の気温で栽培すると花弁が緑色の色調を帯びる.赤色のバラ品種では夜温が低いと花弁が黒色化(blackening)する.

光強度も切り花品質に大きく影響し,光合成産物の多いものほど花持ちがよく,低光強度下で栽培したカーネーション,キクでは花持ちがよくないことが知られている.

かん水や施肥量などは気象条件ほど花持ちに影響しないが,キクでは生育後期の高濃度の窒素によって花持ちが悪くなる.一般に窒素過多は灰色かび病やうどんこ病をはじめ病害に対する感受性を高める.病原菌はエチレンを生成し,植物体からのエチレン生成を促して老化を早める.

c．採花適期と採花方法

切り花の最も適当な採花ステージを花卉業界では切り前（best stage for harvest）といっている．切り前は種類によって異なり，同一種類でも，品種，季節，輸送時間，輸送方法，消費者の好みによって異なる．家庭消費の多いオランダの切り前は，ギフトや仕事花需要が多く，家庭消費の少ない日本より，かなり硬切りである．これは家庭消費では少なくとも購入後1週間は観賞できることが要求されるためである．

開花してから採花するよりも，蕾で採花する方が取り扱いやすいうえ，エチレンや高温の影響を受けにくく，輸送の際のスペースも少なくてすむなどの利点が多いが，バラやガーベラのように維管束のリグニン化が進んでいないためにベントネック（bent neck, 図10.4）を起こしやすいものや蕾採花では完全に開花しなかったり，トルコギキョウのように花色が十分発現しないものもある．主な切り花の標準的な採花ステージを表10.3に示す．

図10.4　バラのベントネック

採花方法も花持ちに影響を与える．一般に切り口から吸水する木本性植物ではよく切れるハサミやナイフで採花し，切り口をつぶさないことが肝要である．切り口をつぶすと吸水力が低下するだけでなく，糖分を含んだ樹液が水の中に溶けでて，バクテリアの増殖を促し，維管束閉塞（vascular blockage）を招きやすい．一方，草本性植物のように切り口だけでなく，茎の表面からも吸水できるものでは採花方法はあまり問題ではない．

表10.3　主要切り花の標準的な採花ステージ

種　類	採花ステージ
アルストロメリア	4〜5輪開花
トルコギキョウ	3〜4輪開花
ガーベラ	外側から2列の花粉が放出
チューリップ	蕾が半分着色
ユリ	第1花蕾が着色

d．採花後出荷までの処理

採花後出荷までの切り花の品質に影響する環境要因のなかで，最も影響を与える要因は温度で，高温は開花と老化を早める．高温では呼吸量が増大するため貯蔵物質の消耗が多くなり，同時にエチレンの生合成量も著しく増加し，エチレンによる障害が増大する．また，高温下では切り花からの水分損失量も増加し，切り水の中のバクテリアの増殖率も増加する．このため，切り花は採花後できるだけ早く保冷庫に入れて水揚げをしながら切り花の温度を下げる．例外はアンスリウム，カトレア，ストレリチア，ヘリコニア，バンダなどの熱帯原産の切り花で，8～15℃で水揚げする．これらの切り花が8℃以下の低温に遭遇すると花弁が退色し，蕾が開花しないなど著しい品質低下を招く．温帯性の切り花では組織の凍結温度より少し高めの温度で水揚げする．

一方，光強度や光質は切り花の品質にほとんど影響を与えない．例外は，補光栽培した切り花で，採花後暗黒下で水揚げしないと気孔が閉じないため，花持ちが著しく悪いことが報告されている（Molenaar, 1979）．

採花後出荷までの切り花の品質に影響を与えるもう一つの大きな要因はエチレンである．通常大気中のエチレン濃度は3～5 ppbであるが，植物，微生物，工業製品，内燃機関などから多量のエチレンが発生し，切り花の老化を早め，落蕾，落花，花弁の萎れを招く．切り花のエチレンに対する感受性は種類によって異なる（表10.4）．エチレン対策としてはまず発生を抑えることで，そのためには，(1) 病害虫防除の徹底（採花前後の薬剤散布），(2) 切り花に傷をつけないこと（障害エチレンの発生抑制），(3) 採花適期に収穫する（開花にしたがって感受性が増す），(4) 採花後低温で管理する，(5) 果実や野菜と一緒に貯蔵

表10.4　切り花のエチレンに対する感受性の差異

種類	感受性[z]	種類	感受性
カーネーション	1	チューリップ	8
ユリ	2	ガーベラ	10
フリージア	4	キク	10
バラ	8	アイリス	10

[z]：1＝きわめて高い，10＝きわめて低い
出典：花の品質保持—オランダ流通チェーン調査，1987

しない，(6) 栽培室，調整室，保冷室を清潔に保ち，灰色かび病（Botrytis）の伝染源となる植物体の残りかすをすぐ処分する．このような点から大部分の切り花では採花後できるだけ低温，高湿にし，これに適切な換気を加えた環境下で出荷するまで取り扱う．

なお，近年，採花後直ちにあるいは調整後に薬剤を使って処理することが多くなっているが，この点については鮮度保持剤の項で詳しく述べる．

e．切り花の貯蔵

需給調節のため採花後貯蔵することがあるが，その多くは数日間の短期貯蔵である．しかし，なかにはカーネーションのように蕾の状態で収穫し，数カ月間貯蔵するものもある．

貯蔵の方法には低温貯蔵（low temperature storage），CA貯蔵（controlled atmosphere storage），減圧貯蔵（hypobaric storage）などがあるが，切り花で実用化しているのは低温貯蔵である．

低温貯蔵には水揚げする状態で貯蔵する湿式貯蔵（wet storage）と容器に詰めて貯蔵する乾式貯蔵（dry storage）がある．湿式は長期間の貯蔵に利用される．

貯蔵温度は熱帯原産の切り花は12～18℃，亜熱帯産のグラジオラス，ジャスミン，プロテア，アネモネ，グロリオーサなどでは2～8℃である．これに対し温帯産のバラ，キク，カーネーション，球根類では，これらの切り花組織の氷点にできる限り近い温度がよく，0～2℃で貯蔵される．

図10.5に日本を含め世界各国で実用化しているカーネーションの長期貯蔵法を示す．開花したカーネーションの切り花を貯蔵すると花弁が灰色かび病菌の寄生をうけて腐敗し，商品価値がなくなるが，蕾はエチレン感受性が低く，貯蔵性が高い．

貯蔵中の湿度は，切り花に結露を生じさせない範囲で，できる限り高く保つ．

貯蔵中の光は，葉の黄化が問題となるキク，アルストロメリア，ユリを除いて影響を与えない．

貯蔵庫内はできる限りエチレン濃度を下げるようにする．このため，(1) エチレンの吸収剤（臭酸化処理した活性炭や過マンガン酸カリなど）の使用，(2)

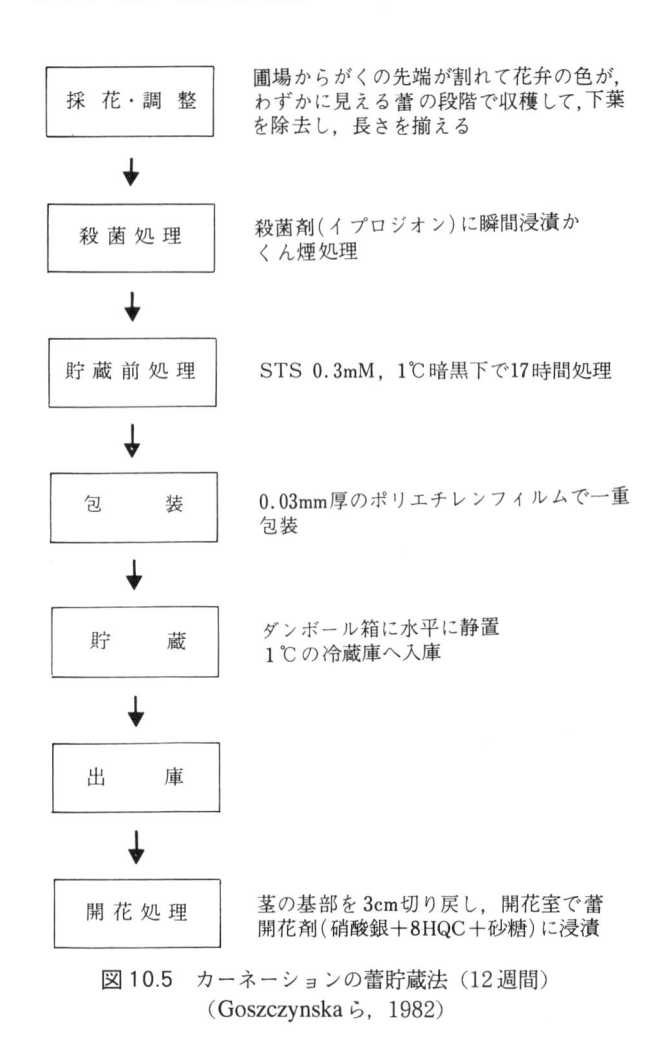

```
採花・調整  →  圃場からがくの先端が割れて花弁の色が,
              わずかに見える蕾の段階で収穫して,下葉
              を除去し,長さを揃える

殺菌処理   →  殺菌剤(イプロジオン)に瞬間浸漬か
              くん煙処理

貯蔵前処理 →  STS 0.3mM, 1℃暗黒下で17時間処理

包装       →  0.03mm厚のポリエチレンフィルムで一重
              包装

貯蔵       →  ダンボール箱に水平に静置
              1℃の冷蔵庫へ入庫

出庫

開花処理   →  茎の基部を3cm切り戻し,開花室で蕾
              開花剤(硝酸銀＋8HQC＋砂糖)に浸漬
```

図10.5 カーネーションの蕾貯蔵法(12週間)
(Goszczynskaら,1982)

罹病葉,障害組織の除去,(3)貯蔵庫近くで内燃機関を使用しない,(4)エチレンを多量に放出する果実や野菜と一緒に貯蔵しないなどの対策が必要になる.

f. 切り花の輸送

　切り花は輸送に便利な消費地の近くに産地が発達してきたが,航空輸送および低温輸送の発達や鮮度保持剤の開発によって遠隔地から長距離輸送が行われ

るようになった．

消費地に近い短距離輸送では，通常常温で乾式輸送される．長距離輸送では，輸送中の蕾の開花，花弁と葉の萎れと退色，病害（主として灰色かび病）の蔓延，輸送後の開花不良，花持ち期間の短縮などを回避するため，低温で乾式あるいは湿式輸送される．

湿式輸送されたものは市場に到着した時点では花弁や茎葉に張りがあり，見栄えがよいが，乾式輸送されたものより老化が早い．

輸送中の温度が切り花に与える影響は大きく，温度が高いほど同化養分の消耗が著しく，老化が早まる．さらに高温はエチレン濃度を高め，切り花の水分バランスをくずし，灰色かび病菌の増殖を促す．湿式輸送の場合には水揚げ用の水の中のバクテリアの増殖を早める．

そこで，熱帯原産以外の切り花は低温

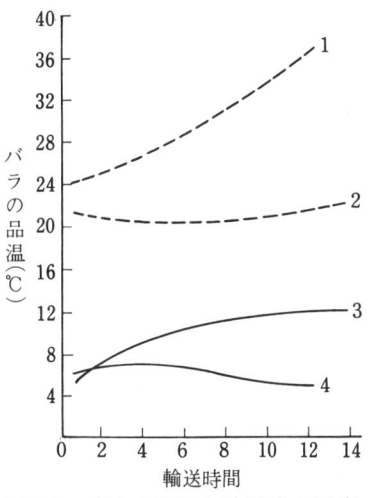

図 10.6 予冷の有無と輸送中の温度がバラの品温に及ぼす影響（Molenaar, 1979）
1. 予冷無＋常温輸送
2. 予冷無＋低温輸送
3. 予冷有＋常温輸送
4. 予冷有＋低温輸送

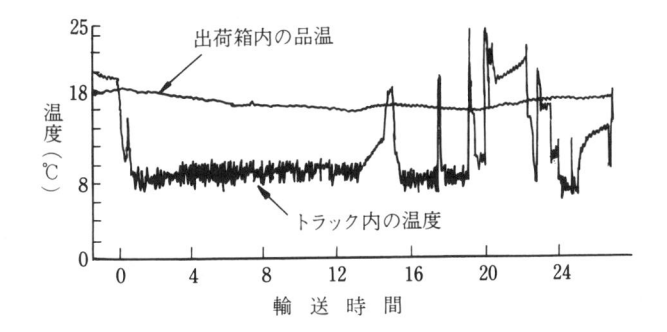

図 10.7 オランダからイタリアまで（約 1,000 km），切り花をトラック輸送する際のトラック内および出荷箱内の温度変化（出典は第 10.4 表と同じ）

輸送するが，出荷容器の中の品温は低温輸送中には容易に下がらない（図10.6, 7）．このため出荷前に予冷（precooling）する．予冷にはいろいろの方法があるが，切り花で最も一般的な方法は0～2℃，相対湿度95～98％の条件下で，出荷容器の両端に設けた通気孔を通して，冷気を容器内に導入して，切り花と直接熱伝導を行って，急速に冷却する差圧通風冷却（static-pressure air-cooling）である．野菜で一般的な真空冷却は切り花の水分損失が大きく，花弁にシミなどの障害を引き起こすためキクの産地で一部実用化しているにすぎない．

予冷後低温輸送しないと効果が半減するが，やむをえず常温輸送する場合には必ず蓄冷剤を入れる．輸送中の湿度も乾式輸送の場合には品質に大きな影響を及ぼすので90％以上の高い相対湿度がよいが，温度変化によって，結露しやすい．結露は灰色かび病菌の胞子の増殖を招く．このため生産段階から消費者が購入するまでの一貫した低温流通（コールドチェーン，cold-chain）の確立が必要となる．

g．鮮度保持剤

切り花の老化を遅らせ，観賞期間を長くする薬剤を鮮度（品質）保持剤（preservative）という．わが国の園芸学会では2005年までpreservativeに対応する用語を決めていなかったため，鮮度保持剤，品質保持剤の他，切り花保存剤，延命剤，花持ち剤などいろいろの名前で呼ばれていた．鮮度（品質）保持剤はオランダを中心に世界各国で開発されている．

鮮度保持剤には二つのタイプがある．一つは生産者が採花後出荷までの間に用いるもので，前処理剤（pretreatment preservative）と呼ばれる．短時間の処理で切り花の花持ちを長くする働きがある．もう一つは後処理剤（continuous treatment preservative, vase preservative）と呼ばれ，花小売店や消費者の段階で使用されるもので，数日間連続して使用される．

（1）前処理剤

前処理剤にはSTS（チオ硫酸銀錯塩），AOAの他，RNA-Ag + trishydroxy-methylaminomethane（以下trisと略記），界面活性剤（吸水促進・殺菌），ジベレリン（葉の黄化防止），塩素系および第4アンモニウム塩系殺菌剤などが，種類に応じて使われている．

1) **STS**（silver thiosulphate anionic complex, チオ硫酸銀錯塩）

銀イオンには殺菌作用とエチレンの作用阻害（自己触媒反応阻害）作用があるため，硝酸銀や酢酸銀が前処理剤の成分として利用されていた．しかし，銀イオンがプラスに帯電しているため道管（木部）を上昇する過程で陽イオン交換により強く吸着されるためほとんど移行せず，切り口付近に止まっている．このため，生け水や切り口の殺菌効果しか期待できなかった．

1978年にオランダのVeenらが硝酸銀にチオ硫酸ソーダをモル比で1:8の割合で混合するとチオ硫酸銀の錯体となり，植物体に害が少なく，かつ植物体内を容易に移動することを見いだした（図10.8）．銀の移動速度は極めて速く処理してから10分後には切り花のすべての部分に移動し，その後花床に集積し，エチレンの作用阻害剤として働く．Veenらは，silver thio sulphateの頭文字をとってSTSと名付けた．STSは世界各国の研究者によって直ちに追試され，エチレンの作用阻害（自己触媒反応阻害）剤として，エチレンに感受性の強い切り花に広く利用されるようになった（表10.5）．

$$AgNO_3 + Na_2S_2O_2 \cdot 5H_2O \rightarrow Ag(S_2O_3)_2^{3-}$$

硝酸銀　　チオ硫酸ソーダ　　Silver Thio Sulphate(STS)
　　　　　　　　　　　　　　チオ硫酸銀錯塩

図10.8　チオ硫酸銀錯塩の作り方

表10.5　STSの前処理により観賞期間が長くなる花卉

切り花（浸漬処理）	鉢物（散布処理）
カーネーション，キンギョソウ	ゼラニウム，ペラルゴニウム
スカシユリ，スカビオサ	ブーゲンビレア
トリカブト（アコニタム），フリージア	カルセオラリア
宿根パンヤ（アスクレピアス）	シャコバサボテン
ヒゲナデシコ，デルフィニウム	ハイビスカス
ブバルジア，ラバテラ，アルストロメリア	ストレプトカーパス
ハナトラノオ（フィソステギア）	アキメネス
デイセントラ，ユーホルビアフルゲンス	エラチオールベゴニア
ベロニカ，オダマキ（アクイレギア）	クロサンドラ
スイートピー	ディプラデニア

2) **AOA**（アミノオキシ酢酸）

エチレンの生合成経路のうち，SAMからACCの生成にはACC合成酵素が必要であるが，AOAはこのACC合成酵素に強い拮抗作用を示すことで，エチレンの生合成を阻害する．オランダではカーネーションの前処理剤として1992年から実用化され，重金属を含まない環境にやさしい前処理剤として注目された．しかし，AOAは外生エチレンに対して効果がみられないのとSTSと比べて価格が高く，適用できる花卉がSTSより少ない．最近オランダを含むヨーロッパ各国では前処理剤として使用するには公的機関による厳密な試験をパスしなければならないことになったが，テストを受けるには莫大な経費がかかることから，オランダの花卉業界では適用の広いSTSの使用を申請しAOAの申請を見送った．このためAOAは2001年から使用中止となった．

3) **RNA - Ag + trishydroxymethylaminomethane**（= tris）

RNA分解物に硝酸銀とtrisを添加して合成されたRNA-Ag + trisは茎の中の細菌に対する殺菌効果が高いため道管閉塞を防ぎ，吸水力の低下を抑制し，水揚げを促進することにより，花床直下の茎のベントネックの発生を抑える働きがある．エチレン感受性が弱く，STSの効果が見られないバラ，ブバルジア，キクなどの前処理剤として期待されたが，余り普及していない．

この他茎葉の黄化を防ぐジベレリン（アルストロメリア，ユーホルビアフルゲンス），強力な吸水促進効果のある8-オキシキノリン硫酸塩（ライラック），生け水のバクテリア汚染を防ぐ塩素系や第4アンモニウム塩系化合物（ソリダゴ，宿根アスター，カルサムス，キク，リンドウなど）が広く利用されている．表10.6にオランダで花卉市場に出荷する際前処理が義務づけ，あるいは奨励されている種類と前処理剤を示す．

（2）後処理剤

生け水の殺菌（腐敗防止），吸水促進，同化養分の直接的補給，葉の黄化防止の目的で主として消費者と小売店で利用される．前処理剤と異なる点は効果の持続性で，切り口が薬液に浸漬している間だけ効果がある．また，採花後時間を経過してからでも浸漬すれば効果が認められる．

後処理剤の主成分は硫酸アルミニウム，8-オキシキノリン硫酸塩（クエン酸塩），0.5〜2%のショ糖などである．この他にも生け水の殺菌，吸水促進の目的

表10.6 オランダの花市場に出荷する際前処理が義務あるいは奨励されている種類
（VBN[a] 2006）

前処理剤	義務づけられている種類	奨励されている種類
STS（チオ硫酸銀錯塩）	カーネーション（ローランド，ピンクローランド，タイガを除く），スイートピー，ユリ（アジアティックハイブリッド，LAハイブリッド）	アルストロメリア
STS＋塩素錠剤	トリカブト，オダマキ，アスクレピアス（セレナーデを除く），デルフィニウム，フイソステギア，デイセントラ，ラバテラ	
STS＋ジベレリン	ユーホルビアフルゲンス	
ジベレリン		アルストロメリア
殺菌剤（第4アンモニウム塩）	スプレーギク（露地），大輪ギク（VBA[b] のみ），ベニバナ，リンドウ，宿根アスター	大輪ギク（VBA[b] 以外の市場）
殺菌剤（第4アンモニウム塩）＋展着剤	アステイルベ	
殺菌剤（第4アンモニウム塩[c]）＋砂糖	宿根カスミソウ	
塩素錠剤（クロラミン－T）	トルコギキョウ，アガパンサス，アゲラタム，アルケミラ，アリウム，アマランサス，ホワイトレースフラワー，アネモネ，アニゾガントス，キンギョソウ，アストランチア，ボロニア，キンセンカ，ハボタン，ブプレウルム，アスター（カリステファス），カンパニュラ，セロシア，ダリア，センタウレア，サルビア，サンダーソニア，サポナリア，スカビオサ，セダム，タリクトラム，タゲテス，ルドベキア，ラナンキュラス，フリテラリア，ユーパトリウム，ジギタリス，アスクレピアス（品種セレナーデ），キキョウ，フロックス，シャクヤク，ベロニカ，バーベナ，ジニア，エリンジウム，エリカ，ドイツスズラン，クロコスミア，アーティチョーク，キルタンツス，ケントランツス，ケイランツス，ケロネ，アザミ，クラスペデイア，コスメア，ユーホルビア（フルゲンスを除く），ゴデテイア，カスミソウ，ヘレニウム，エキノプス，エレムラス，ヒゲナデシコ，トウモロコシ，トロリウス，ペンステモン，ケシ，オーニソガラム，ゲニスタ，センニチコウ，クセランテマム，ドロニクム，エリゲロン，ユーカリ，トリテレイア，ロードデンドロン，オーナメンタルグラス，サラセニア，チューベローズ，リアトリス，ニゲラ，モナルダ，モルセラ，リシマキア，ルピナス，ヘリオプシス，ヘリコニア，トリトマ，ラベンダー，リクニス，ロベリアフルゲンス，ワスレナグサ，ハナダイコン，ヘリクリサム，イクソラ，イクシア，イベリス，ギンバイカ，シダルケア，オリガヌム，オエノテラ，タナケツム，ソリダゴ，ソリダスター，デイル，アルピニア，ヘリアンサス，アキレアフリペンデュリナ	ガーベラ
硫酸アルミニウム＋展着剤	バラ，アキレア（フリペンデュリナを除く），アジサイ，ブバルジア	

a：オランダ花卉卸売市場協会，b：アールスメール花卉卸売市場，
c：塩化ベンザルコニウムが主として用いられている．

で使用されている物質があると考えられるが，企業秘密のため明らかでない．

2. 鉢物の鮮度保持

a. 栽培環境と順化

鉢物は出荷から消費者に届くまでに時間がかかる．これは小売店におかれている時間が長いためである．鉢物にとって流通過程の光は極端に弱く（表10.7），温度は低いことが多い．しかし，出荷後消費者に届くまでの光強度，温度，湿度，鉢土の水分含量などが栽培中の環境条件と異なると葉の黄化，落葉，落蕾，落花，開花阻害，新梢の徒長などがおこり，観賞価値が低下する．これを防ぐため出荷前に順化 (acclimatization) をする．

図10.9に観葉植物の光順化処理による光補償点の低下の様子を示す．このように同じ植物でも光補償点が変化するのを利用

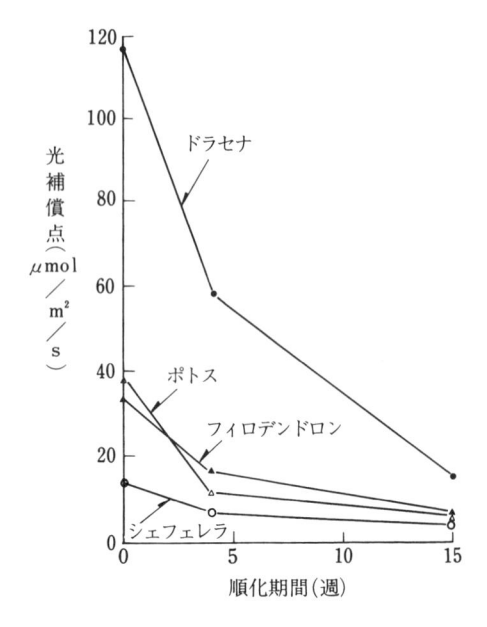

図10.9 光順化処理による観葉植物の光補償点の低下 (Fontenoら, 1978) $27\ \mu\mathrm{mol\ m^{-2}s^{-1}}$ (400〜700 nm), 29℃で15週間処理

表10.7 オランダの花卉流通段階別の光強度（計測回数の％）

流通段階	光強度 ($\mu\mathrm{mol\ m^{-2}s^{-1}}$)				計測回数
	0−5	5−10	10−25	>25	
生産者	40	14	14	32	409
市場	88	9	3	0	171
卸売業者	68	11	8	13	115
小売店	48	21	18	13	119
合計（全段階）	57	16	13	14	814

出典：表10.4と同じ

表10.8 鉢物に対するエチレンの影響

症　　状	種　　類
落蕾・落花・落花弁	ブーゲンビレア，シクラメン，ハイビスカス
落葉	アザレア，ハイビスカス，ベゴニア
花の萎れ	カンパニュラ，ペチュニア，トルコギキョウ

して出荷前に一定期間遮光栽培する．順化された鉢物は輸送中の品質低下が少なく，家庭や事務所の環境に容易に順応する．

　光強度だけでなく輸送中や小売店および消費段階での低温に対して順応できるように栽培期間後半は温度を下げる．これによって花色が鮮明になり，鉢物の品質が高まる．

　一般に鉢物は切り花よりもエチレンに鈍感であるが，鉢物の中では花鉢物は観葉植物よりエチレンの影響を受けやすい．花鉢物においてエチレンは，落蕾や落花，落花弁，落果，花の萎れを引き起こす（表10.8）．観葉植物においては，上偏生長（epinasty）や生長の停止，葉の黄化，落葉を引き起こす．エチレンの影響は，光や温度，湿度に大きく左右され，弱光や過湿，乾燥，高温でとくに大きい．また，エチレンに対する感受性は，植物のステージにも左右される．小さい花蕾の段階では感受性は低いが，10～15輪開花した出荷段階では感受性が高く，落蕾，落花しやすい．

　このため，出荷前にSTS散布がされているが，この点については鮮度保持剤の項で述べる．

b．包装と出荷容器

　輸送中の温度変化，物理的傷害，水分損失から守るため，小鉢は薄い紙あるいはプラスチック製の上部が開いたスリーブに入れ，プラスチックトレイに入れて出荷する．エチレンにとくに感受性が強い鉢物では穴の開いたスリーブにする．大鉢（直径20 cm以上）ではスリーブやプラスチックトレイを用いないで，コンテナやトラックにバラ詰みして出荷する．

c. 鉢物の貯蔵

観葉植物では常に成長を続けていていつでも出荷できるので、貯蔵の必要性がない。花鉢物では開花期が早まって、貯蔵する必要性のある場合がある。この場合の好適な貯蔵条件は長距離輸送の条件と同じであるので、輸送の項で述べる。

d. 鉢物の輸送

鉢物は通常暗黒状態で輸送されるため、新葉の黄化、落葉、落花、徒長を引き起こしやすい。暗黒下での輸送可能日数は種類によって非常に差があり、ポットマム、セントポーリア、ポインセチアでは1日、フイッカスベンジャミナ (*Ficus benjamina*)、ユッカ、アグラオネマでは3週間である（表10.9）。

輸送中の好適温度も種類によって異なる（表10.10）。鉢物では低温で輸送で

表10.9 鉢物の暗黒下の輸送可能期間（Steringら, 1986）

期間（日）	花鉢物	観葉植物
1	キク, セントポーリア	ポインセチア, シェフレラ
3	ベゴニア, シネラリア	アンスリウム, グズマニア, ヘデラ
7	アザレア, シクラメン	ドラセナ, ネフロレピス, フィロデンドロン
14	カランコエ	クロトン, ディフェンバキア
21		フイッカスベンジャミナ, ユッカ, アグラオネマ

表10.10 花鉢物と観葉植物の好適輸送温度（Nowakら, 1990）

温度	花鉢物	温度	観葉植物
5℃	ゼラニウム, チューリップ, ユリ, スイセン	10～13℃	シェフレラ, スパティフィラム, ユッカ, フェニックス, カンノンチク
5～10℃	シクラメン, シネラリア, アザレア	13～16℃	ドラセナマルギナータ, フイッカスベンジャミナ, テーブルヤシ, ガジュマル, アンスリウム, ヘデラ
10～13℃	セントポーリア, ポインセチア, カランコエ, ベゴニア, ポットマム		
10～20℃	ハイビスカス	16～18℃	コルジリーネ, ドラセナ, クロトン, アグラオネマ

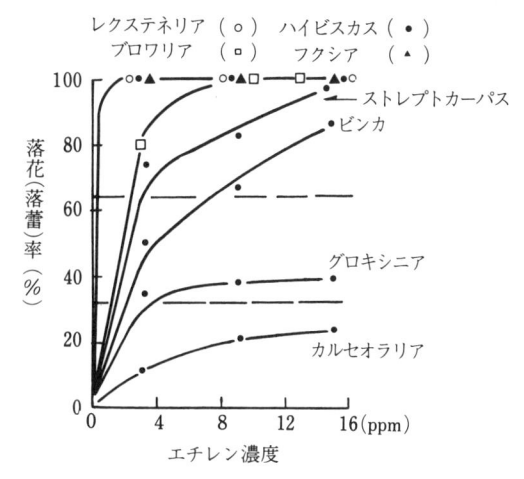

図 10.10 エチレン濃度が花鉢物の落花（落蕾）率に及ぼす影響
（Waltering, 1987）
（20℃暗黒，24時間処理）

きる種類はほとんどなく，切り花の輸送と違い，輸送中の低温が常に問題となるので，鉢物輸送用のトラックは暖房装置を備えている．

また，輸送中はかん水することができないので，輸送前に十分かん水し，コンテナ内部の湿度が80〜90％になるようにする．暗黒に乾燥条件が加わると鉢物に大きなストレスを与えて落蕾，落花，落葉を引き起こしやすい．

エチレンに対する感受性は鉢物によって異なり（図10.10），観葉植物は感受性が低く，病気や害虫に汚染されていなければ，エチレンに対する心配はない．花鉢物は観葉植物よりもエチレンに敏感で，植物自身がエチレンを生成する．若い蕾や花は老化したものよりもエチレン生成が少なく，外生エチレンに対しても鈍感である．このことから，花鉢物は開花ステージのあまり進んでいないものが輸送に適している．とくにエチレンに敏感な花鉢物は，輸送前にSTS処理をしたり，切り花や果物，野菜などの多量にエチレンを生成するものと分けて輸送する．

e．鉢物用鮮度保持剤

鉢物用の鮮度保持剤には出荷前の前処理剤しか利用されていない．

花鉢物の落蕾・落花防止,観葉鉢物の落葉,葉の黄化防止にSTSが出荷前に散布されているが(表10.5),補完的にIAA, NAA, 4-CPAパラクロロフェノキシ酢酸,BAなども利用されている.落蕾・落花,落葉は輸送中の物理的な刺激と暗黒による光合成同化産物の転流不足がストレスとして働き,内生エチレンの生合成量が増加するために起こる場合が多い.この他,外生エチレン,高温も影響している.また,小売店や消費者段階での光強度の不足,栄養条件の不良も離層細胞の形成を促進あるいは刺激している.

参 考 文 献

1) Conover, C. A. and R. T. Poole. 1983. Handling and shipping acclimated plants in reefers. Florist Review 171 (4447) : 15-16.
2) Fonteno, W. C. and E. L. McWilliams. 1978. Light compensation points and acclimatization of four tropical foliage plants. J. Amer. Soc. Hort. Sci.130 (1) : 52-56.
3) 船越桂一.1984.キク切り花の形質および日持ちに及ぼす栽培環境条件の影響に関する研究.静岡農試特別報告 15 : 1-66
4) Goszczynska, D. and R. M. Rudnicki. 1982. Long-term storage of carnations cut at the green-bud stage. Scientia Hortic. 17 : 289-297.
5) Halevy, A. H. and S. Mayak. 1981. Senescence and postharvest physiology of cut flowers, part 2. Horticultural Reviews 3 : 59-78.
6) オランダ花卉マーケティング協会編,花博記念協会監訳.1994.花の品質保持-オランダの流通チェーン調査.p.1-108.(社)日本花き卸売市場協会.東京.
7) 兵藤 宏・志村理保.1988.花の老化とエチレン-カーネーション.農流技研会報 105 : 50-53.
8) Molenaar, W. H. 1979. Waarom snijbloemen voorkoelen? Vakblad voor de Bloemisterij 43 : 80-81.
9) Nowak, J. and R. M. Rudnicki. 1990. Postharvest handling and storage of cut flower, florist greens, and potted plants. p.1-210. Timber Press, Inc. U. S. A.
10) 大川 清・石原義啓・兵藤 宏・狩野 敦.1991.スイートピーの落らいに及ぼすエチレンの影響.園学雑60 (2) : 405-408.
11) Paulin, A. and C. Jamain. 1982. Development of flowers and changes in various sugars during opening of cut carnations. J. Amer. Soc. Hort. Sci. 107 (2) 258-261.

12) Stering, E. P. and P. Molenaar. 1986. The influence of time and temperature during simulated shipment on the quality of pot plants. Acta Horticulturae 181 : 429-434.
13) Veen, H. 1983. Silver Thiosulphate : An experimental tool in plant science. Scientia Hortic. 20 : 211-224.
14) Waltering, E. J. 1987. Effects of ethylene on ornamental pot plants : a classification. Scientia Hortic. 31 : 283-294.

第11章　切り花の品質と評価

1. 切り花の品質

　切り花は十分に開花していない状態で収穫されることが多いため，完全に開花していない状態で美しくても，バラのベントネック（bent neck）のように開花しないことがある．また，十分に開花した場合でも，観賞期間が短いこともよくある．これらは，流通段階では判断できないが，品質を考えるうえで重要である．

　このように切り花に限らず，花卉の品質は見た目で判断できる外的品質と見た目では判断できない内的品質によって評価される．

a．外的品質

　切り花は花，茎，葉からなり，見た目の美しさはそれぞれの部位の状態，全体のバランス，ボリュームの三つによって評価されている．

（1）それぞれの部位の状態

　花：切り花の中で最も重要な部分で，評価項目としては，1) 大きさ・数；一般的に大きく，数も多いほうがよい　2) 色；種類や品種によって花色が異なり，同一品種内でも，日を経るにつれ退色したり，変色するが，これは品質が低下したとみなされる　3) 開花程度；流通過程によって要求する開花程度は異なる．市場では，一般的に1～2日後に観賞適期になる開花程度を求めるのに対し，花小売店や消費者は観賞適期の開花程度を求める．開花の進み具合は，種類や品種，または季節によって異なるので，それぞれに応じた開花程度が求められる　4) 萎れ；老化過程によって必然的に起こる萎れと，花に水が十分供給されないために起こる萎れがあるが，いずれも観賞価値を損ない，品質を著しく低下させる　5) 汚れ；蒸れによるしみ，灰色かび病菌による汚れなどがあり，花弁の汚れは品質を低下させる．

　葉：評価項目としては，萎れ，黄化，物理的な障害による折れ，傷み，下葉および葉先の枯れ，農薬，病虫害，ほこり等による葉の汚れがある．これらの

すべての項目は，品質を低下させるので，できるだけ程度が軽いことが求められる．

茎：茎は曲がっていないこと，しっかりと花や葉を支えることができる強さが求められる．

(2) **全体のバランス**

花，葉，茎の大きさ，長さなどのバランスがとれており，それぞれの種類の持つ特徴，すなわちその花らしさを持っていることが求められる．

(3) **ボリューム**

用途によってはコンパクトなものが求められる例もあるが，一般的にはいずれの用途にも適応できる最大公約数的な形態と形質をもつ大きいものが求められる．

b．**内的品質**

内的品質は見た目では判断できない品質であり，その中で花持ちがもっとも重要である．花持ちは生産者，市場の段階では評価が困難であり，わが国では家庭用消費が少ないこともあり，今までは重要視されていなかった．しかし，消費者にとっては花持ちは重要であり，家庭用の需要が注目されるようになってきた現在では花持ちに対する要望も高くなっている．

2．切り花の品質評価

a．**外的品質の評価**

外的品質について，生産者・市場では商品として見ており，消費者ではし好品の中の一つとして見ているため，評価基準は多少異なる．生産者や市場での評価は競(せ)り価格として反映されるため，客観的でとらえやすいのに対して，消費者の評価はその人の好みによって大きく左右されるため，非常にとらえにくい．ここでは，市場でどの点を重点的に評価しているかをキクとバラについてみると，キクでは切り花長，茎の太さなどの量的形質と茎葉と花のバランスが価格形成に大きく影響しているのに対し，バラでは切り花長，茎の太さなどの量的形質と花色，開花程度などが価格形成に影響している．

b．内的品質の評価

内的品質は外観的な形質との相関が低く，また他にも相関が高い要因はないので，評価する方法は見当たらない．現状では生産者が採花日を出荷容器に明示して，市場と小売業者に伝え，店頭ではPOP (point of purchase advertising) を使って消費者に採花日を伝えるべきである．スーパーマーケットで売られている日配食品のパッケージには工場で生産された日付を印刷することが義務づけられているように，切り花にも観賞期限を設けて，花の鮮度を保証する時期にきている．消費者にとって切り花の価値は価格×観賞期間で決まる．

3．オランダの切り花品質保証マーク制度

切り花の鮮度保持技術では世界の最先端にあるオランダで1991年の9月2日からガーベラで品質保証マーク制度を導入した．

ガーベラは周年栽培が容易で，花色，花形が豊富，しかもきわめて省力的であることから1970年ころから栽培面積が急速に増加したが，1980年をピークに徐々に栽培面積が減少し続けていた切り花であった．その最大の理由は他の切り花と比べて水揚げ・花持ちが悪かったためである．このため，品質保証マーク制度を作るに当たってまず，ガーベラが選ばれた．

品質保証マークは三つ星のついたステッカーで，国立花卉試験場で実施するリファレンステスト (reference test) に合格した品種に対して与えられる．ガーベラのリファレンステストは，(1) 採花後24時間および48時間後に水につけ，5時間後の茎の曲がりの回復状況，(2) 採花後1 l に0.5 mlの殺菌用塩素（クロリン）を入れた水に挿し，照度1,000 lx，12時間照明，気温20℃，湿度60％における国際基準での花持ち，(3) 細菌に対する感受性の程度について行い，100点満点で70点以上を合格品種としている．1990年11月から1991年7月にかけてトップ50に新品種を加えた66品種について判定し，31品種が合格した．このうちトップ50に入っていた品種は16であった．1992年2月13日現在リファレンステストに合格したのは34品種である．このなかには最近急速に普及しているミニガーベラが11品種も入っている．花径が小さいだけでなく，花持ちのよいことが，ミニガーベラの普及に大きく貢献している．

三つ星のステッカーは出荷箱の短い方の側面に添付する．このマークによっ

て買参人は箱の中の品種が遺伝的に花持ち・水揚げがよく，リファレンステストの全ての基準に合格した品種であることを知ることができる．買参人にとっては生産者名，品種名，規格に品質保証マークが加わったことにより，今まで以上に箱の表示だけで，箱のなかの品質を判断できるようになった．

　この品質保証マーク制度は生産者，市場，買参人，研究機関，育種家などの話し合いで決められたもので，花卉園芸協会によって消費者にも伝えられている．この制度ができたことにより，育種家はリファレンステストに合格する品種の育成に努力するようになり，結果的に花持ちのよい品種が普及するようになった．最終的には花卉業界全体および消費者が利益を受けることになる．

　なお，1994年からリファレンステストに合格しなかったガーベラの品種には市場に出荷する際に必要な取引コードをつけないことになった．

　ガーベラに次いで，バラ，チューリップ，キク，カーネーション，セントポーリア，ベゴニア，ポインセチアの品質保証制度がスタートすることになっている．

　残念なことに，リファレンステストは現在では実施されていない．研究機関で花持ちテストを実施する経費が莫大であるのと，新品種の検定結果，とくにガーベラについて，不合格品種が多かったため業界内部で不協和音が生じたためである．このことはオランダにおいても法律の援護なしに，このような方式を導入することが，難しいことを示している．

参考文献

1) Halevy, A. H. and S. Mayak. 1979. Senescence and postharvest physiology of cut flowers, part 1. Horticultural Reviews 1 : 204-236.

第12章　花色と香り

1．花色と花色素

a．色素の種類

花弁に光が当たると，反射あるいは透過・浸透し，一部は花弁組織に吸収される．反射または透過する光だけをわれわれは色として感じとることができる．

花色は花弁中の色素が母体となって決定されているが，花色が非常に豊富であるのは，色素（花色素）の種類が非常に多いためである．しかし，色素の大部分はカロテノイドかフラボノイドのどちらかに属している．

（1）カロテノイド

カロテノイドは，カロテンとキサントフィルの総称で，いずれも黄色，オレンジ，赤色を呈する色素で，生物界に広く分布している．植物では花のほか，葉や根，果皮などにも含まれており，その部分に黄色から赤色にかけての色を与えている．

カロテノイドは一般に水に不溶で，脂質には可溶である．したがって，植物の細胞内では細胞液に溶けて存在することはなく，細胞質内にある色素体に含まれているのが普通である．カロテノイドのうち，カロテンは化学構造が炭化水素に属するため石油エーテル類には易溶，アルコール類には不溶であるが，キサントフィルはカロテンの水酸化誘導体であるので，石油エーテルへの親和性は低く，アルコールへの親和性は高い．

（2）フラボノイド

フラボノイドは化学構造が2-フェニルクロモン（フラボン）核を基礎とする物質の総称で，アントシアニン類，フラボノールおよびフラボン類，カルコン類およびオーロン類などがある．このうち，アントシアニン類以外のフラボノイドは黄色系の色調を示す．フラボノイドの黄色は，カルコン類およびオーロン類ではかなり濃厚であるが，他のフラボノイドでは薄い黄色かあるいはほとんど無色である．われわれが白色の花といっているものにも，薄い黄色か無色

のフラボノイドが含まれている．コピグメント（助色素）として細胞液中でアントシアニンと共存してアントシアニンの色調を変化させ，花色変異に重要な役割を果たすフラボノイドもある．また，フラボノイドのうちアントシアニン類は赤色から紫色，青色にかけての花色の母体となる色素で，通常は細胞液に溶解している．

フラボノイドは花のほか，果実，茎，葉，根などにも含まれており，配糖体として，あるいは有機酸でシアル化されて存在している．

フラボン類やアントシアニン類のもう一つの大切な性質は，酸性やアルカリ性によって色が変わることである．フラボン類はもともと黄色の色素であるが，酸性が強くなればなるほどその黄色は薄くなり，アルカリ性が強くなれば黄色は濃くなる．また，アントシアニン類は酸性では赤色，中性では紫色，アルカリ性では青色を呈する．しかし，植物の細胞液は一般に酸性であり，pHの違いによって花色に大きな変異が起こることは少ないと考えられていたが，ソライロアサガオ（*Ipomoea tricolor*）では細胞液をアルカリ性にすることにより青色を発現していることが近年示された．

b．花弁の内部構造と色素の分布

図12.1はバラ花弁の断面の模式図で，

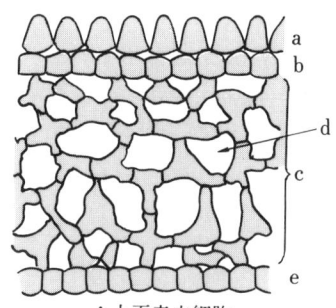

a：上面表皮細胞
b：柵状組織
c：海面状組織
d：細胞間隙
e：下面表皮細胞

図12.1　バラの花弁断面の模式図
　　　　（Yasuda, 1973）

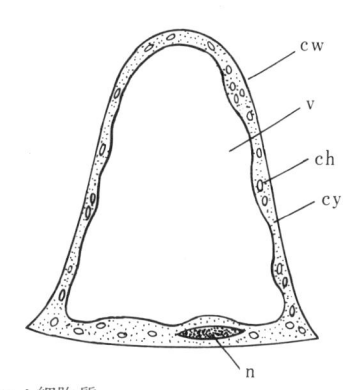

cy：細胞質
n：細胞核
cw：細胞壁
ch：有色体（カロテノイドが含まれる）
v：液　胞（細胞液が充満し，それにフラボノイドが溶けている）

図12.2　バラ花弁の上面表皮細胞の模式図（Yasuda, 1974）

色素は，上面表皮細胞に含まれているのが普通であるが，比較的濃厚色の花弁では柵状組織や海綿状組織の細胞にも含まれている．また，下面表皮細胞に含まれている場合もある．さらに，色素の分布は，一つの細胞中でも，色素の種類によって異なっており，一般にカロテノイドは細胞質内にある色素体内に沈着または結晶状で存在し，フラボノイドは液胞内に細胞液に溶けた状態で含まれる（図12.2）．

c．代表的な花色の発現機構

花色は，色素が母体となっているが，花色の発現には色素の含量，種々の色素が含まれている場合にはそれらの相対量，細胞内での色素の物理的あるいは化学的状態，花弁の内部または表面の構造による物理的状態など，多くの要因が関係している．

（1）赤色，ピンク色，紫色

これらの花色のほとんどは，アントシアニンだけに由来している．アントシアニンだけでこのように幅広い花色変異が見られるのは，アントシアニンには化学構造上水酸基の数などによりオレンジ色や赤色から紫系の色まで存在し得ること，結晶標品では赤色を示すアントシアニンでも細胞内では青色をあらわす場合があることなどによる．

アントシアニンには，ペラルゴニジン系，シアニジン系，デルフィニジン系があるが，バラの赤系品種の花弁中には，これらのうちのシアニジン系アントシアニン（シアニン）が必ず含まれている．しかし，青系の発色に関係する色素であるデルフィニジン系アントシアニンは含まれていない．このため，現在のところバラには青色品種がないのである．

（2）黄　色

黄色の色素構成は，(1) カロテノイドとフラボノイドの両方の場合，(2) フラボノイドのみの場合，(3) カロテノイドのみの場合の3通りがあるが，フラボノイドのみの場合は少なく，フラボノイドとカロテノイドの両方による場合が多い．しかし，この場合はカロテノイドの方がフラボノイドよりも黄色の発現を担う程度が大きいと考えられる．

（3）白　色

白系の花は，ほとんど無色あるいは非常に薄い黄色のフラボンまたはフラボノールを含んでいる．これらの色素を含まない完全な白色の花はまれである．白色の花に含まれる色素は，紫外線を強く吸収するが，可視光線はほとんど吸収しない．

d．花色と環境要因

花色の母体となる色素の生成は，同化産物の生成と密接な関係がある．同化産物は，病虫害などによる葉中葉緑素の減少や能力低下，光線不足，変温，養分の過不足，化学薬品などにより低下するので，花がこのような条件下に置かれた場合に花色が変化する．

（1）温度と花色

志佐ら（1964 a, b）は，バラの品種クリムソングローリーを用いさまざまな昼夜温における花色を調べた結果，昼夜温を20℃にした場合に正常な花が咲き，昼温を20℃，夜温を10℃にすると花弁数が多く，花色も優れているが，夜温を30℃にすると花色がピンク色になった（表12.1）．この温度による花色の違いは，アントシアニン含量と関係があり，花弁のアントシアニン含量は30℃において生体重の0.063％，20℃において0.155％となり，低温で色素形成量が

表12.1　さまざまな昼夜温におけるバラの品種クリムソングローリーの花色（志佐ら，1964 a, 一部改変）

昼温～夜温	花弁数	開花状態	花　色
10～10℃	27	ブラインドあり	－
10～20	16	小　花	濃紅・ビロード
10～30	16	小　花	ピンク
20～10	44	正常花	濃紅・ビロード
20～20	20	正常花	濃紅・ビロード
20～30	13	正常花	ピンク
30～10	20	小　花	淡ピンク・白
30～20	15	小　花	白・淡ピンク
30～30	－	ブラインド	

多くなる．同様の結果はバッカラでも報告されている（Halevyら，1968）．

また，バラの品種ゴールデンラプチャーの黄色の花色は夜温が高い場合濃くなり，低い場合退色する花の割合が増加することが知られている．

（2） 光 と 花 色

バラの多くは開花に至るまでに必要なアントシアニンを全て生成するが（Biranら，1974），開花後に花色が濃色化する変色型のバラではその生成は光の影響をうける．

志佐ら（1964 a, b）は，バラの品種マスケラードの花を着色セロファンで被覆すると，赤色を発現しないことから，アントシアニン生成が光によるものと考えた．紫外線カットフィルムで蕾を覆ったり，このフィルム下で栽培すると，複色品種のチャールストンやふれ太鼓ではアントシアニン生成が低下し淡赤色または白色になってしまうが，変色しない品種オーレやクリスチャンディオールなどでは光の影響はみられなかった（横井ら，1979）．

さらに，変色型の複色品種絵日傘では，暗黒および可視光のみの照射のもとではアントシアニン生成は起こらず，330 nmより波長の短い紫外線を含む光の照射によってはじめて生成が認められた．このように，複色品種絵日傘では，アントシアニンの生成は紫外線の存在下で起こる．また，紫外線の強さや照射時間が増すにつれて，色素量は増加する（Maekawaら，1980）．

可視光は，紫外線照射前か，紫外線と同時に照射された場合に，アントシアニン生成に促進的に働き，紫外線のみの照射と比べて著しく色素含量を増加させる（Maekawaら，1980）．

さらに，アントシアニン生成は，紫外線，可視光，カイネチンの3つの存在下で最も急速に行われる．このように，可視光はアントシアニン生成に促進的な役割をしている．

バラの赤系品種において開花が進むにつれ赤色の色調が弱まり青色の色調が強まる現象をブルーイング（blueing）というが，ブルーイングの発生は，光強度やCO_2の影響を受ける．高光強度（30,000 lx）のもとで，CO_2濃度が増す（3,000 ppm）とブルーイングの程度は減少する．しかし，低光強度（15,000 lx）のもとでは，高CO_2（3,000 ppm）でもブルーイングの発生が減少しなかった．ブルーイングとアントシアニン含量には，高い相関があり，ブルーイングの程

度が高い場合アントシアニン含量は低くなる．以上のことから，高光強度・高CO_2濃度による着色の増大（ブルーイングの減少）は，光合成が促進されたことによって花弁に多量の炭水化物蓄積がおこったことによると考えられている（Biran, 1973）．

（3）肥料と花色

花色は，通常の栽培条件下では，肥料条件にほとんど左右されない．しかし，バラのブルーイングの発生と肥料との関係については2, 3の報告がある．品種ベタータイムスは低N濃度下では，高N，K濃度下で栽培した場合よりも花色はうすくなり，高K濃度，低N濃度下で栽培したものは赤色がうすくなり，青みがかった花色を示す（Lindstrom, 1963）．

高濃度のP, Kは，ベタータイムスの赤色を減少させて，青色を増加させ，低濃度のP, Kや高濃度のCaは，赤色の消失や青色の発生を遅らせる（Abenathie, 1960）．

e．花色の測定と表記法

花卉の品種の解説，記載，登録などには正確な花色の表記が必要であるが，実際には，かなり不統一でいろいろな花色の表記が使われている．花色表記の標準化は，品種記載，品種選択，情報交換など栽培や取引上だけでなく，品種比較，データ解析，品質評価など試験研究面でも必要である．表記の標準化には正確な花色測定がその前提条件となる．ここでは，代表的な花色の測定方法について紹介する．

（1）カラーチャートによる方法

カラーチャート（color chart）とは，コード番号がついた実際の色と植物を比色して測定するものである．現在，国際園芸学会（ISHS），植物新品種保護国際同盟（UPOV）では，英国王立園芸協会（RHS）のカラーチャートの使用を薦めている．このカラーチャートは1966年に作成され，1986年からオランダ花卉園芸協会から発刊されている．RHSカラーチャートには808色があり，以下の色グループにわかれている．

yellow	yellow-orange	orange	orange-red		
red-purple	purple	purple-violet	violet	violet-blue	
blue	blue-green	green	yellow-green	green-white	
yellow-white	greyed-green	brown	grey	white	
black					

　これらが1（黄色）～202（黒色）までのナンバーで配列され，さらに同ナンバーにつきA～Dまで濃～淡にわかれている．

（2）測色色差計による測定

　測色色差計はかなり高価な計測器であるが，色を数値的に表示できるので，微妙な色差をも測定できる．この方法は，色を明度，彩度，色相の上からL, a, b値でとらえる．

　L値は大きいほど明度が高く（明るく），a値は＋側で値が大きいほど赤味が強く，－側では緑が強くなる．b値は＋側の値が大きいほど黄色が強く，－側では青味が強くなる．

　L, a, b値はハンターの色度座標値として色度図上に展開することによって，品種の花色分布や色差値が算出できる．

　この方法は，数値的表示はできるものの，眼で感じる色と一致させることは難しいという問題点がある．

2．芳香成分

　花の香りには人の気分を和らげ，催眠，覚醒，鎮静などの作用がある．花の香りの大部分は，花に含まれる精油（essential oil）と呼ばれる芳香成分による．精油は，特有の香りをもつ芳香性の揮発油で，水に溶けないが，アルコール，二硫化炭素，石油エーテル，脂肪油などには溶ける．その成分は，主として，テルペン族またはベンゼン族の炭化水素，アルコール，アルデヒドおよびケトン，フェノール類，各種のエステル類などである．精油の代謝と機能は不明であるが，植物体に普遍的に存在する他のテルペン類合成の副産物として生成され，植物体からかなり多量に大気中に放出されると考えられている．

　花の精油は，花弁や花弁化したがく，包葉などの上部表面に存在する．しか

も，糖と精油との結合物である配糖体として貯蔵され，必要に応じて酵素によって糖との結合が切れ，大気中へ放出される．バラでは，花弁の内面の表皮細胞の第一層や，裏側表皮細胞の第一層に含まれている．

　バラ花弁に含まれる精油（ローズ油）から作られた香料を"オットーローズ（Otto rose)"と呼び，香水や最高級の香料として使われている．バラは，香りの高い植物として知られているが，栽培品種の約1/3がほとんど香りのしない品種である．実際に香料用として栽培されているバラは，いずれも一季咲の *Rosa damascena*（ダマスクローズ），*Rosa centifolia*（キャベジローズ）の2種類に限られている．これらの種類は，他のバラに比べ精油（ローズ油）の質がよく，含油量も多いが，1億個の花から450 gの精油（2 tの花から1 kgの精油）しか取れないため，ローズ油は大変高価である．現在，ローズ油の主成分であるシトロネロール，ゲラニオールなどを人工的に合成して得られる人工香料の品質向上の努力が続けられている（箱崎，1981；鈴木，1990)．

参 考 文 献

1) Abenathie, J. W. 1960. The effect of soil calcium, potassium, and phosphorus on pigmentation in Better Times roses. Diss. Abstr. 20 : 2999-3000.
2) 有隅健一．1964．バラの花色．新花卉 43 : 47-53.
3) Biran, I., H. Z. Enoch, N. Zieslin and A. H. Halevy. 1973. The influence of light intensity, temperature and carbon dioxide concentration on anthocyanin content and blueing of 'Baccara' roses. Scientia Horticulturae 1 : 157-164.
4) Biran, I. and A. H. Halevy. 1974. Effects of short-term heat and shade treatments on petal color of 'Baccara' roses. Physiol. Plant. 31 : 180-185.
5) Currey, G. 1922. Plant pigments. Royal Soc. Proc. B-93 : 194-197.
6) 箱崎美義．1981．花の科学．p.117-136．研成社．東京．
7) Halevy, A. and N. Zieslin. 1968. The development and causes of petal blackening and malformation of Baccara rose flowers. Acta Horticulturae15 : 149-156.
8) 藤巻正生ら．1980．香料の辞典．p.352-363．朝倉書店．東京．
9) Lindstrom, R. S. and P. Markakis. 1963. Nitrogen and potassium effect on the color of red roses. Science 142 : 1643-1644.
10) 前川　進・平野由美子．1976．バラ単離花弁の色素生成に及ぼす紫外線の影響．園学要旨．昭51春 : 231-232.

11) Maekawa, S., M. Terabun and N. Nakamura. 1980. Effect of ultraviolet and visible light on flower pigmentation of 'Ehigasa' roses. J. Japan Soc. Hort. Sci. 49 : 251-259.
12) Nakamura, N., H. Nakamae and S. Maekawa. 1980. Effect of light and kinetin on anthocyanin accumulation in the petals of *Rosa hybrida* hort cv. Ehigasa. Zeitschrift für Pflanzenphysiologie 98 : 263-270.
13) Ratsek, J. C. 1944. The effect of temperature on bloom color of roses. Proc. Amer. Soc. Hort. Sci. 44 : 549-551.
14) 坂西義洋. 1966. バラの花色と環境条件. バラ切り花生産と経営 p.106-108. 農耕と園芸別刷. 誠文堂新光社. 東京.
15) 志佐 誠. 1964 a. バラの環境. 新花卉 43 : 23-27.
16) 志佐 誠・高野泰吉. 1964 b. バラの花色発現に及ぼす温度ならびに光の影響. 園学雑 33 : 140-146.
17) 鶴島久男. 1983. 花卉園芸ハンドブック p.100-107. 養賢堂. 東京.
18) Voss, D. H. 1992. Relating colorimeter measurement of plant color to the Royal Horticultural Society Color Chart. HortScience 27 : 1256-1260.
19) 安田 斉. 1993. 花色と生理・生化学増補版. p.1-286. 内田老鶴圃. 東京.
20) Yasuda, H. 1973. Studies on the expression of color tone in rose petals. Jour. Fac. Sci., Shinshu Univ. 8 : 127-134.
21) Yasuda, H. 1974. Studies on blueing effect in the petals of red rose II. Observation on the development of the tannin body in the upper epidermal cells of blueing petals. Cytologia 39 : 107-112.
22) 安田 斉. 1976. 花の色の謎. p.1-218. 東海科学選書. 東京.
23) Yoshida, K., T. Kondo, Y. Okazaki and K. Katou. 1995. Cause of blue petal color. Nature 373 : 291.
24) 横井政人. 1979. バラの花色. 新花卉 101 : 96-100.
25) 湯浅 明. 1976. 花と細胞と生物学. p.138-140. 朝倉書店. 東京.

第13章　流通と販売

1. 流通機構

　花卉の流通機構は種類によって異なり，切り花類・鉢物類の約80％が卸売市場経由で流通しているが，花木類は植木業者の注文に応じた産地取引が中心で，植木の卸売市場の流通量は10％ほどである．球根類は生産組合（農協）や卸業者が集荷して，種苗業者，小売業者，切り花産地へ販売され，ほぼ100％市場外流通である．これは発展の過程において多くの業者が産地に入り，農家と強く結びついた形で産地が発展してきた歴史的な背景や，球根農協の発足が遅れたことなどから，流通経路の一体化が成されていないためである（図13.1, 2）．芝類も球根類と同じように集荷され，造園業者や小売業者に販売される．

a．花卉卸売市場の機能

　卸売市場は生産者，出荷団体，輸入業者から生産物販売を委託された卸売業者が競り売りや相対売りなどによって販売を行う．卸売業者は委託者から委託手数料を受け取るが，委託手数料は市場における販売額の9.5％（中央卸売市場花き部）ないし10％（地方卸売市場）である．この委託手数料は他の農産物（野菜8.5％，果実7.0％，水産物5.5％，食肉3.5％）より高い．卸売市場の取り扱い高の95％は切り花と鉢物が占め，残りは花木類と資材である．

　卸売市場の機能としては集荷，価格設定，分荷，代金決済に加えて，生産，流通，消費に関する情報収集と伝達および生産，出荷についての助言・指導などがあげられるが，家庭で消費する切り花や鉢物が増加するにつれて品質を検査し，買参人に伝達する機能や，市場に搬入後販売までの品質保持，新花卉の展示などの機能も重要になってきている．

b．卸売市場の類別

　わが国には2006年3月現在全国に243の花卉卸売市場が存在するが，このうち都道府県や人口20万人以上の市などの地方公共団体が農林水産大臣の認可

を受けて開場する中央卸売市場と，都道府県知事の認可を受けて開場する卸売場面積200 m^{2}以上の地方卸売市場，それに卸売場面積200 m^{2}未満のその他の市場がある．2006年3月現在中央卸売市場花き部は16都県に24設立されており，32の卸売会社が参加している．花卉専門の地方卸売市場は170，その他の市場は49存在する．

c．卸売市場における取引方法

大別して競り売りと相対売りの二つの方法があり，アメリカ合衆国，イギリス，フランスをはじめ，花卉では相対売りが主流であるが，わが国やオランダでは競り売りがほとんどで相対売りは少ない．

競り売りは競り人が一定量の品物を買参人に示し，手先表示，発声などの表示方法で，売買参加人（買参人＝卸売業者によって競り売り参加を認められている者）に立値を出させ，互いに競争させて最高値を出した買参人に落札する競り上げ方式で，売り手にとって最も有利な価格で販売する方法である．取引価格は品質，出荷量，買参人の数，購買意欲などによって決まるため，価格が変動しやすい．近年中央卸売市場の一部にオランダと同じように競り時計が導入され始めたが，この場合は競り下げ方式を採用している場合が多い．

相対売りは卸売業者が買参人との協議によって販売価格，数量などの条件を定めて販売する方法である．相対での販売価格は競り売り価格が参考にされる．相対売りにはいくつかの取引方法があるが，卸売業者が産地の情報をもとに，産地・仲卸などの希望価格を参考にして，前日までに価格を設定し，一定時間までに予約を受け付けて取引する予約相対取引が最も多い．相対取引では競り売りと異なって売り手が価格形成に参加できる．この他見本による見本相対取引や画像相対取引などの新しい取引方法も導入されつつある．競りに先だって，買参人が売買契約をする先取りも相対取引の一種である．

d．切り花・鉢物市場における取引の現状

切り花と鉢物を取り扱う卸売市場には切り花類が中心の市場と，鉢物類が中心の市場，それに鉢物専門市場がある．

切り花生産者が卸売市場に出荷するには，(1) 個人出荷・個人輸送　(2) 個人

出荷・共同輸送　(3) 個人選別・共同販売・共同輸送　(4) 共同選別・共同販売・共同輸送などの方法がある．(2)の個人出荷・共同輸送は生産者が自ら選別，包装し，輸送だけ共同で行う方法で，生産者が出荷する卸売市場を選ぶことができる．共同選別・共同販売は量的にまとまるため取引上有利であるが，出荷団体は栽培基準や出荷基準を統一する必要があり，生産者は出荷する卸売市場を選ぶことができない．切り花は図13.1の上段に図示するような流通経路で生産物が取引されるが，東京都には共同荷受会社があり，交通事情などのため出荷する卸売市場へ直送することが困難な産地が利用している．共同荷受会社は全国から送られてきた荷を分け，各卸売市場へ配送する．

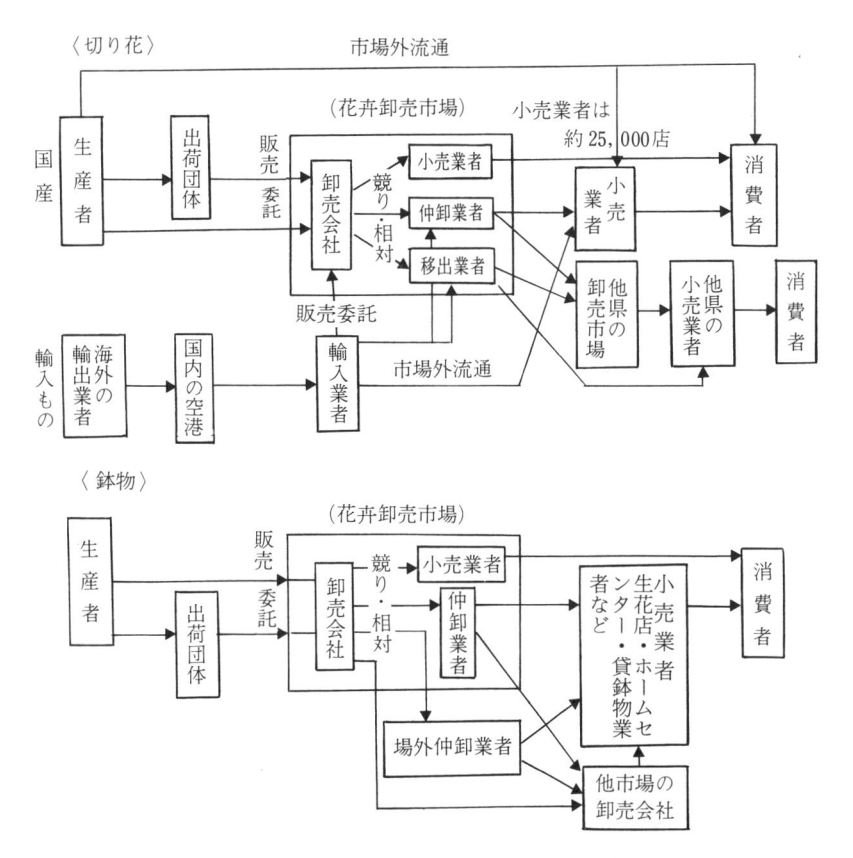

図13.1　切り花および鉢物の流通経路

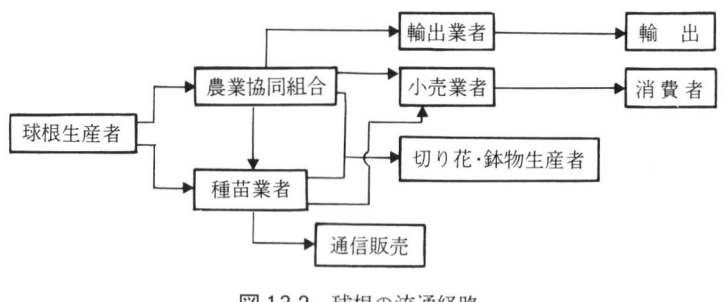

図13.2 球根の流通経路

鉢物生産は個人出荷が大部分で，卸売市場や輸送業者が生産者の庭先まで配車して，市場に運ぶ方法がわが国では一般的であったが，生産者が近在の共同出荷場まで運ぶ形も増えてきている．

卸売市場内に店舗をかまえる仲卸業者は切り花・鉢物の流通に大きな役割を達している．仲卸業者とは卸売会社によって卸売市場での販売を認められた買参人で，大量に買い付けた品物を卸売市場内の店舗で買参人に販売する．FAXでの注文も受け付け，保冷車を使って配送もするので小売業者は必要な品物を必要な量だけ仕入れることができ，仕入れの時間を短縮することができる．最近中央卸売市場では，競りの効率化をはかるため，競り1回当たりの本数が多くなっており，零細な小売店では競りに参加しにくい状況になっているので，小売店の仲卸業者に対する依存度は今後高くなると考えられる．

仲卸業者は卸売市場で買い付けた品物を販売するだけでなく，他の卸売市場の卸売業者や仲卸業者に転送も行う．また，転送専門の移出業者も卸売市場の買参人に存在する．仲卸業者が転送品を受け取った場合，買い付け額の0.3%を卸売市場に納めることになっている．このような仲卸業者による転送は特定の種類や品種の大量出荷による価格の暴落を抑制する働きをしている．

e．切り花流通の問題点

1984年から2000年までの16年間の切り花生産額の伸びは北海道と沖縄ではそれぞれ8.2，1.8倍に達しており，それぞれ夏と冬の主要な切り花供給基地となって，わが国も本格的な広域大量流通時代に入っているが，物流管理（logistics)が伴っていない．たとえば，航空便による輸送では荷役回数が7〜10回に達し，荷傷みが大きな問題となっている．また，このように荷役回数が多いため低温一貫輸送ができないことも鮮度保持の点でマイナスである．このため冷蔵コンテナを高機能大型トラックとフェリーで，あるいはJRのクールコンテナで輸送する低温複合一貫輸送が試みられ，好成績をあげている．

卸売市場の整備の遅れも大量流通時代には大きな問題で，(社)日本卸売市場協会加入の163市場のうち年間の取り扱い高が10億円以下の卸売市場が36％もある．わが国と切り花(切り葉を含む)・鉢物生産(花壇苗を含む)額がほぼ等しいオランダでは2つの卸売市場で取り扱っている．小規模な卸売市場では日によって取り扱い量にかなりの差があるため適正な価格形成が行われにくく，安定供給の面で問題があり，仲卸機能が十分でないため小売業者は必要なものを必要な量だけ買い付けられない．さらに卸売市場搬入後の品質管理の面でも十分な対応ができにくい．

1990年9月に開場した東京大田市場の花き部は，日本では最大規模の中央卸売市場で，(1)競りの機械化による合理化，(2)大量安定供給による価格の安定化と豊富な品揃え，(3)大規模な保冷設備による鮮度保持，(4)新品種や新動向などの情報収集の拡大，(5)仲卸機能の充実などによって流通改善に大きな役割を達している．しかし，将来的にはこのような大型の卸売市場といえどもすべての切り花を卸売市場に搬入することは不可能で，商流と物流を分離することが必要になるであろう．

今後切り花の生産と消費が拡大するにつれて流通拠点としての卸売市場の重要性が高まる一方で，異業種による輸入，販売，生産・販売などの市場外流通の割合も高まると考えられる．

さらに，卸売市場，契約生産，輸入などいろいろの手段で仕入れて，加工・調整後，スーパーなどの量販店に配送する花卉流通専門業者も必要とされるようになろう．

2．販売方法

わが国では花卉の大半が花小売店(フローリスト)で販売されている．花の小売店数および販売額などの推移を示したのが表13.1で，2004年現在約

表13.1 花卉の小売店数および販売額などの概況

年度	商店数(店)	従業員数(人)	年間販売額(百万円)	1店舗当り年間販売額(万円)	1店舗当り従業員数(人)	従業員1人当り年間販売額(千円)
1974（昭和49年）	15,652	38,473	107,407	686.2	2.5	2,791.8
1976（51）	18,082	44,761	169,073	935.0	2.5	3,777.2
1979（54）	20,914	52,809	256,925	1,228.5	2.5	4,875.2
1982（57）	23,483	59,825	349,363	1,487.7	2.5	5,839.7
1985（60）	23,061	62,462	408,225	1,770.2	2.7	6,535.6
1988（63）	24,521	71,964	514,479	2,098.1	2.9	7,149.1
1991（平成3年）	25,940	78,924	729,581	2,812.6	3.0	9,244.1
1994（6）	26,300	87,437	822,840	3,128.7	3.3	9,410.7
1997（9）	26,692	90,743	876,293	3,283.0	3.4	9,659.9
1999（11）	28,667	104,293	901,822	3,145.9	3.6	8,647.0
2002（14）	27,170	101,085	800,040	2,944.6	3.7	7,914.5
2004（16）	26,370	96,272	776,313	2,943.5	3.7	8,063.7

出典：経済産業省「商業統計表」平成6年7月1日現在

26,300の花小売店でおよそ7,763億円の花卉が販売された（表13.1）．1店舗当たりの平均年間販売額は2,943万円で，最大手のチェーン化した花小売店でも100億円程度であり，年間販売額が10億円以上の生花店は20社に満たない．

　従来小売店の大部分は業務用やギフト用の花を中心に販売しており，アレンジやラッピングで付加価値をつけている．価格設定は仕入価格の2倍程度で販売し，ロス率が30％というのが花小売店の平均といわれているが，ホームセンターやガーデンセンターでは仕入価格の1.5～1.7倍で販売し，ロス率は10％を切っている．顧客の対象を「業務用」や「ギフト用」においているため，家庭用消費には割高感があり，切り花や鉢物の価格が高いと思う消費者は53％（花きの消費状況調査，1997年）に達している．また，店頭で価格と品質の表示が十分にされていないことへの消費者の不満は大きい．鮮度保持管理が十分されていないことも指摘されている．

　ヨーロッパやアメリカ合衆国では切り花，鉢物，花壇苗の販売場所はわが国よりはるかに多様化しており，ヨーロッパでは表13.2に示すように花小売店（フローリスト）だけでなく，路上やスーパーマーケット，ガーデンセンターなどで販売されている．家庭用には路上で束売りの花を購入し，ギフト用にはフ

表13.2 ヨーロッパにおける消費者の切り花と鉢物の購入場所（2006 – 2016）

販売場所	切り花		鉢物	
	2006	2016	2006	2016
花小売店	50 %	47 %	31 %	28 %
スーパーマーケット	26	29	25	25
マーケット・路上	13	13	6	5
ガーデンセンター	3	3	15	17
ホームセンター	−	−	8	11
生産農園	4	4	9	7
その他	4	5	6	7
販売額	14,262	19,838	8,976	12,293

出典：オランダ花卉園芸協会2007（2016は推定），販売額は×100万ユーロ

表13.3 アメリカ合衆国における消費者の花の購入場所

購入場所	切り花	花鉢物	花壇苗
花小売店	56 %	31 %	4 %
スーパーマーケット	29	25	6
ガーデンセンター	1	15	48
通信販売	0	3	8
路上	5	1	2
ディスカウントショップ	1	11	21
その他	8	14	11

出典：Floral Super Market 1993 June

ローリストでアレンジした花を購入するのが一般的である．

アメリカ合衆国では花小売店で切り花は56 %，鉢物は31 %が購入されているが，花壇苗はわずか4 %で，主にガーデンセンターやデイスカウントショップで購入されている（表13.3）．

販売する場所がフローリストだけでなく多様化していることと，販売する場所が多いことが花卉の消費を伸ばす上で極めて重要であるが，販売場所はオランダでは人口1,380人当たり1カ所であるのに対し，わが国では3,180人当たり1カ所である．

わが国でも今後花卉の消費を伸ばし，花卉産業が発展していくためには，一

般家庭に対して，高品質でしかも手頃な価格の花卉を提供し，日常的に消費される状況を作り出すことが不可欠であると考えられており，このための低コスト生産や一貫した低温流通システムを推進し，恒久的な家庭用花卉の供給体系を確立する必要がある．

このことは高くても品質がよく，差別化した高級品の欲しい消費者に，商品に対する深い知識を提供し，フラワーアレンジメントなどで付加価値を付けて対面販売する高級店と日常性を持ったものは経済性を求めるという原則にそって束売りする量販店に二極分化していく必要性のあることを示している．多様なニーズに応え，消費者の選択肢を広げることで花卉産業を大きくすることができる時代に入っている．

参 考 文 献

1) 日本花普及センター．2005．2005フラワーデータブック．p.1-243．農林統計協会．東京．
2) Flower Council of Holland. 1994. Facts and figures about the Dutch Horticultural Industry. p. 1-4. The Netherlands.
3) 大谷　弘．2006．花き卸売市場の展開構造．p.1-272．農林統計協会．東京．

第14章 花卉の輸出入

　世界的に見ると切り花は国際商品として主に西ヨーロッパとアメリカ合衆国へ向けて世界各国から輸出されているが，鉢物の輸出入は西ヨーロッパを除くと切り花ほど活発に行われていない．輸送コストが高いうえ，厳しい植物検疫が障壁となっているためである．

　最近は切り花生産や鉢物生産のための種苗生産が独立した産業として位置づけられるようになったため球根類の他，挿し穂や接ぎ穂，それに組織培養苗の輸出入もさかんになっている．

　このように花卉が国際商品となった背景として，(1) 航空輸送網の整備，(2) 鮮度保持剤の開発，(3) 組織培養苗やプラグ苗による種苗の大量増殖法の確立，(4) 生産国と輸入国の価格差，(5) 植物検疫制度の緩和などがあげられる．

1. 世界における花卉の輸出入

a. 切り花の輸出入

　世界における切り花（切り葉を含む）の輸出額は5,700億円（2004年）であるが，オランダがその58％を占め，次いでコロンビア（14％），エクアドル（7％），ケニア（5％），イスラエル（2％），イタリア（2％）と続く．近年は冷涼な気候と安い労働力という有利な生産条件を備えたコロンビア，エクアドル，ケニアなどの発展途上国からの輸出の伸びが著しい．

　切り花の最大の輸入国はイギリスとドイツでそれぞれ世界の輸入額の20％を占める．次いでアメリカ合衆国（16％），オランダ（9％），フランス（9％），日本（4％）である（図14.1）．

　オランダの花卉産業が高い競争力を持っているのは，(1) 極端に暑くも寒くもない穏やかな気候，(2) 自国産の天然ガスの価格を相対的に安く利用できる，(3) 道路網と航空輸送が発達している，(4) 労働賃金が安定していて生産性が高い，(5) 花卉産業に精通した銀行による低利融資が受けられ，インフレ率が低い，(6) 競り市場での迅速な通信を可能とするための遠隔情報通信網が開発されている，(7) 広範囲にわたる花卉園芸教育コースと研究会組織ができてい

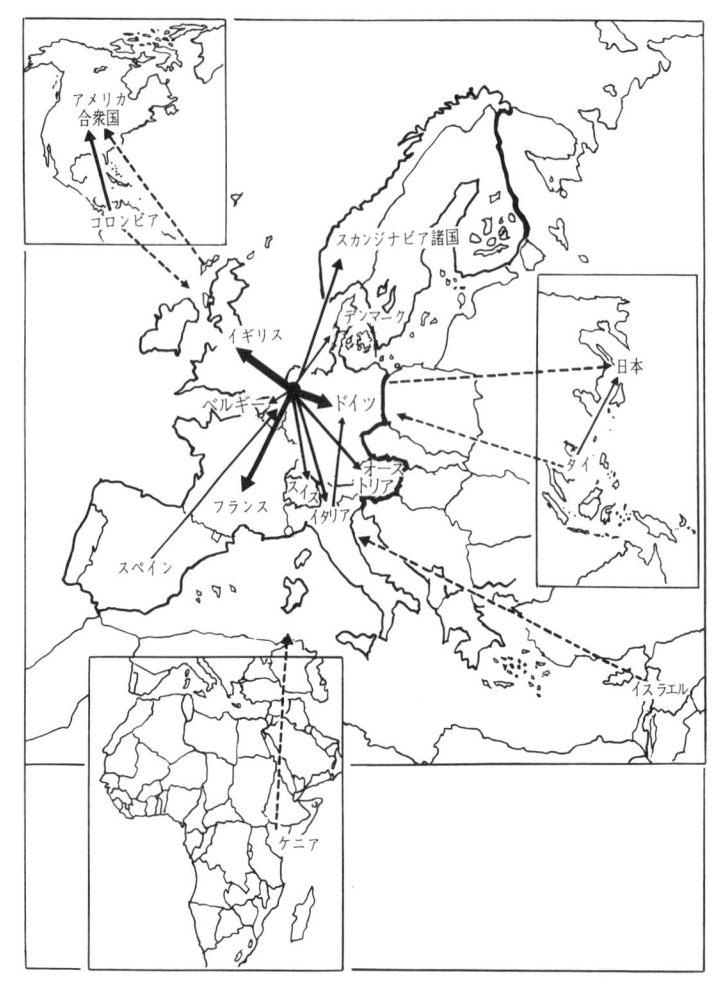

図 14.1　世界における 2004 年の切り花（切り葉を含む）の輸出入状況
出典：オランダの P.V.S, International trade commision UNCTAD 2006, AIPH の資料

る，(8) 基礎研究は国費で行なうが，実用的な研究は生産者が経費の 50％を負担する受益者負担のシステムができている，(9) 情報の公開制度ができている，(10) 省力化，機械化が進んでいて，低コスト生産が可能，(11) 良品質・低価格の種苗の供給が可能，(12) 多収性，耐病性，省力性品種の育成と遺伝資源の導入，(13) 技術の標準化による規格品生産，(14) 市場と卸売業者の効率が高い

などの理由による.

イスラエル, ケニア, スペイン, コロンビアなどからオランダへ輸出された切り花の70%は, オランダで生産された切り花と共に輸出されている. 輸出先はドイツ, フランス, イギリス, イタリア, ベルギーなど西ヨーロッパ諸国で80%を占め, アメリカ合衆国, 日本へも若干輸出されている.

オランダに次いで世界の切り花輸出額の約14%を占めるコロンビアは年間を通して月別の平均気温がほぼ13〜14℃という恵まれた気象条件と大消費地であるアメリカ合衆国に近いという地域的条件, それに労働賃金が低いという条件をいかして1964年から大輪ギク, スプレーギク, スプレーカーネーションを, さらに1970年代の後半からはバラ, 宿根カスミソウ, スターチス, マーガレット, アルストロメリアなど種類の多様化をはかり, その大半をアメリカ合衆国に輸出してきた (表14.1).

その結果, アメリカ合衆国における主要切り花の輸入割合は1970年代はじめには数%でしかなかったが, 2005年にはカーネーションの95%, キクの76%, バラの88%, アルストロメリアの95%, ランの53%に達し, 主要切り花

表14.1 世界における花卉の主要輸出国と輸出額 (2000)

(×百万 US $)

国名	切り花	切り葉	球根	鉢物[z]	輸出額合計
1. オランダ	2,003	77	578	1,152	3,810
2. コロンビア	567	3	0	0	570
3. イタリア	58	59	2	149	268
4. ベルギー	37	11	8	211	267
5. デンマーク	3	22	3	233	261
6. アメリカ合衆国	14	101	12	94	221
7. エクアドル	215	0	0	0	215
8. ドイツ	22	18	6	152	198
9. ケニア	144	1	0	18	163
10. コスタリカ	28	78	0	56	162
その他	596	253	85	597	1,531
合　計	3,687	623	694	2,662	7,666

[z]:鉢物には挿し穂と接ぎ穂を含む
出典:International Floriculture trade statistics 2001 (Pathfast publishing)

全体の88％が輸入切り花で占められるまでになっている．

　品質がよく価格が安い輸入切り花は需要を喚起し，国民1人当たりの消費本数は増加したが，国内生産は衰退し，切り花生産者の多くは鉢物生産や花壇苗生産に転向した．

　世界の切り花輸出の2％を占めるイスラエルは亜熱帯気候を利用して宿根カスミソウ，バラ，ワックスフラワー，スプレーカーネーション，ラスカスなどを中心に多様な品目をオランダ，ドイツを中心に輸出している．

b．鉢物（挿し穂，接ぎ穂を含む）の輸出入

　鉢物の輸出入はおもに地域内で行なわれ世界的な規模での貿易はそれほど大きくない．しかし西ヨーロッパ域内での鉢物の輸出入はさかんで，オランダ，デンマーク，ベルギーが輸出国，最大の輸入国は切り花同様ドイツで，次いで

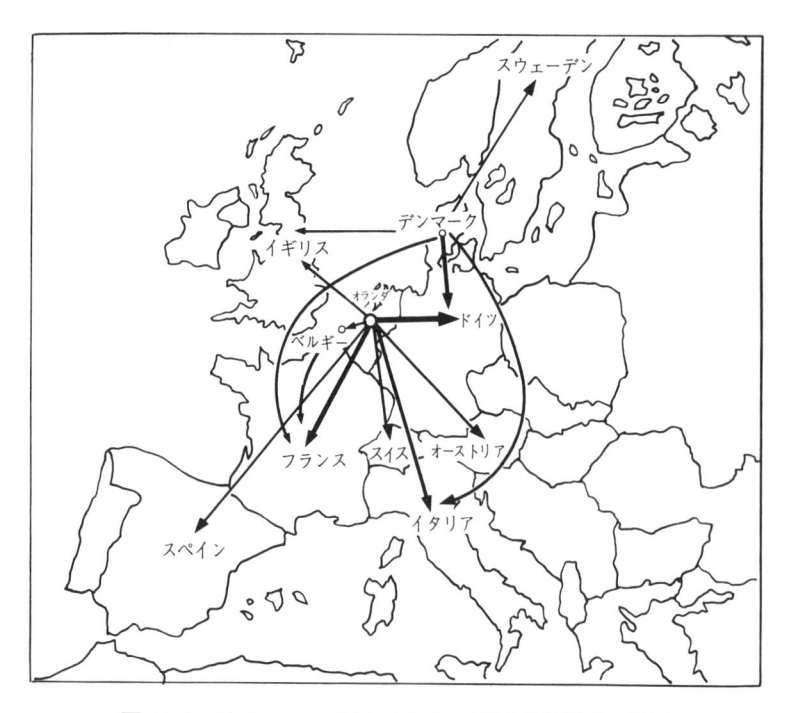

図14.2　西ヨーロッパにおける2000年の鉢物輸出の状況
　　　　出典：オランダのP.V.SおよびAIPHの資料

フランス，イタリア，イギリスである（図14.2）．オランダは2000年の世界における鉢物輸出額の43％を，デンマークは9％，ベルギーは8％を占めている．

　一方，鉢物生産の栽培面積はアメリカ合衆国の割合が突出して高く，ドイツ，日本，フランスと続き，世界最大の鉢物輸出国であるオランダは世界の推定鉢物栽培面積の7％（1,261 ha）を占めるにすぎない．2位のデンマークもわずか3％である．これらの国では，ガラス温室を利用して，高度で集約的な栽培方法によって，相対的に高い生産性が達成されている．

　西ヨーロッパと並んで鉢物の大消費国であるアメリカ合衆国へはコスタリカ，グアテマラ，ホンジュラス，ジャマイカ，ドミニカなどの中南米諸国から大量の観葉植物の挿し穂が輸出されている．

c．球根の輸出入

　世界各国で切り花，鉢物，花壇などに消費される球根のなかで，最も消費の多いのはチューリップで，全体の29％を占め，次いでグラジオラス（22％），ユ

表14.2　球根主要生産国の生産面積（2002 – 2003）（Buschman, 2004）

国名	チューリップ (ha)	ユリ (ha)	その他 (ha)	球根合計 (ha)
オランダ	10,800	4,280	5,841	20,921
日本	300	189	394	883
フランス	293	401	595	1,289
アメリカ合衆国	280	170	545	995
ポーランド	200			335
ドイツ	155			190
ニュージーランド	122	110	26	258
オーストラリア	70	25		
デンマーク	56			60
イギリス	50			4,660
イスラエル	50	100		
チリ	35	205	0	240
アルゼンチン	22			47
南アフリカ	20	20	160	200
中国	10	100	1,171	1,281
合　計	12,463	5,600		31,768

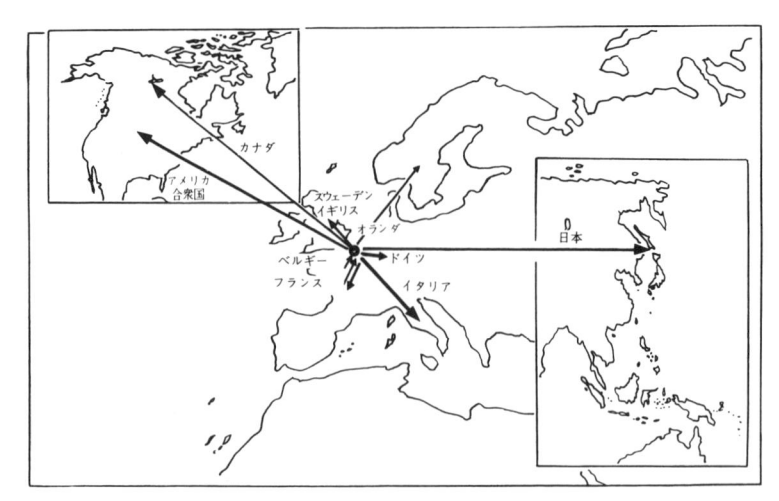

図14.3 世界における2000年の花卉球根の輸出入の状況
出典：オランダのP.V.SおよびAIPHの資料

リ（8％），アイリス（8％），クロッカス（7％），スイセン（5％），アネモネ（4％）で，これらの7種類の球根で，世界で消費される球根の83％を占める．

最も生産量の多いのもチューリップで87％はオランダで生産されている（表14.2）．このため，球根類の生産面積はオランダが飛び抜けて多く，次いでイギリス，フランス，中国，アメリカ合衆国，日本の順である（表14.2）．一方，消費額はアメリカ合衆国が最も多く，ドイツ，イギリス，イタリア，日本，フランスの順である．

世界における球根の貿易は切り花や鉢物と同様オランダを中心にして行なわれており，オランダはヨーロッパ域内だけでなく，アメリカ合衆国や日本へも大量の球根を輸出している（図14.3）．

2002年から2003年にかけてオランダから世界各国に輸出された球根は100億8,900万球に達し，このうちチューリップが43億2,000万球，ユリが22億1,000万球で，この2種類の球根で65％を越えた．

苗物の貿易も近年は伸びており，コスタリカ，グアテマラからユッカやドラセナの挿し穂が大量にオランダを中心とした西ヨーロッパに輸出されており，カーネーションの挿し穂も冬季の光強度の強いカナリア諸島やイスラエルから

オランダへ輸出されている.

2. 日本における花卉の輸出入

わが国の花卉類の輸入額は切り花（生鮮, 乾燥を含む）, 葉物・枝物（生鮮, 乾燥を含む）, 球根類, 樹木など（根付き植物, 挿し穂・接ぎ穂, コケ・地衣類を含む）を併せて, 2005年には508億7,500万円（CIF価格）に達し, 25年前の8.9倍になっている. 輸入金額の内訳は49.8％が切り花で, 次いで球根21.1％, 樹木等18.6％, 葉物・枝物10.5％となっている（表14.3）.

このように大量の花卉類が日本に輸入されるようになったのは1985年から日本の植物防疫官がオランダのアールスメール花卉卸売市場（VBA）に駐在して, 日本への輸出切り花の事前検疫を行なうようになったことと, 1988年から日本の植物防疫官がオランダの球根生産圃場で栽培地検査と酵素抗体結合法（ELISA）検査を実施することを条件に, チューリップ, ユリなどの球根類の隔離検疫を順次撤廃することにしたためである.

a. 切り花の輸出入

他の花卉類と同様に, 切り花も輸出量の減少, 輸入量の増加により, 1975年

表14.3 わが国における花卉類の国別輸入金額とその割合（2005, 単位：百万円, ％）

国名	切り花		球根		樹木等		葉物・枝物		合計	
	金額	割合	金額	割合	金額	割合	金額	割合	金額	割合
オランダ	1,294	5.1	8,958	83.6	1,930	20.4			12,182	23.9
マレーシア	4,543	17.9			77	0.8	995	18.6	5,615	11.0
中国	1,705	6.7	29	0.3	1,131	12.0	2,461	46.1	5,326	10.5
台湾	2,035	8.0	25	0.2	2,457	26.0	40	0.7	4,557	9.0
タイ	3,099	12.2	41	0.4	673	7.1	4	0.1	3,817	7.5
コロンビア	3,755	14.8							3,755	7.4
ニュージーランド	1,630	6.4	866	8.0			39	0.7	2,535	5.0
韓国	2,283	9.0			180	1.9	7	0.2	2,470	4.9
アメリカ合衆国	196	0.8	280	2.6	155	1.6	299	5.6	930	1.8
オーストラリア	812	3.2			31	0.3	39	0.7	882	1.7
その他		15.9	521	4.9	2,821	29.9	1,457	27.3	8,806	17.3
合計	25,359	100.0	10,720	100.0	9,455	100.0	5,341	100.0	50,875	100.0

出典：財務省「日本貿易月表」

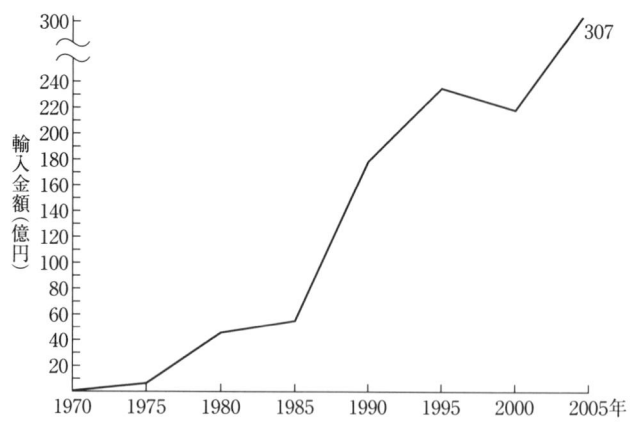

図 14.4 わが国の切り花（切り葉・切り枝含む）輸入金額の推移
出典：大蔵省日本貿易月報

ころから輸入量が輸出量を上回った．そして80年代に入ると輸入量，輸入額ともに毎年20％以上の伸びを示し，極端な輸入超過の状態となっている（図14.4）．

もともと，わが国の切り花輸出はそれほど盛んではなかった．そこへ，変動相場制の導入による円高の進行，国内需要の拡大などの条件が重なり，輸出するだけのメリットが失われてしまったため，輸出の低迷が続いている．切り花の主な輸出先は中国，オランダ，台湾，香港である．

一方，輸入は，日本国内の需要の増加，多様化が進むにつれ，急速に伸びた．輸入切り花は，輸入目的によって次の6つに分類できる．

1. 国内産の切り花との価格差を利用し，大衆花として輸入されるもの．
2. 季節差を利用して，国内の端境期に輸入されるもの．
3. 新しい種類と品種であるため，国内での生産が少ない，あるいは生産されていないもの．
4. 「母の日」のカーネーションのように，特定の日，時期に大量の需要に対応するために輸入されるもの．
5. 気象条件などから日本では生産が難しいもの．
6. 生産地において山採りで出荷できるもの．

これらの条件のいずれかを備えた切り花で，かつ現地での生産価格が日本の生産価格の1/2以下で，日本の植物検疫をクリアーするだけの栽培技術を持ち，輸送に耐える鮮度保持技術を確立している国から輸入されている．

国別の切り花の輸入額の割合は，2005年にはマレーシアが全体の17.9％と最も多く，次いでコロンビアが14.8％，以下タイ12.2％，韓国9.0％の順となっており，この4カ国で53.9％を占めている（表14.3）．

1970年代に入って日本が本格的に切り花の輸入を開始してから1985年までは台湾で生産されたキクやグラジオラス，タイのデンドロビウムファレノプシスなどの切り花が中心であったが，台湾のキクは沖縄産のキクと競合するようになって減少した．タイからのランの輸入は毎年1億本を越えており，わが国のランの大衆化に大きく貢献してきた．

種類別の数量（2005年）を見ると，ラン類が1億5,970万本（タイ，台湾，シンガポール），レザーファンを中心としたシダ類が8,170万本（コスタリカ），バラ8,000万本（インド，韓国），キク1億6,950万本（マレーシア），カーネーション1億6,250万本（コロンビア，中国）となっている．

最近の傾向としては日本にない品種のユリやチューリップ，国内生産の少ないカンガルーポーやワックスフラワーの増加など，種類の多様化が進んでいる．

2005年現在，日本の市場において輸入切り花（切り枝・切り葉を含む）の占める割合は金額で10％である．切り花輸入の増加によってわが国の花卉生産と消費が増加して，日本の花卉産業を活性化する役割を果たしてきたが，1999年以降日本の切り花消費が低下するにつれ，輸入の増加が大きな問題となっている．

b．球根の輸出入

1974年までは輸出球根が輸入球根を上回っていたが，その後円高の定着，輸出球根の中心となっていたテッポウユリのウイルス汚染により輸出は大幅に減少した（図14.5）．テッポウユリ球根の最大の輸出先であったオランダでは再出芽しない品種を育成し，組織培養により子球を大量に増殖して，球根生産をしており，日本のテッポウユリの球根輸出が盛んになる可能性はない状況にな

第14章 花卉の輸出入

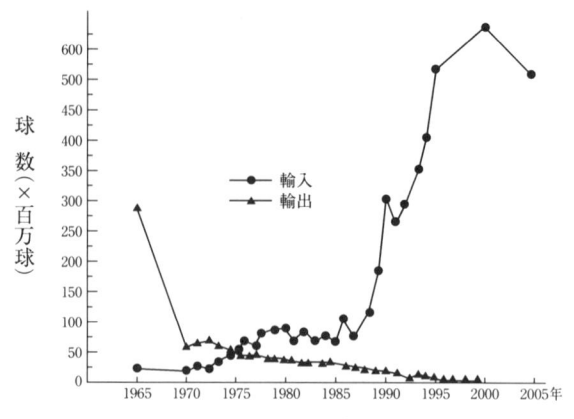

図14.5 わが国における花卉球根の輸出入の推移

っている．

現在輸出されている球根の種類はチューリップ，ユリ，ダリア，グラジオラスが中心で，他の球根は年によって変動が大きい．主な輸出先はオランダ，アメリカ合衆国，韓国，カナダなどで，2005年の輸出球数は190万球であった．

輸入は1988年にオランダ産チューリップ球根31品種について，日本の植物防疫官が現地圃場で検査することを条件に隔離検疫を免除してから，急増している（図14.5）．このようなオランダ産球根の隔離検疫の免除は年々拡大され，現在ではチューリップ，ユリ，アイリス，クロッカス，ヒアシンス，フリージア，グラジオラス，アマリリスのほとんどの品種が適用を受けている．オランダ以外ではニュージーランド産のチューリップ，ユリ，ベルギー産のベゴニア，ユリが隔離検疫を免除されている．

2005年に日本が輸入した球根は5億3,647万球に達するが，このうちオランダ産はチューリップ，ユリを中心に4億8,033万球で90％を占める（図14.6）．この他，ニュージーランド，アメリカ合衆国，台湾，チリなどから輸入されている．

生産価格が日本の1/3というオランダからの球根の大量輸入で，わが国の球根産地は大転換を余儀なくされ，独自品種の開発（富山県のチューリップ黄小町，紫水晶，白雪姫，初桜，白雲，夢の紫など），切り花産地への転換（新潟県

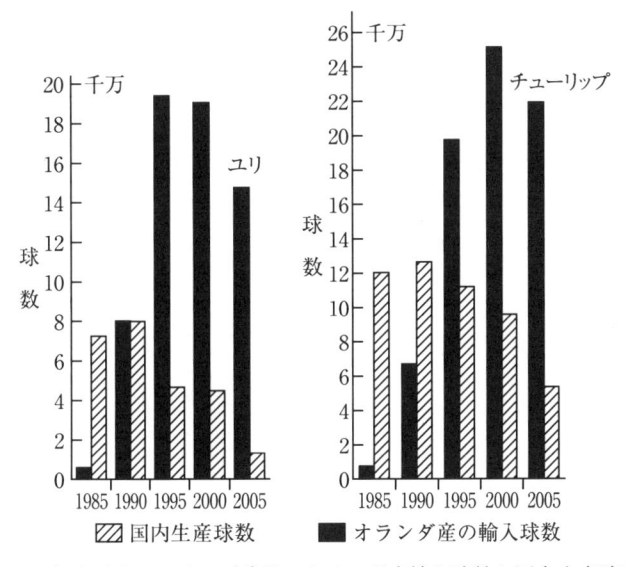

図14.6 ユリおよびチューリップ球根のオランダ産輸入球数と国内生産球数の比較
出典：国内生産球数は農水省花きに関する資料，オランダ産輸入球数は農水省植物防疫所統計

堀之内町，沖永良部島），機械化による低コスト化（富山県花卉球根農協）に取り組んで対応している．

3．日本の植物検疫制度

　数多くの病害虫の中には日本には生息していないものがあり，植物が輸入される際に，これらの病害虫が植物に付着して侵入する恐れがある．そして，侵入した病害虫が日本の気候風土に適し，有力な天敵がいなければ大繁殖し，原産地の何倍もの被害を与える可能性がある．このような事態を未然に防ぐために植物検疫制度ができている．花卉に関しては種子，苗，球根，切り花など，その全てが輸入検査の対象となっている．

　わが国の植物検疫制度は，1914年（大正3年）にできた輸出入植物取締法から始まり，1950年（昭和25年）に植物防疫法が制定されて，制度として確立された．更に，1951年には，国際植物防疫条約に加盟している．

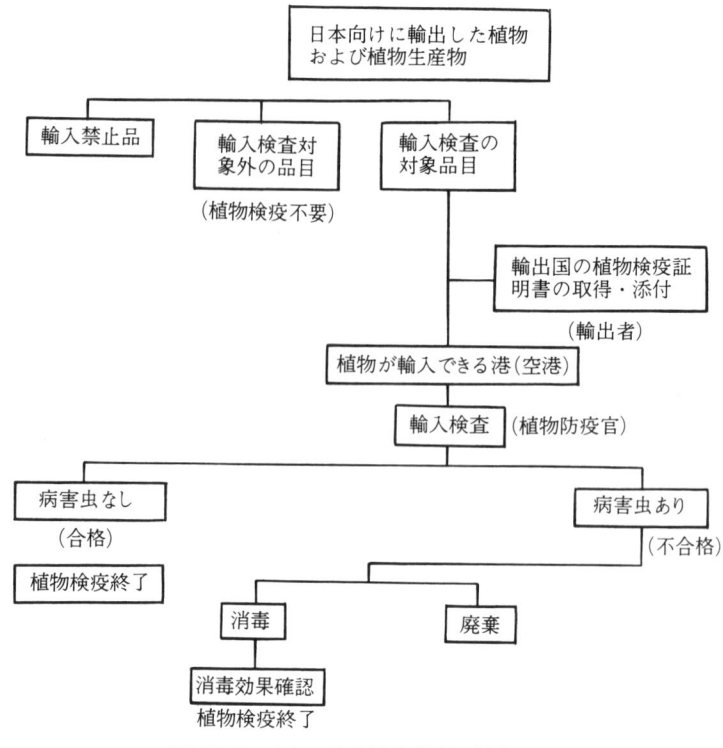

図 14.7　日本の輸入植物検疫の流れ

　現在全国73カ所の空港，港には農林水産省の付属機関である植物防疫所が設置されており，植物病理学，応用昆虫学，植物学などの専門知識を持った植物防疫官が検査にあたっている．

　日本の輸入植物の検疫制度の流れは図14.7のとおりで，輸入検査の結果，植物に病害虫の付着が認められなければ合格書が発給され輸入が認められるが，病害虫が発見された場合は消毒される．消毒の方法は，対象となる植物や病害虫によってくん蒸（臭化メチル，青酸ガス），温湯浸漬，加熱処理など異なるが，なかには病害虫を完全に死滅させる消毒方法がない場合もあり，その場合は廃棄が命じられる．一方，消毒によって病害虫が完全に死滅したとしても，種類によっては品質，商品価値の低下は免れることができず，輸入者は多大な損害を被ることになる．

また，チューリップ，グラジオラス，ヒアシンス，クロッカス，フリージア，ユリ，アマリリス，アイリス，ベゴニアなどの球根については輸入港での検査のみでは発見困難なウイルスなどのような病害虫があるために隔離検疫検査が義務づけられている．これらの球根は，国の隔離圃場または一定の検疫条件に合致した指定圃場で1作栽培し，検査を行っている．検査の結果，病害虫が認められなければ，第二世代の球根や苗木の輸入を許可されるが，輸入するまでに時間がかかることになる．

　そこで，このような現状を打開し，日本への花卉の輸出をスムーズにするため，オランダ政府から植物検疫制度の弾力的運用を強く求められ，現在オランダから輸入される切り花の輸出前検査とオランダ，ニュージーランド，ベルギーから輸入される一部花卉球根類の隔離検疫の免除が実施されている．

　切り花の輸出前検査はすでに述べたように1985年から導入されたもので，これによって日本の輸入検査と同様の検査が日本に輸出される前に，現地で行われるにようになった．ただし，輸出前検査を受ける切り花は次の条件を満たしていなければならないことになっている．

1. 恒常的にあるいは集中的に安定した大量の切り花が日本に輸出されること．
2. 現地において切り花から発見される害虫の割合が低く，効率よく輸出が図れる状況にあること．
3. このシステムの利用を始めた切り花は，日本に輸出される全てがこのシステムを利用すること．

　この検査に合格した切り花には，再汚染防止措置がとられた後，オランダの植物防疫機関の発給した植物検疫証明書に日本の植物防疫官による検査に合格した旨を付記した後，日本に輸出され，抽出率1％以上の輸入検査を受けた後，通関し，速やかに日本の市場に届けられる．

　隔離検疫の免除は，オランダでELISA検査，栽培地検査を徹底して行なうことで，一部の球根に課せられている日本での隔離検疫を免除しようというものである．

参 考 文 献

1) De Kleijn, E. and A. M. A. Heybroek. 1992. A view of International Competitiveness in the Flower Bulb Industry. p. 1-50. Rabo Bank, The Netherlands.
2) Haak, M. and H. Tap. 1992. A view of International Competitiveness in the Floristry Industry. p. 1-50. Rabo Bank. The Netherlands.
3) 杉山　晋. 1989. 世界の花の日本市場進出は何をもたらしたか. 89花葉セミナー：87-101. 千葉大学園芸学部花葉会.
4) 杉山　晋. 1991. 輸入切花の将来性. 新花卉 152：46-54.

第15章　病害虫と防除

1．花卉生産と病害虫

　ガーベラやアンスリウムなどのように花茎だけを出荷するのは切り花では例外で，大部分の切り花では花だけでなく茎葉をつけて出荷する．したがって，茎葉の形，大きさ，色などに加えて，病害虫（disease and insect）の被害を受けていないことも商品価値に大きく影響する．

　病害虫を防除するためには，まず診断が適確にできなければならないが，花卉は品目（種類，品種）が非常に多いうえ，作型も多様であるので，診断は容易ではない．

　伝染性の病原（pathogen）としては細菌（bacteria），糸状菌（fungi），ウイルス（virus），ウイロイド（viroid），ファイトプラズマ（phytoplasma）がある．寄生加害する害虫には昆虫類，ハダニ類，線虫類があり，食害あるいは吸汁害，ウイルス媒介などにより加害する．

　この他，非伝染性の生理障害があり，凍霜害，煙害，大気汚染，栄養障害（要素の過剰および欠乏）が原因で発生することが多いが，原因が複雑でいくつかの要因がからみあっているものや明らかでないものもある．

　病害虫は植物の栽植密度が高く，温度，湿度，日射量，施肥量などが発生に適し，植物体が罹病しやすい状態のときに多発する．したがって効率的に防除するには，病害虫の繁殖に好適な環境条件を熟知し，耕種的な手段で発生を可能なかぎり回避し，環境条件が病害虫の発生に好適と考えられる時には，予防的に薬剤散布をすることが肝要である．

　わが国の花卉栽培における病害虫防除は農薬に大きく依存しているが，地球にやさしい農業が求められている折から，今後生物的防除（biological control）や耕種的防除（cultural control）を積極的に取り入れていく必要がある．これに加えて耐病性品種の育成・導入による農薬使用量の低減を図る必要がある．

a．生物的防除

生物的防除は害虫や病原体の繁殖や活動を妨げるさまざまな生物の働きにより，病害虫の発生や被害を軽減させる防除手段である．病害虫の生物的防除にはさまざまな方法があり，それらを作用機作により分類すると次のようになる．

（1）病　　害

1）抗　生
一つの微生物の代謝産物によって他の微生物の生活が阻害されたり，破壊される現象．

2）競　合
栄養分，侵入部位，あるいは酸素などの奪い合いによる拮抗現象をいう．類似した近縁微生物間に生じやすい．

3）寄　生
寄生作用は糸状菌間で起こり，これを重複寄生あるいは糸状菌間寄生と呼んでいる．糸状菌に寄生する拮抗糸状菌は，殺生性と活動寄生性に分けられる．前者は宿主を殺し，その菌糸から流失する栄養分を利用する．後者は宿主の菌糸に接触するか，宿主の細胞に侵入して直接栄養分を取る．*Trichoderma*，*Gliocladium*，*Laetisari*a などが寄生菌としてよく知られている．この他，菌類寄生ウイルスやファージ，バクテリアに寄生するバクテリア（Bdellovibrio）なども知られている．

4）非病原菌による交差防御
病原性の弱い菌を植物に接種し，ついで病原性の強い菌を接種すると発病が著しく抑制される現象を交差防御（cross protection）という．非病原菌を用いて宿主の抵抗性を誘導して，病害防除を図る方法である．弱毒ウイルス接種も同様の効果をねらっている．

5）菌根菌
菌根菌とは植物の根で共生している微生物のことであり，植物への関与で（1）外生菌根菌，（2）内生菌根菌，（3）内外生菌根菌，（4）偽菌根菌の4つに分類される．競合によって病害に対して抵抗性を示す．

病害防除に用いられるのは，主に内生菌根に属するVA菌根菌（vesicular

arbuscular mycorrhizal fungus) である．これは，植物体内にのう状体（vesicle）と吸器，樹枝状体（arbuscule）を作り，これらの器官でリンをリン脂質の形で貯蔵し，吸器で植物の光合成物質と交換を行う．

6）補　食

　土壌微小動物を植物病原菌の天敵として利用する防除法である．線虫類，ダニ類，アメーバ類，節足動物のトビムシ類による食菌の例が知られている．

　これらのなかで抗生による例として，1972年にオーストラリアのアデレート大学のKerrらが，モモから分離した *Agrobacterium radiobacter* strain84 によるバラの根頭がんしゅ病の防除をあげることができる（図15.1）．

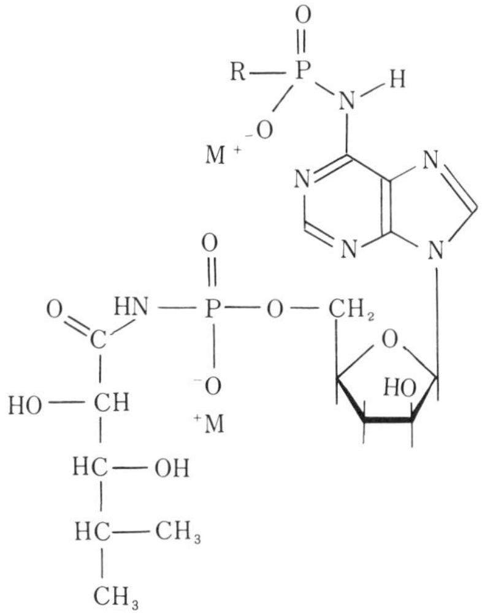

　根頭がんしゅ病は，植物の主に地際部付近が異常増殖してクラウンゴー

図15.1　アグロシン84の化学構造

ル（crown gall）と呼ばれるこぶ状のしゅようを作る病気で，病原菌は *Agrobacterium tumefacience* である．発病機構は次のとおりである．(1) 傷を受けた植物組織の細胞に菌が付着する（受容体の存在は証明されていない）　(2) 傷をうけた組織は癒傷反応としてフェノール化合物などを分泌するが，その中のアセトシリンゴン（acetosyringone）などが菌の染色体のVir領域を活性化する　(3) Vir領域の作用によりTiプラスミドのT領域が切り出され植物細胞に導入される　(4) T領域が植物細胞の核内DNAに挿入される．

　一方同じT領域中にある別のDNA断片は，健全植物には存在しないオパインというアミノ酸の生産能を植物に与え，細菌は植物細胞によって生産されたオパインをエネルギーとして利用する．また，そのオパインは細菌間の接合によるプラスミドの伝達を誘導することもある．

　Tiプラスミドは，生産されるオパインの種類により3つに分けられる．

1) オクトピン型−オクトピンの生産能を植物に，オパインをエネルギーとして利用する力（資化能）を細菌に与える．
2) ノパリン型−ノパリンの生産能を植物に，資化能とアグロシン84感受性を細菌に与える．
3) アグロピン型−アグロピンの生産能を植物に，資化能を細菌に与える．

ノパリン型 *Agrobacterium tumefacience* 中のTiプラスミドは，病原性と抗菌因子アグロシン84への感受性を同時に与えている．そのため，*A. radiobacter* の生産するアグロシン84が病原の宿主への吸着阻害と抗菌作用によってノパリン型のTiプラスミドを持つ細菌による本病の発生を抑制することが明かになっている．

この防除法の利点は，*A. radiobacter* が土壌生息菌であるため一度処理するとその効果が長続きすることである．これは本菌の生産するアグロシン84の殺菌効果と病原細菌の植物細胞への吸着阻害による．しかし，根頭がんしゅ病は，一度感染が成立すると菌がなくても発病するため防除の効果は予防的なものとなる．また，strain 84による防除はノパリン型Tiプラスミドを持つ病原菌だけを防除でき，オクトピン型やアグロピン型に対しては効果が低い．ただ，ノパリン型の細菌が経済的に最も被害を与えているのでstrain 84の利用価値は高い．

（2）虫　害

1) 捕　食
害虫を摂食する天敵を利用する防除法である．ハダニ防除にハダニの天敵であるチリカブリダニ（*Phytoseiulus persimilis*）の利用が実用化している．

2) 毒　素
細菌が生産する毒素により昆虫の生活を破壊し，害虫を防除する方法である．このような天敵細菌はほとんど *Bacillus* 属であり，*Bacillus thuringiensis* がBT剤として製剤化され，多くの国で利用されている．

3) 寄　生
糸状菌，線虫などが昆虫体内に侵入し，組織器官を侵害することにより害虫を防除する方法である．また，侵入後生産される毒性物質により殺虫性が増す場合もある．

4）天敵ウイルス

昆虫に病気を起こして死亡させるウイルスを天敵ウイルスといい，ウイルスに侵される昆虫を宿主昆虫という．害虫防除に多く利用されているウイルスはBaculovirus, Cypovirusに属するものである．Baculovirusはさらに核多角体病ウイルス，顆粒病ウイルスグループ，マレー病ウイルスに分けられる．

これらのなかで，多くの花卉を加害する害虫の防除に有効なBT剤による例を紹介する．*Bacillus thuringiensis*の生産する毒素の中で，殺虫活性が高いのはβ-外毒素とδ-内毒素である．

・$\overset{ベータ}{\beta}$-外毒素

*B. thuringiensis*の一部の菌株において生産される毒素で，耐熱性，水溶性，低分子の物質である（図15.2）．殺虫活性は多種目の昆虫，ダニ類，線虫類にいたるまで幅広い．作用機作は，DNA依存RNA合成酵素を阻害するが詳細については明かでない．

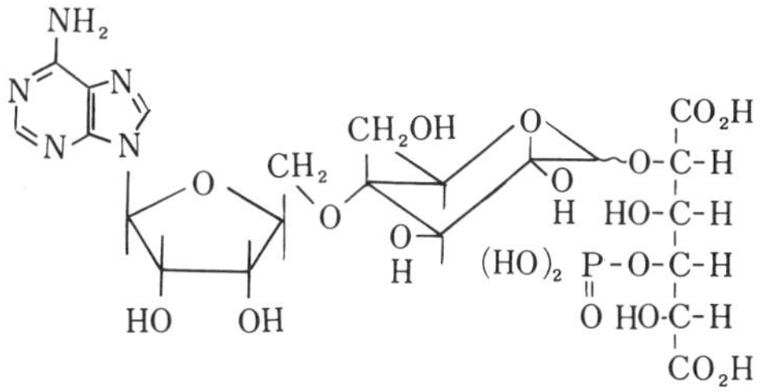

図15.2　β-外毒素の化学構造

・$\overset{デルタ}{\delta}$-内毒素

タンパク毒素であり*B. thuringiensis*が生産する結晶性物質中に含まれる．毒性発現は，まず結晶性毒素が昆虫の消化液中のプロテアーゼにより分解され，毒素が活性化される．活性化された毒素は，幼虫消化管の中腸上皮細胞に特異的に作用し，付着する．毒素の作用を受けた上皮細胞は，膨潤し破壊される．

わが国におけるBT剤の標的昆虫としては，モンシロチョウ，コナガ，イチモンジセセリ，ヒメクロイラガなどがあるが，殺虫剤抵抗性のコナガ（ストックの重要害虫）防除にBT剤が使用されている．BT剤の殺虫活性は化学殺虫剤とは異なり遅効性であるため，害虫による被害が目立たない初期密度の状態のときに行うことが必要である．

生物的防除剤には残留毒性がない，抵抗性が付きにくい，選択性が高いなど

の利点があるが，即効力がない，条件によって効果が大きく変わる，持続性に乏しいなどの欠点も存在する．また，膨大な研究のわりに実用化に至っているものが少ない大きな理由は，自然界の拮抗微生物の定着にある．植物を病原菌の攻撃から防御するためには，他の微生物の攻撃と厳しい環境条件に耐えて，一定期間拮抗微生物の密度を相当なレベルに維持する必要がある．

本来，特定の微生物の密度の増加に対しては強い制約力を働かせて平衡を保つ性質のある土壌や葉面の微生物生態系の中で，人為的に特定の微生物の密度や活動を高めることは，むずかしい．また，定着性が人為的に改善されても，その安全性のチェックは化学農薬以上に厳しく評価されなければ，生態系を崩壊する危険性もある．

b．耕種的防除

耕種的防除には，(1)テイコウセイヒンシュの利用，(2)輪作(crop rotation)，(3)合理的な肥培管理，(4)季節的発生相を避ける栽培時期の選択(播種，植付け時期の変更)などがある．

花卉における抵抗性品種の利用ではカーネーション栽培の重要病害である萎凋病(病原菌 *Fusarium oxysporum* f. sp. *dianthi*)抵抗性品種の育成があげられる．この病害は日本でも高冷地や寒冷地におけるカーネーション栽培の重要病害である．しかし，現在では Dianthus 属の野生種の抵抗性遺伝子を導入することによって，その被害は著しく軽減されている．現在オランダのカーネーションの挿し芽苗販売会社のカタログには，萎凋病抵抗性について，その程度まで明示してある．これは花卉種苗としては画期的なことである．

一方，わが国のカーネーション栽培の最重要病害である萎凋細菌病(*Burkholderia caryophylli*)抵抗性育種については国際的にも全く手掛けられていない．そこで山口らは1988年から Dianthus 属の70種(系統を含む)と277の栽培品種について抵抗性を検定した．その結果供試した原種のうち完全な抵抗性を示したのは *D. capitatus* と *D. henteri* の2種，強い抵抗性を示したのは *D. acicularis* 他7種であった．栽培品種ではウイコとノクト，サンドローサの3品種が強い抵抗性を示した．小野崎ら(2002)は抵抗性の原種とカーネーション(*D. caryophyllus*)の交雑を行い，カーネーション×*D. capitatus* の種間雑種系

表 15.1　カーネーションの主な病害と抵抗性の品種間差異（山口，1987）

病　名	学　名	品種抵抗性[z]の報告	耐病性育種の重要性
細菌			
萎凋細菌病	*Burkholderia caryophylli*	あり	◎
斑点細菌病	*Pseudomonas andropogonis*	あり	—
立枯細菌病	*Erwinia chrysanthemi*	—	—
糸状菌			
萎凋病	*Fusarium oxysporum* f. sp. *dianthi*	あり	◎
斑点病	*Alternaria dianthi*	あり	○
疫病	*Phytophthora nicotianae*	—	—
灰色かび病	*Botrytis cinerea*	—	—
茎腐病	*Rhizoctonia solani*	—	—
さび病	*Uromyces dianthi*	あり	—
白絹病	*Corticium rolfsii*	—	—
立枯病	*Fusarium avenaceum, F. tricinctum*	あり	—
ウイルス			
ウイルス病			—

[z]：これまでに抵抗性に品種間差異のあることが報告されたもの．

統のなかから，強度の抵抗性を示し，かつ草姿形態，生産性などの形質面で優れた系統を中間母本として選抜し，抵抗性品種育成の可能性を示した（表15.1）．また，萎凋細菌病抵抗性主働遺伝子座に強く連鎖したDNAマーカーを開発し，抵抗性個体を幼苗期に予備選抜することが可能となった（Onozakiら，2004）．

この他，キクの重要病害である白さび病には抵抗性に顕著な品種間差異があることが明らかになっており，抵抗性品種の育成はそれほど困難でない（山口，1976）．

このような交雑による抵抗性品種の育成に加えて近年は遺伝子組換え技術を利用した抵抗性品種の作出も試みられており，キュウリモザイクウイルス（CMV）抵抗性ペチュニアが報告されている（芦刈，1992）．

これはウイルスの外被蛋白遺伝子を植物体内で発現させるとそのウイルスに対して抵抗性が現れる現象を利用したもので，CMV-Y系統をタバコで増殖さ

せ，ウイルス粒子を精製し，このウイルスからゲノム RNA を抽出して，cDNA を合成し，外被蛋白遺伝子を得る．さらにこの cDNA を 35 S プロモーターの下流につなぎ，Ti プラスミドのバイナリー・ベクター系を用いてペチュニアに導入する．その後，カナマイシン抵抗性のカルスを選択し，植物体に再生させる．次に，これらの再生植物体の葉の抽出液を用いて ELISA により外被蛋白の発現を調べたところ，これらの植物 6 クローン中 4 クローンで発現が確認された．そのなかで ELISA 値の最も高いクローン（MCB2）を用いて CMV-Y 系統の接種試験を行ったところ，接種ウイルス濃度が $4\,\mu g/ml$ まで完全なウイルス抵抗性を示した．また，作出したウイルス抵抗性ペチュニアを元株と比較したところ，選択マーカーとしてのカナマイシン耐性と目的形質である CMV 抵抗性が獲得された以外に特性形質に差は認められなかった．

c．化学的防除

農薬による防除は化学的防除と呼ばれる．農薬には殺菌剤（fungicide），殺虫剤（insecticide），殺線虫剤（nematocide）などがある．使用法には散布，浸漬，かん注，注入，塗布，くん煙，くん蒸などがある．

花卉の栽培はそのほとんどが施設で行われているが，施設栽培は環境条件が高温多湿になりやすいことや，同一作物が連作されるため病害虫が発生しやすく，防除回数が多くなっている．施設内では動力噴霧機を使った防除が一般的に行われているが，密閉された空間で作業が行われるため，作業者の農薬被爆，吸引など健康，安全面で問題がある．

そこで近年施設栽培ではその密閉性を逆に利用して種々の無人防除法が試みられており，生産者の農薬に対する安全使用への関心が高まるとともに，その有用性が認められ，徐々に普及してきている．

無人防除法には，(1) くん煙（自燃式，サーチ式，暖房式，電熱式），(2) 蒸散器，(3) 常温煙霧機，(4) 自走式薬剤散布装置（自走多目的，多目的細霧，ロボット式）などが普及している．

この他，温湯や蒸気を利用して土壌を消毒する物理的防除もある．

2. 病害虫防除と環境問題

　世界的な潮流となっている環境問題でとりわけ国民の意識が高く，環境にやさしい花卉生産が世界で最も望まれているオランダでは河川の水を飲料としているので地下水の汚染を防ぐため，農薬と化学肥料の使用量を2000年までに65％減少する規制措置が立法化し，花卉生産方法の大改革が求められたが，この目標は達成した．

　その対策として，(1) 土壌消毒や農薬散布に資格制度を設け，散布器具を点検し，殺虫，殺菌剤の使用を許可された種類と品種に限定し，散布量を厳守させる，(2) 生態的防除や総合防除，散布技術の改善を進める，(3) 輸入植物の検疫を厳しくし，必要であれば隔離栽培する，(4) 耐虫，耐病性品種および成長調節剤や鮮度保持剤を使わなくてもよい品種の育成，(5) 吸引式の胞子採集器とアンタクバイチ選択培地の利用による適期の効率防除による散布回数と散布量の軽減などへの財政的支援を強化することが実施されている．

3. 無病苗生産

　組織培養によって大量増殖が可能になるが，無病化と大量増殖は基本的には異質なものである．無病苗生産では組織培養はウイルスやバクテリアのフリー化のために利用され，増殖は培養によらない．これに対し，大量増殖では増殖過程の大部分は初代培養，増殖，発根，順化などに費やされ，通常検定なしに生産に利用される．

　無病苗とは同定された既知の病原がないと検定された苗であり，同様にウイルスフリー苗は同定された既知のウイルスが存在しないと検定された苗である．

　ウイルスフリー化のためにはできるだけ小さく摘出した茎頂 (shoot apex) だけが外植体として利用されるが，大量増殖にはえき芽 (axillary bud)，りん片 (scale)，花蕾，葉切片，花序，花柄，節切片など多くの器官が用いられている．しかし，茎頂培養 (apical meristem culture) を行ってもウイルスが除去できるとは限らない．培養後の保毒検定でウイルスのフリー化を確認する必要がある．

無病苗生産の際，対象となる病害がカーネーションの萎凋細菌病，萎凋病，キクの半身萎凋病，青枯病などのように道管病の場合には切片テストでよく，茎頂培養の必要はない．これに対し，ウイルスフリー化を目的に茎頂培養すると道管病もフリー化できるので切片テストの必要はない．

アメリカ合衆国で1945年に発見され，わが国でも1982年に花田・川田らによって保毒が確認されたキクの矮化を起こすウイロイド（Chrysanthemum stunt viroid, CSVd）は熱処理を併用しても茎頂培養によりフリー化することは不可能で，現在のところ罹病株の除去で対応するしか方法がない．罹病株を抜き取ると，その際の根の切断により，隣接する健全株に伝染する．

茎頂培養すると，変異が発生することがある．品種改良の目的では変異が多い方がよいが，種苗の無病化，大量増殖では極力抑えなければならない．栄養繁殖性作物では自然界で常に体細胞変異が起こっているので，培養する前に十分選抜し，最も優秀な1系統から増殖することが肝要である．

培養による変異を少なくするためには，(1) 1茎1芽培養（茎頂1つから1本のシュートを発生させる茎頂培養）とし，カルスを経ずに植物体を再生する，(2) 培養期間を短くする，(3) 継代培養しない，(4) 培地中のホルモン濃度を低くするなどの対策がとられている．

茎頂培養による変異は，カーネーションでは花色，草丈，開花期（遅延），開花節数（増加）など，キクでは花色，葉形，花の大きさ，枝数（減少），開花期（遅延）などに見られる．

a．カーネーション

挿し穂で伝染する病害にはウイルス病に carnation mottle virus（カーネーション斑紋ウイルス），carnation vein mottle virus（カーネーションベインモットルウイルス），carnation latent virus（カーネーション潜在ウイルス），carnation etched ring virus（カーネーションエッチドリングウイルス），carnation ringspot virus（日本で未発生のため和名は正式にはない．おそらくカーネーション輪紋ウイルスと思われる），道管病に（萎凋細菌病，立枯細菌病，萎凋病）があり，茎頂培養苗が広く普及している．

カーネーションが罹病するウイルスではカーネーションモットルウイルスが

表15.2 ピーターフイッシャーの系統比較（小沢，1962）

系統番号	収量^z（本）	花弁数	茎の太さ^y	葉幅^x（mm）
1	54	52	2.4	0.79
2	48	53	2.3	0.82
3	54	52	2.3	0.74
4	47	52	2.5	0.75
5	54	58	2.5	0.78
6	59	55	1.8	0.67
7	43	58	2.1	0.71
8	44	68	2.7	0.76
9	48	60	2.6	0.79
10	56	58	1.4	0.69

^{z}：1959年11月〜1960年5月16日の7株当りの収量
^{y}：1.細い，2.中間，3.太い
^{x}：花部より5節めの葉を測定

最も普遍的であるが，多くの場合重複感染し，同時に顕著な病徴を現し，生産力が低下する．

カーネーションはウイリアムシムに見られるように自然界で容易に変異し，花色だけでなく花形，開花の早晩生，葉，茎の形状，がく割れ，首曲り，茎曲りなどに個体差が見られる．小沢（1962）は当時日本におけるカーネーションの主流品種であったピーターフィッシャーの系統を神奈川県下の産地から収集し，切り花本数，品質（花弁数，茎の太さ，葉幅）に大きな差が見られることから，系統選抜の必要性を指摘している（表15.2）．

茎頂培養苗を作成するには選抜した優れた系統の茎頂から葉原基を4枚つけた高さ0.3〜0.5 mmの茎頂を摘出し，Holley and Baker培地かハイポネックス（狩野）培地を用いて1茎1芽培養する．置床後2カ月でシュート長1 cmで発根した苗になるので，その後順化する．ウイルス検定はアカザ（*Chenopodium amaranticolor*）を用いた汁液接種法で行う．ウイルス検定と同時に必ず開花させて変異の有無を確認する．無病苗の利用は栽培管理条件にも左右されるが，3作が限度で，毎年更新するのが望ましい．

カーネーションでは無病化することにより株当たりの切り花本数が増加し，品質が向上するが，着花節位が高くなり，開花が遅れる場合もある．

b. キ ク

キクで問題となる挿し穂で伝染する病害は表15.3に示すウイルス（CVB）と2種のウイロイド（CSVd, CCMVd），半身萎凋病（*Verticillium dahliae*），軟腐病（*Erwinia carotovora*）などがある．山口ら（1977, 1978）は131の品種，系統を供試して，キクの経過年数とCMMV, CVB保毒率の推移との関係を調べ，実生当代0％，2年後10％程度，3〜4年後25％程度，5〜9年後（新品種が普及・定着する年次）30％程度，10〜21年（古い主力品種）では75％以上が保毒していることを明らかにした．

Horstら（1977）はキクに感染するウイロイドとウイルスが切り花生体重，茎長，花径に及ぼす影響を調査し，4種のウイルスおよびウイロイドはキクの切り花品質を低下させるが，CSVd（キク矮化ウイロイド）の被害が最も大きいと述べている．また，CSVdは発根も著しく阻害する．

このようにキクにおいても茎頂培養の必要性は高いが，わが国ではキクの無病苗の生産体系についてはカーネーションほど熱心に取り組まれていない．それはキクの重要なウイルスであるCVB（キクBウイルス）と欧米のCAVと同一とみられるCMMV（キク微斑ウイルス）の罹病によって致命的な影響を受けないため，カーネーションのような顕著なウイルスフリー化の効果がないことと，CSVdの保毒率がきわめて低かったこと，茎頂培養により開花遅延など生産上不都合な点が生じるために無病化に対する関心が薄いためである．

しかし，わが国でも近年CSVd（キク矮化ウイロイド）が大きな問題となっている．CSVdの検定は，キクの品種ミスルトー（Mistletoe）への接ぎ木による生

表15.3　キク10品種の切り花生体重，茎長，花径に及ぼすウイルスおよびウイロイドの影響（Horst *et al.*, 1977）

項目	ウイルスおよびウイロイド		
	CSVd[y]	CCMVd[y]	CVB[y]
切り花生体重	29[z]	10	17
茎　長	15	5	10
花　径	9	1	4

[z]：数字は無接種対照区に対する平均減少率（％）を示す
[y]：CSVd : Chrysanthemum stunt viroid, CVB: Chrysanthemum virus B
　　CCMVd : Chrysanthemum chlorotic mottle viroid

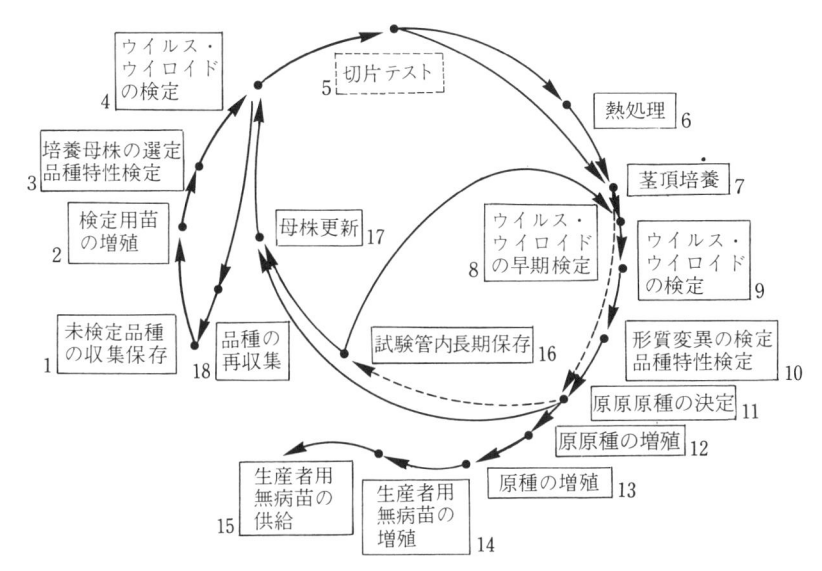

図15.3　キクの無病苗生産と検定の模式図（Horst, 1975；山口改変）

物検定が主流であるが，日数を要するため遺伝子診断（ポリアクリルアミド電気泳動法や逆転写PCR法あるいはRT-PCR法）による検定も始まっている．

　キクでは無病化することによる効果は草丈の伸長，切り花本数の増加，品質（切り花重，上物率）の向上，発根率の向上，摘心後の側枝の伸長などに見られるが，効果の品種間差が大きく，一般的に開花期が遅れる傾向が認められる．なお，キクのウイルスフリー化率は熱処理後の茎頂培養と検定技術の改善によって大幅に向上できる．

　図15.3にキクの無病苗生産と検定の模式図を示す．

c．花卉球根類

　花卉球根類に寄生・加害する病害虫は非常に多く，球根生産の圃場だけでなく，貯蔵，輸送中，切り花・鉢物生産においても発生し，安定生産を阻害する大きな要因となっている．病害の中ではウイルスが致命的である．これは花卉球根には栄養繁殖するものが多いためである．

　花卉球根類には種々のウイルスが発生するが，表15.4に代表的な球根である

表15.4 わが国のチューリップとユリ類に発生する主なウイルスと伝染方法（山本，1994）

チューリップ	
ウイルス名	伝染方法
キュウリモザイクウイルス（CMV）	虫媒（アブラムシ）
チューリップモザイクウイルス（TBV）	虫媒（アブラムシ）
タバコネクロシスウイルス（TNV）	土壌（オルピジウム菌）
タバコ茎えそウイルス（TRV）	土壌（線虫）
ユリ潜在ウイルス（LSV）	虫媒（アブラムシ）

ユリ類	
ウイルス名	伝染方法
キュウリモザイクウイルス（CMV）	虫媒（アブラムシ）
チューリップモザイクウイルス（TBV）	虫媒（アブラムシ）
カンキツタターリーフウイルス（CTLV）	汁液伝染・種子伝染
ユリ潜在ウイルス（LSV）	虫媒（アブラムシ）

チューリップとユリに発生するウイルスと伝染方法を示す．

　球根類のウイルス検定は接種によるのが一般的であったが，検出に要する労力と時間，精度などの点から圃場診断技術としては難点がある．とくにLSV（Lily symptomless virus）やTBV（Tulip breaking virus）のように球根類固有のウイルスでは簡単に作れる検定植物がない．このような観点からチューリップやユリ類などのLSVやTBV診断法としてELISA法（酵素抗体結合法）やDIBA法が確立されている．

d．無病苗の生産・供給体制

　わが国では無病苗生産が地方自治体や種苗業者で行われているが，オランダではNAKB（General Netherlands Inspection Service for Floriculture and Arboriculture）という半官半民の無病苗検定機関があり，病害虫の新しい防除法やテスト法，それに繁殖方法の開発を行っており，カーネーション，キク，ネリネ，シクラメン，フリージア，ペラルゴニウム，アルストロメリア，アンスリウム，アスター，ベゴニア，ブバルジア，ガーベラなど数多くの花卉や観賞

樹木のウイルス，ウイロイド，ファイトプラズマ，糸状菌，細菌などの検定を最新の手法を用いて行っている．オランダ国内で種苗を取り扱う場合にはNAKBの発行する保証書がなければならないシステムが確立されており，国をあげて種苗の無病化を徹底する努力がなされている．

参考文献

1) 芦刈俊彦．1992．花卉育種におけるバイオテクノロジーの利用．花葉会セミナー資料：13-16．千葉大学園芸学部花葉会．
2) 小野崎　隆・池田　広・山口　隆・姫野正己・天野正之・柴田道夫．2002．萎凋細菌病抵抗性中間母本'カーネーション農1号'の育成とその特性．園芸学研究 1：13-16．
3) 小野崎　隆．2003．萎凋細菌病抵抗性カーネーションの育種．農業技術 58(1)：30-35．
4) Onozaki, T., N. Tanikawa, M. Taneya, K. Kudo, T. Funayama, H. Ikeda and M. Shibata. 2004. A RAPD-derived STS marker is linked to a bacterial wilt (*Burkholderia caryophylli*) resisteance gene in carnation. Euphytica 138：255 – 262．
5) 花田　薫・栃原比呂志・橋本純冶・沖村　誠・川田穣一．1982．わが国のキクから分離されたキク矮化ウイロイド．日植病報 48(1)：131．
6) 本間善久．1991．拮抗微生物による土壌病害の生態的防除．生物と化学 29(8)：503 – 509．
7) Horst, R. K. and R. H. Lawson. 1975. A Comparison of biological and serological tests to detect chrysanthemum aspermy virus. Plant Disease Reporter 59 (4)：318-322．
8) Horst, R. K., R. W. Langhans and S. H. Smith. 1977. Effects of chrysanthemum stunt, chlorotic mottle, aspermy and mosaic on flowering and rooting of chrysanthemum. Phytopathology 67：9-14．
9) 藤野守弘．1990．花卉の組織培養における変異の発生．バイオホルティ 4：15-18．
10) 木嶋利男．1991．農産物病害虫の生態的防除（上）．TSA 45(10)：49-51．
11) 岸　国平・大畑寛一．1986．微生物と農業―農業の未来を開く微生物―．全国農村教育協会．東京．
12) 大石一史．1990．無病苗の育成技術．p.38-64．米村浩次編著．カーネーション上巻．誠文堂新光社．東京．
13) 小沢　博．1962．温室カーネーションに関する研究（第1報）1．ピーターフィッシ

ャーの葉型と開花の早晩性，2. ピーターフィッシャーの系統選抜試験. 神奈川園研報 10：77-84.
14) 柴田道夫. 1988. 切り花花卉の組織培養による種苗の現状と問題点. 農業および園芸 1：209-213, 2：50-52.
15) 武田恭明. 1970. カーネーションの茎頂培養の実際1-2. 農業および園芸 45 (8)：91-94, 45 (9)：87-91.
16) 梅谷献二・加藤 肇. 1990. 土壌有用微生物とその利用. 養賢堂. 東京.
17) 渡部 仁. 1988. 微生物で病害を防ぐ. 裳華房. 東京.
18) 山口 隆. 1976. 栽培ギクの白さび病防除と耐病性品種の育成. 農業および園芸 51 (3)：435-440.
19) 山口 隆. 1979. キクの無病苗生産に関する諸問題1-4. 農業および園芸 54 (1)：57-60, 54 (2)：91-95, 54 (3)：71-76, 54 (5)：81-84.
20) 山口 隆. 1987. カーネーションの病害抵抗性育種の現状と展望. 昭和62年度日種協育技研シンポジウム資料77-100. 野菜茶業試験場.
21) 山口 隆. 1990. 種苗生産技術の進歩. 研究ジャーナル 13 (1)：38-46.
22) 山本孝稀. 1994. 花卉球根類のウイルス検定と防除. 研究ジャーナル 17 (6)：25-29.

索　引

ア

アーチング栽培 ……… 150
RHS カラーチャート …… 185
RNA‒Ag＋trishydroxymethyl-
　aminomethane …… 166, 168
アールスメール市場 …… 203
IAA …………… 123, 174
ISHS ………………… 185
相対売り ………… 189, 190
亜鉛 ………………… 152
青枯病 ……………… 220
アカザ ……………… 221
赤土 ………………… 144
秋ギク …………… 94, 99
秋播き一年草 ………… 10
アグロピン型 ………… 214
アジアティックハイブリッド
　…………………… 106
亜硝酸態窒素 ………… 137
アセトシリンゴン …… 213
後処理剤 …… 159, 166, 168
アブシジン酸 ………… 82
abortion …………… 118
アミノオキシ酢酸 …… 168
アルストロメリア …… 124
暗期中断 ………… 80, 100
暗きょ排水設備 ……… 136
暗黒処理 ……………… 69
アンシミドール ……… 86
anthesis ……………… 76
アントシアニン類 …… 180
暗発芽種子 …………… 47
アンモニア態窒素 …… 137

イ

イオン交換容量 ……… 57
維管束閉塞 …… 156, 161
育種 …………… 30, 32

育種法 ……………… 33
育苗管理 ……………… 56
委託手数料 ………… 189
一代雑種 ………… 36, 41
一代雑種育種法 ……… 35
一年草 ……………… 10
萎凋細菌病 … 136, 216, 220
萎凋病 …………… 216, 220
一輪ギク …………… 100
一季咲き性 ………… 118
遺伝子組換え ……… 40, 42
遺伝子組み換え技術 … 217
遺伝資源 ………… 33, 34
遺伝子工学 …………… 53
遺伝子診断 ………… 223
色抜き ……………… 140

ウ

ウイルス …………… 211
ウイルス媒介 ……… 211
ウイルス病 ………… 220
ウイルスフリー ……… 50
ウイルスフリー苗 …… 219
ウイロイド …… 211, 220
植木 ………………… 189
ウニコナゾールP ……… 86
うらごけ …………… 101

エ

AOA …………… 166, 168
英国王立園芸協会（RHS）・185
ACC ……………… 158
ACC合成酵素 ……… 158
ACC酸化酵素 ……… 158
a値 ………………… 186
ABA ……………… 123
ABA様物質 ………… 121
栄養障害 …………… 211
栄養成長相 …………… 66

栄養生理障害 ……… 135
栄養繁殖 …… 11, 48, 53
栄養繁殖性花卉 … 31, 35
栄養繁殖苗 …………… 55
栄養繁殖分離法 ……… 36
液面上下式 ………… 145
S-アデノシルメチオニン・158
SAM ………… 158, 168
STS ………………… 167
STS処理 …………… 173
エステル類 ………… 186
エセフォン ……… 47, 84
枝変わり …………… 116
枝変わり品種 ………… 38
枝接ぎ ……………… 49
枝物 …………… 11, 29
エチレン ……… 82, 157
エチレン作用阻害剤 … 158
エチレン処理 ………… 84
NAA ……………… 174
NAKB・…………… 224
NFT ……………… 147
ebb and flood ……… 145
F_1品種 ………………… 31
MS培地 ……………… 52
ELISA ……………… 224
ELISA検査 ………… 209
LSV ……………… 224
L値 ………………… 186
煙害 ………………… 211
塩基置換容量 … 142, 145
園芸的分類 …………… 8
遠心花序 …………… 27
塩素 ………………… 152
円柱崩壊 …………… 156
延命剤 ……………… 166
塩類集積 …………… 135
塩類プライミング処理 … 56

228　索　引

オ

オーキシン ‥‥82, 118, 121
オートマチックシーダー ‥‥57
オールドバイオテクノロジー
　‥‥‥‥‥‥‥‥‥‥‥40
オーロン類 ‥‥‥‥‥‥ 180
おがくず ‥‥‥‥‥‥‥ 144
岡山平和型品種 ‥‥‥‥‥96
晩生品種 ‥‥‥‥‥‥‥‥73
オクトピン型 ‥‥‥‥‥ 214
オスモプライミング処理‥‥58
オットーローズ ‥‥‥‥ 187
オパイン ‥‥‥‥‥‥‥ 213
オランダ国立園芸作物育種
　研究所 ‥‥‥‥‥‥‥ 119
オランダ国立作物育種生殖
　研究所 ‥‥‥‥‥‥‥ 119
オリエンタルハイブリッド
　‥‥‥‥‥‥‥‥‥‥ 106
卸売市場 ‥‥‥‥‥‥‥ 189
温室植物 ‥‥‥‥‥‥‥‥13
温湯消毒 ‥‥‥‥‥‥‥ 137
温湯処理 ‥‥‥‥‥‥‥‥84
温湯浸漬 ‥‥‥‥‥ 108, 208
温度比例域 ‥‥‥‥‥‥‥91

カ

ガーデンセンター ‥‥‥ 194
カーネーション ‥‥ 151, 220
カーバイト ‥‥‥‥‥‥‥84
ガーベラ ‥‥‥‥‥ 151, 178
開花 ‥‥‥‥‥‥‥‥66, 76
開花・結実相 ‥‥‥‥‥‥66
外花蓋 ‥‥‥‥‥‥‥‥‥23
開花枝 ‥‥‥‥‥‥‥‥ 118
開花調節 ‥‥‥‥‥67, 73, 76
開花調節技術 ‥‥‥‥‥‥66
外花被 ‥‥‥‥‥‥‥23, 73
塊茎 ‥‥‥‥‥‥‥‥‥‥12
塊根 ‥‥‥‥‥‥‥‥‥‥12
下位子房 ‥‥‥‥‥‥‥‥25

外植体 ‥‥‥‥‥‥‥‥ 219
外生エチレン ‥‥‥‥‥ 174
外生菌根菌 ‥‥‥‥‥‥ 212
外的品質 ‥‥‥‥‥‥‥ 176
カイネチン ‥‥‥‥‥‥ 123
界面活性剤 ‥‥‥‥‥‥ 166
花芽 ‥‥‥‥‥‥ 68, 73, 76
花蓋 ‥‥‥‥‥‥‥‥‥‥23
花芽休眠相 ‥‥‥‥‥‥‥66
価格設定 ‥‥‥‥‥‥‥ 189
化学的変異源 ‥‥‥‥‥‥38
化学的防除 ‥‥‥‥‥‥ 218
花芽形成 ‥‥‥‥‥‥‥‥76
花芽形成相 ‥‥‥‥‥‥‥66
花芽分化 ‥‥‥‥‥ 74, 76, 93
花冠 ‥‥‥‥‥‥‥‥22, 24
花卉 ‥‥‥‥‥‥‥‥‥‥1
花卉園芸 ‥‥‥‥‥‥‥‥1
花卉園芸学 ‥‥‥‥‥‥‥1
花卉卸売市場 ‥‥‥‥‥ 189
花卉球根類 ‥‥‥‥‥‥ 223
がく ‥‥‥‥‥‥‥‥22, 24
核多角体病ウイルス ‥‥ 215
がく片 ‥‥‥‥‥‥ 23, 24, 73
学名 ‥‥‥‥‥‥‥‥‥‥9
隔離検疫 ‥‥‥‥‥ 203, 206
隔離検疫検査 ‥‥‥‥‥ 209
隔離栽培 ‥‥‥‥‥‥‥ 219
隔離圃場 ‥‥‥‥‥‥‥ 209
火山灰土 ‥‥‥‥‥‥‥ 144
花糸 ‥‥‥‥‥‥‥‥‥‥24
花式 ‥‥‥‥‥‥‥‥‥‥26
花式図 ‥‥‥‥‥‥‥‥‥26
花色素 ‥‥‥‥‥‥‥‥ 180
花軸 ‥‥‥‥‥‥‥‥22, 27
夏秋ギク ‥‥‥‥‥‥‥‥99
花熟 ‥‥‥‥‥‥‥‥‥‥73
花熟相 ‥‥‥‥‥‥‥‥‥66
花序 ‥‥‥‥‥‥‥‥‥‥27
花床 ‥‥‥‥‥‥ 22, 24, 123
花色 ‥‥‥‥‥‥‥ 180, 182
化成肥料 ‥‥‥‥‥‥‥ 141

花成誘導 ‥‥‥‥‥‥71, 72
硬切り ‥‥‥‥‥‥‥‥ 161
花壇苗 ‥‥‥‥‥‥‥‥‥1
花壇苗生産 ‥‥‥‥‥‥‥19
花柱 ‥‥‥‥‥‥‥‥‥‥25
活動寄生性 ‥‥‥‥‥‥ 212
家庭用花 ‥‥‥‥‥‥‥‥6
果糖 ‥‥‥‥‥‥‥‥‥ 159
鹿沼土 ‥‥‥‥‥‥‥‥ 144
加熱処理 ‥‥‥‥‥‥‥ 208
カノコユリ ‥‥‥‥‥73, 109
下胚軸 ‥‥‥‥‥‥‥‥‥47
花被 ‥‥‥‥‥‥‥‥‥‥23
株分け ‥‥‥‥‥‥‥11, 49
花粉 ‥‥‥‥‥‥‥‥‥‥24
花粉塊 ‥‥‥‥‥‥‥‥‥25
花粉管 ‥‥‥‥‥‥‥‥‥25
花粉媒介者 ‥‥‥‥‥‥‥24
花粉母細胞 ‥‥‥‥‥‥‥24
花柄 ‥‥‥‥‥‥‥‥22, 123
花弁 ‥‥‥‥‥‥‥ 23, 73, 123
花弁折れ ‥‥‥‥‥‥‥ 140
花木 ‥‥‥‥‥‥‥‥11, 189
花木生産 ‥‥‥‥‥‥‥‥19
花木類 ‥‥‥‥‥‥‥‥‥1
仮雄ずい ‥‥‥‥‥‥‥‥22
花葉 ‥‥‥‥‥‥‥‥‥‥22
カラーチャート ‥‥‥‥ 185
カリ ‥‥‥‥‥‥‥ 122, 136
顆粒病ウイルスグループ‥215
過リン酸石灰 ‥‥‥‥‥‥57
カルコン類 ‥‥‥‥‥‥ 180
カルシウム ‥‥‥‥ 136, 152
カルス ‥‥‥‥‥‥‥‥‥41
cultivar ‥‥‥‥‥‥‥‥‥10
カロテノイド ‥‥‥‥‥ 180
カロテン ‥‥‥‥‥‥‥ 180
寒ギク ‥‥‥‥‥‥‥94, 99
間欠照明 ‥‥‥‥‥‥‥‥80
感光性 ‥‥‥‥‥‥‥‥‥99
感光相 ‥‥‥‥‥‥‥66, 98
乾式貯蔵 ‥‥‥‥‥‥‥ 163

索引　229

乾式輸送 ………… 165
管状花 ……………… 99
観賞樹木生産 ……… 19
緩衝能 ……………… 57
管状花 …………… 100
乾生植物 …………… 12
完全花 ……………… 22
完全変異体 ………… 38
かん注 …………… 218
寒天 ………………… 50
観葉植物 ……… 1, 12, 18

キ

器官形成 …………… 71
偽菌根菌 ………… 212
キク …… 93, 151, 177, 222
キクBウイルス …… 222
キク微斑ウイルス … 222
キク矮化ウイロイド … 222
奇形 ……………… 118
奇形花 ………… 78, 120
起原層 ……………… 38
木子 ………………… 50
気候型 ……………… 71
季咲き栽培 ………… 98
キサントフィル … 180
傷つけ法 …………… 50
寄生 ……………… 212
寄生作用 ………… 212
季節生産 …………… 16
拮抗糸状菌 ……… 212
基本栄養成長 ……… 97
逆転写PCR法 …… 223
キャンバスホース法 … 137
吸引 ……………… 218
求心花序 …………… 27
球茎 …………… 12, 50
球根 ………… 12, 189
球根植物 …………… 11
球根類 ……………… 11
吸枝 …………… 11, 49
吸汁害 …………… 211

吸水 ……………… 156
急速伸長段階 ……… 89
吸着阻害 ………… 214
休眠 …… 47, 67, 76, 129
休眠ロゼット相 …… 66
休眠化 ……………… 70
休眠覚醒 ………… 108
休眠型 ……………… 71
休眠打破 ・47, 67, 69, 71, 83
休眠打破処理 …… 108
休眠物質 …………… 69
休眠誘導 …………… 67
キュウリモザイクウイルス
　………………… 217
競合 ……………… 212
共生 ……………… 212
共同選別 ………… 191
共同販売 ………… 191
共同輸送 ………… 191
巨大性 ……………… 39
切り枝 ……………… 17
切り葉 ……………… 17
切り花 ・・1, 14, 17, 176, 189
切り花温度 ……… 157
切り花生産 ………… 17
切り花保存剤 …… 166
切り前 …………… 161
銀イオン ………… 167
近縁野生種 ………… 34
近交弱勢 …………… 35
菌根菌 …………… 212
菌類寄生ウイルス … 212

ク

クールクロップ …… 15
9月咲きギク ……… 94
茎挿し ……………… 48
首折れ …………… 140
首折れ曲がり …… 139
クラウンゴール … 213
グラフ追跡法 ……… 92
クリーニングクロップ … 136

クローン ……… 50, 51
クローン増殖法 …… 51
クロルピクリン剤 … 136
クロルメコート … 84, 86
クロロシス …… 91, 140
くん煙 …………… 218
くん煙処理 ………… 84
くん蒸 ……… 208, 218

ケ

形態形成 …………… 66
茎頂培養 ……… 51, 219
茎頂培養苗 ………… 62
茎頂分裂組織 ……… 50
系統 ………………… 36
系統育種法 ………… 35
結実 ………………… 66
ケトン …………… 186
ケミカルコントロール … 82
ゲラニオール …… 187
減圧貯蔵 ………… 163
限界暗期 …………… 79
原塊体 ……………… 51
限界日長 …… 79, 81, 97, 99
原形質体 …………… 41
嫌光性種子 ………… 47
減少期 ……………… 28
減数分裂 …………… 24

コ

コイア …………… 144
高温乾燥貯蔵 ……… 47
高温限界 …………… 46
高温栽培 …………… 99
高温条件 …………… 66
高温処理 …………… 71
高温要求 …………… 71
後休眠期 …………… 68
光合成産物 ……… 122
好光性種子 …… 47, 83
交雑育種法 ………… 35
交雑不和合性 ……… 35

交差防御 …………… 212	酢酸銀 ……………… 167	自走式薬剤散布装置 …… 218
高山植物 ……………… 13	挿し木 ……………… 48	シダ植物 ……………… 13
光周性 ………………… 94	挿し木繁殖 …………… 48	7月咲きギク ………… 94
耕種的防除 …………… 211	挿し芽 ……………… 48	実花葉 ……………… 22
抗生 ………………… 212	殺菌剤 ………… 166, 218	湿式貯蔵 …………… 163
合生 ………………… 23	殺菌用塩素 …………… 178	湿式輸送 …………… 165
酵素抗体結合法 ……… 224	雑種強勢育種法 ……… 35	湿潤種子 …………… 103
後代検定法 …………… 36	殺生性 ……………… 212	湿潤処理 …………… 47
好適輸送温度 ………… 172	殺線虫剤 ……………… 218	湿潤貯蔵 …………… 77
合弁花冠 ……………… 23	殺虫剤 ……………… 218	湿生植物 ……………… 13
合片がく ……………… 23	サボテン ……………… 12	質的短日植物 …… 95, 99
高冷地育苗 …………… 107	summer sprouting … 107, 112	質的低温要求性 ……… 71
コーティング種子 …… 56	左右相称花 …………… 24	湿展剤 ……………… 57
コールドチェーン …… 166	散形花序 ……………… 27	室内植物 ……………… 12
国際園芸学会 ………… 185	酸性化 ……………… 136	自動真空播種機 ……… 57
国際植物防疫条約 …… 207	散布 ………………… 218	自動播種機 …………… 57
国際植物命名規約 …… 9	散房花序 ……………… 27	シトロネロール ……… 187
黒色化 ……………… 160		自発休眠 ……………… 67
個人出荷 …………… 190	**シ**	四分子 ……………… 24
個人選別 …………… 191	シアニジン系 ………… 182	ジベレリン …… 47, 82, 166
個人輸送 …………… 190	シアニン …………… 182	ジベレリン処理 ……… 84
互生 ………………… 23	GA ………………… 121	子房 ………………… 25
固定品種 ……………… 31	GA$_3$ ……………… 123	子房培養 ……………… 41
コルヒチン処理 ……… 41	CA貯蔵 …………… 163	遮光 ………………… 121
根茎 …………… 12, 126	GA散布 …………… 122	雌雄異花 ……………… 22
根圏微生物相 ………… 135	CEPA ……………… 123	雌雄異株 ……………… 22
根出葉 ……………… 71	CCC ……………… 123	汁液接種法 …………… 221
コンテナ …………… 171	自家不和合性 ………… 35	周縁キメラ …………… 38
根頭がんしゅ病 … 136, 213	四季咲き性 …………… 116	集荷 ………………… 189
	色素 ………………… 183	臭化メチル剤 ………… 136
サ	色相 ………………… 186	集散花序 ……………… 27
差圧通風冷却 ………… 166	色度座標値 …………… 186	十字形花冠 …………… 24
細菌 ………………… 211	子球 ………………… 50	従属栄養型植物 ……… 52
再出芽 …………… 107, 112	自己誘導型植物 ……… 116	集団育種法 …………… 35
再電照 ……………… 101	糸状菌 ……………… 211	重炭酸 ……………… 152
彩度 ………………… 186	糸状菌間寄生 ………… 212	集団選抜法 …………… 36
サイトカイニン …… 82, 121	自殖性 ……………… 35	シュート ……………… 41
栽培温度 ……………… 66	雌ずい ………… 22, 25, 73	雌雄同花 ……………… 22
栽培地検査 …………… 209	施設栽培 …………… 100	雌雄同株 ……………… 22
細胞融合 ………… 41, 42	事前検疫 …………… 203	周年生産 ………… 15, 94
在来種 ……………… 34	自然日長 ……………… 81	集約栽培 …………… 136
作型 …………… 59, 95	自然分球 ……………… 50	珠芽 ………………… 50

索 引　231

種間交雑 ……………35, 116	植物新品種種保護国際同盟	成長休止 ………………67
種子………………………46	（UPOV）…………43, 185	成長調節物質 ……47, 76, 82
樹枝状体 ………………213	植物組織培養 ……………51	成長抑制物質 …………82, 84
種子生産 …………………15	植物特許法 ………………44	生物的防除 …………211, 212
種子繁殖 …………………46	植物品種保護法 …………44	生物的防除剤 …………215
種子繁殖性花卉 ………31, 35	植物防疫法 ……………207	精油………………………186
種属間交雑 ……………35, 42	植物ホルモン ……………82	生理障害 ………………139
出荷団体 ………………189	ショック療法 ……………89	石灰………………………57
宿根草 ……………………11	ショ糖 …………………159	節間伸長 …………………71
樹皮………………………144	白さび病 ………………217	舌状花 …………………101
種苗………………………53	人為突然変異品種群 ……39	舌状花冠 …………………24
種苗生産 ……………19, 53	人為突然変異誘発 ………38	絶対的短日植物 …………95
種苗法 …………………31, 44	真の休眠期 ………………68	施肥量 …………………122
春化 ………………66, 67, 77	人工培地 …………………51	競り上げ方式 …………190
順化 ………………52, 170	真珠岩 …………………143	競り売り ………………189
純系分離法 ………………36	浸漬 ……………………218	競り下げ方式 …………190
上位子房 …………………25	浸漬処理 ………………108	競り時計 ………………190
常温煙霧機 ……………218	心皮 …………………25, 73	セル………………………57
常温輸送 ………………166	ス	セル成型苗 ……………19, 55
蒸気消毒 ………………136	水酸基 …………………182	前休眠期 …………………68
蒸散………………………156	穂状花序 …………………27	先祖返り …………………38
硝酸化成作用 …………137	水浸状化 …………………52	選択培地 ………………219
硝酸化成細菌 …………141	水生植物 …………………13	線虫 ……………………135
硝酸カリウム …………153	スクリュー回転型 ……145	線虫類 …………………211, 213
硝酸カルシウム ………153	スチーミングプラウ法 …137	剪定 ……………………122
蒸散器 …………………218	スファグナムピート ……142	鮮度保持剤 ……………68, 166
硝酸銀 …………………167	スプレーギク …………100	選抜………………………36
硝酸石灰 …………………57	スポロポレニン …………25	全葉挿し …………………48
硝酸態窒素 ……………136	スリーブ ………………171	蘇類 ……………………143
消失期 ……………………28	セ	ソ
鐘状花冠 …………………24	生育 ………………………66	相称花 ……………………24
上子葉休眠 ………………47	静菌作用 ………………135	増殖率 ……………………54
上胚軸 ……………………47	成熟期 ……………………29	総穂花序 …………………27
上胚軸休眠 ………………47	成熟相 ……………………98	層積法 ……………………47
上部給水 ………………145	生殖成長相 ………………66	相対的（量的）短日植物 …99
上偏生長 ………………171	生態的特性 ………………99	相対的長日植物 ……80, 102
初期萎凋 ………………156	生態的分類 ………………95	側球 ………………………50
食菌………………………213	ぜい沢吸収 ……………139	測色色差計 ……………186
食虫植物 …………………13	成長 ………………………66	促成栽培 …………………69
植物検疫 ……………197, 205	成長期 ……………………29	促成室 ……………………69
植物検疫証明書 …………209		粗孔隙 …………………145
植物検疫制度 …………207		

索引

組織培養 ……… 50, 53, 219
組織培養苗 …… 20, 55, 64
組織培養繁殖法 ……… 52
属間雑種 …………… 35

タ

第一リン酸アンモニウム・153
台木………………………49
大気汚染 …………… 211
胎座 ……………… 25, 41
対生 ………………… 23
堆肥 ………………… 144
太陽熱土壌消毒 …… 137
大量増殖 …………… 219
高接ぎ ……………… 49
高取り法 …………… 49
タケ・ササ類 ……… 13
多出花序 …………… 27
多種類少量生産 …… 145
他殖性 ……………… 35
ダゾメット剤 ……… 136
脱春化 ……………… 78
田土 ………………… 144
多肉植物 …………… 12
ダニ類 ……………… 213
多年草 ……………… 11
他発休眠 …………… 67
多品目少量生産 …… 18
ダミノジット ……84, 86
多量要素 …………… 152
湛液循環式 ………… 147
単茎性 ……………… 12
断根 ………………… 69
短日 ………………… 127
短日条件 …………… 66
短日植物 …………… 79
短日処理 …… 81, 94, 99
短日性 ……………… 95
単出花序 …………… 27
湛水消毒 …………… 137
単性花 ……………… 22
単頂花序 …………… 27

タンパク毒素 ……… 215

チ

遅延段階 …………… 89
チオ硫酸銀錯塩 … 166, 167
チオ硫酸ソーダ …… 167
置換性塩基 ………… 136
地生ラン …………… 12
地中冷却 …………… 129
チップバーン ……… 140
地被植物 …………… 13
地方卸売市場 ……… 189
地方種 ……………… 34
着生ラン …………… 12
中位子房 …………… 25
中央卸売市場 ……… 189
柱頭 ………………… 25
注入 ………………… 218
虫媒花 …………… 23, 24
沖積土 ……………… 144
頂芽優勢 …………… 83
蝶形花冠 …………… 24
長日 ………………… 128
長日植物 …………… 79
長日処理 ………… 79, 94
長日性 ……………… 95
超促成 …………… 69, 109
超促成栽培 ………… 109
頂端分裂組織 …… 73, 114
重複寄生 …………… 212
貯蔵室 ……………… 54

ツ

通道性 ……………… 156
接ぎ木 ……………… 49
接ぎ穂 ……………… 49
蕾受粉 ……………… 36
蕾貯蔵 ……………… 159
蕾貯蔵法 …………… 164
つる性植物 ………… 13

テ

DIBA法 ……………… 224
Tiプラスミド・213, 214, 218
D-D剤 ……………… 136
TBV ………………… 224
DFT ………………… 147
低温開花性 ………… 100
低温感受性 ………… 84
低温限界 …………… 46
低温条件 …………… 66
低温処理66, 69, 76, 103, 127
低温貯蔵 ………… 58, 163
低温輸送 …………… 166
低温要求性 ………… 71
低温流通システム … 196
抵抗性品種 ………… 216
DIF ……………… 60, 76, 88
底面給水 …………… 145
底面ひも給水 ……… 145
底面マット給水 …… 145
滴下処理 …………… 123
適地別季節生産 …… 94
適日長限界 ………… 99
テッポウユリ …… 106, 107
デルフィニジン …… 42
デルフィニジン系 … 182
テルペン族 ………… 186
電照 ……………… 79, 94
電照ギク …………… 100
電照栽培 ………… 80, 99
電照抑制栽培 ……… 99
天敵 ……………… 213, 214
天敵ウイルス ……… 215
転流 ………………… 122

ト

糖 …………………… 50
遠縁交雑 …………… 35
道管 ………………… 167
道管病 ……………… 220
道管閉塞 …………… 168

索 引

凍結貯蔵 …………… 115	軟腐病 …………… 222	倍数体 …………… 39
凍結貯蔵法 ………… 77		ハイドロポニックファーム
同質二倍体 ………… 41	ニ	………………… 147
冬至芽 ………… 66, 98	肉穂花序 …………… 27	売買参加人 ………… 190
頭状花序 …………… 27	二出花序 …………… 27	胚培養 ………… 41, 51
糖処理 …………… 159	日長 ……………… 76	ハイブリットティー系 … 116
凍霜害 …………… 211	日長処理 …………… 66	ハイブリットパーペチュアル系
淘汰 ……………… 36	二度切り ………… 100	………………… 116
導入期 …………… 29	二年生（越冬性）草本 … 11	培養液 …………… 152
透明細胞 ………… 143	二年草 …………… 10	培養液処方 ……… 154
東洋ラン …………… 12	2-フェニルクロモン核 … 180	培養苗 …………… 55
独立栄養型植物 …… 52	二名法 ……………… 9	バキュームシーダー … 57
土壌消毒 ………… 136	ニューバイオテクノロジー	バクテリア ……… 212
土壌生息菌 ……… 214	………………… 40	パクロブトラゾール … 86
土壌伝染性病害 … 136	New Crop ………… 30	葉挿し …………… 48
土壌物理性 ……… 135		播種機 …………… 57
土壌溶液濃度 …… 136	ネ	派生系統育種法 …… 35
特許法 …………… 44	ネグサレセンチュウ … 136	ハダニ類 ………… 211
突然変異 ………… 37	ネクロシス ……… 140	8-オキシキノリン硫酸塩・168
突然変異育種法 …… 37	ネコブセンチュウ … 136	8月咲きギク ……… 94
突然変異作出法 …… 33	根挿し …………… 48	鉢花 ……………… 18
トビムシ類 ……… 213	根接ぎ …………… 49	鉢物 ……… 1, 14, 18, 189
塗布 ……………… 218	粘着物質 ………… 156	鉢物生産 ………… 18
止め葉 …………… 99		鉢物専門市場 …… 190
共台 ……………… 49	ノ	発育 ……………… 66
ドライフラワー …… 17	農産種苗法 ………… 44	発育相 …………… 66
ドラム型 ………… 145	のう状体 ………… 213	発育段階説 …… 66, 98
ドラムシーダー …… 57	農薬被爆 ………… 218	発育不全 ………… 118
取り木 …………… 49	ノーズ …………… 71	発芽 ………… 46, 82
トルコギキョウ …… 101	ノパリン型 ……… 214	発芽勢 …………… 56
ドレンタイル法 …… 137		発芽促進処理 …… 56
	ハ	発芽適温 ………… 46
ナ	バーナリゼーション …… 66	発芽抑制物質 …… 46
内外生菌根菌 …… 212	バーミキュライト	発芽率 …………… 47
内花蓋 …………… 23	………… 57, 142, 143	パッドアンドファン冷房 … 15
内花被 ………… 23, 73	パーライト …… 57, 143	花小売店 ………… 193
内生エチレン …… 174	灰色かび病 ……… 163	花下がり（花）……… 78
内生菌根菌 ……… 212	バイオテクノロジー … 40	花鉢物 …………… 18
内生成長調節物質 … 122	配合土 ……… 57, 141	花持ち …………… 68
内的品質 ………… 177	胚珠 ………… 25, 41	花持ち剤 ………… 166
夏ギク ………… 94, 98	胚珠培養 ………… 41	パミス …………… 144
夏休眠型 ………… 106	倍数性利用育種法 … 39	葉芽挿し ………… 48

バラ
バラ ‥‥ 116, 150, 177, 184, 187
バラ形花冠 ‥‥‥‥‥‥‥ 24
腹接ぎ ‥‥‥‥‥‥‥‥‥ 49
パルシング処理 ‥‥‥‥ 159
春播き一年草 ‥‥‥‥‥‥ 10
半自動真空播種機 ‥‥‥ 57
繁殖法 ‥‥‥‥‥‥‥‥‥ 46
繁殖方法 ‥‥‥‥‥‥‥‥ 53
半身萎凋病 ‥ 136, 220, 222
半数性幼植物体 ‥‥‥‥ 41
半数体 ‥‥‥‥‥‥‥‥‥ 40
半促成 ‥‥‥‥‥‥‥‥‥ 109
半促成栽培 ‥‥‥‥‥‥ 109
ハンター ‥‥‥‥‥‥‥ 186

ヒ
BA ‥‥‥‥‥‥‥‥ 83, 174
BA ラノリンペースト ‥‥ 83
POP ‥‥‥‥‥‥‥‥‥ 178
b 値 ‥‥‥‥‥‥‥‥‥ 186
BT 剤 ‥‥‥‥‥‥‥‥ 214
ピート ‥‥‥‥‥‥‥‥ 142
ピートモス ‥‥‥‥‥‥ 142
光順化 ‥‥‥‥‥‥‥‥ 170
光補償点 ‥‥‥‥‥‥‥ 170
非共生発芽 ‥‥‥‥‥‥ 51
微生物生産物質 ‥‥‥‥ 82
非相称花 ‥‥‥‥‥‥‥‥ 24
非対称融合法 ‥‥‥‥‥ 42
非毛管孔隙 ‥‥‥‥‥‥ 145
病原 ‥‥‥‥‥‥‥‥‥ 211
標準配合土 ‥‥‥‥‥‥ 144
苗条原基 ‥‥‥‥‥‥‥ 51
苗齢 ‥‥‥‥‥‥‥ 72, 97
微量要素 ‥‥‥‥‥ 57, 152
品質保証マーク制度 ‥‥ 178
品種改良 ‥‥‥‥‥‥‥‥ 32
品種検定 ‥‥‥‥‥‥‥‥ 30
品種使用料 ‥‥‥‥‥‥ 31

フ
ファイトプラズマ ‥‥‥ 211
ファージ ‥‥‥‥‥‥‥ 212
VA 菌根菌 ‥‥‥‥‥‥‥ 212
斑入植物 ‥‥‥‥‥‥‥‥ 13
風媒花 ‥‥‥‥‥‥‥ 23, 24
フェノール類 ‥‥‥‥‥ 186
不完全花 ‥‥‥‥‥‥‥‥ 22
複茎性 ‥‥‥‥‥‥‥‥‥ 12
覆土 ‥‥‥‥‥‥‥‥‥‥ 47
伏せ木法 ‥‥‥‥‥‥‥‥ 49
縁腐れ症状 ‥‥‥‥‥‥ 140
物理的防除 ‥‥‥‥‥‥ 218
物流管理 ‥‥‥‥‥‥‥ 192
不定芽 ‥‥‥‥‥‥‥ 48, 51
不定胚 ‥‥‥‥‥‥‥‥‥ 51
ブドウ糖 ‥‥‥‥‥‥‥ 159
不稔 ‥‥‥‥‥‥‥‥‥‥ 53
不稔性 ‥‥‥‥‥‥‥‥‥ 39
冬休眠型 ‥‥‥‥‥‥‥ 106
冬切り栽培 ‥‥‥‥‥‥‥ 83
腐葉土 ‥‥‥‥‥‥‥‥ 144
プライミング処理 ‥‥‥ 56
ブラインド ‥‥‥‥ 118, 122
プラグシステム ‥‥‥‥‥ 58
ブラシノステロイド ‥‥ 82
プラグトレイ ‥‥‥‥‥ 55
プラグ苗 ‥‥‥‥ 19, 20, 55
プラグ配合土 ‥‥‥‥‥ 57
プラスチックトレイ ‥‥ 171
ブラスティング ‥‥ 85, 113
プラスミド ‥‥‥‥‥‥ 213
プラトー段階 ‥‥‥‥‥‥ 90
フラボノイド ‥‥‥‥‥ 182
フラボノール ‥‥‥‥‥ 183
フラボン類 ‥‥‥‥‥‥ 180
フラワーアレンジメント ‥ 196
flower opening ‥‥‥‥‥ 76
flowering ‥‥‥‥‥‥‥‥ 76
preservative ‥‥‥‥‥‥ 166
bloom ‥‥‥‥‥‥‥‥‥ 76
blooming ‥‥‥‥‥‥‥‥ 76
ブルーイング ‥‥‥‥‥ 184
ブルヘッド ‥‥‥‥‥‥ 120
フローリスト ‥‥‥‥‥ 193
プロテアーゼ ‥‥‥‥‥ 215
プロトコーム ‥‥‥‥‥‥ 51
プロトプラスト ‥‥‥‥‥ 41
フロリバンダ系 ‥‥‥‥ 116
分化 ‥‥‥‥‥‥‥‥‥‥ 66
分荷 ‥‥‥‥‥‥‥‥‥ 189
分化促進処理 ‥‥‥‥‥‥ 69
分球 ‥‥‥‥‥‥‥‥‥‥ 49
分離育種法 ‥‥‥‥‥‥‥ 36
分離法 ‥‥‥‥‥‥‥‥‥ 33

ヘ
閉鎖系養液栽培システム ‥ 148
ベーサルシュート ‥‥‥ 124
ベクター ‥‥‥‥‥‥‥‥ 42
ペクチナーゼ ‥‥‥‥‥‥ 41
ヘテロ接合体 ‥‥‥‥‥‥ 53
ペラルゴニジン系 ‥‥‥ 182
ペレット種子 ‥‥‥‥‥‥ 56
ベンジルアデニン (BA) ‥ 83
ベンゼン族 ‥‥‥‥‥‥ 186
ベンチ栽培 ‥‥‥‥‥‥ 124
変動相場制 ‥‥‥‥‥‥ 204
ベントネック ‥ 161, 168, 176

ホ
胞子採集器 ‥‥‥‥‥‥ 219
放射線 ‥‥‥‥‥‥‥‥‥ 37
放射線育種 ‥‥‥‥‥‥‥ 38
放射相称花 ‥‥‥‥‥‥‥ 24
飽和期 ‥‥‥‥‥‥‥‥‥ 29
母球 ‥‥‥‥‥‥‥‥‥‥ 49
補光 ‥‥‥‥‥‥‥‥‥ 121
ホジソンパイプ法 ‥‥‥ 137
補食 ‥‥‥‥‥‥‥‥‥ 213
保毒検定 ‥‥‥‥‥‥‥ 219
ポリアンサ系 ‥‥‥‥‥ 116

索引

マ

マイクロプロパゲーション	·51
前処理剤	166
マルチブロック	151
マレー病ウイルス	215

ミ

ミクロ繁殖	·51
水苔	142
水苔ピート	·57
ミスト繁殖	·48
蜜腺	·22
密閉挿し	·48

ム

無機塩類	·50
無菌培地	·62
無菌培養	·50
無菌培養室	·54
無菌発芽	·50
無限花序	·27
無人防除法	218
無土壌栽培	147
無土壌配合土	145
無病苗	219
無病苗生産	219

メ

明期延長	·80
明度	186
明発芽種子	·47
メチオニン	158
芽接ぎ	·49
メリクロン苗	·51
メリステム	·51

モ

戻し交雑育種法	·35
籾殻	144
籾殻くん炭	144
盛り土法	·49

ヤ

葯	·24
葯培養	·40
ヤシ科植物	·13
やなぎ芽	·95
山上げ栽培	15, 77
山苔ピート	·57
夜冷育苗	105

ユ

有限花序	·27
有効態リン酸	136
雄ずい	22, 24, 73
有用遺伝資源	·34
輸出入植物取締法	207
輸送可能期間	172
UPOV	·43
ユリ	106

ヨ

葉腋	·50
養液栽培	16, 141, 146
葉原基	·73
幼若期	11, 72
幼若性	·72
幼若相	66, 72, 98
溶脱	136
用土配合機	145
葉柄挿し	·48
洋ラン	·12
葉緑素	140
抑制栽培	·81
抑制二度切り栽培	104
呼び接ぎ	·49
予約相対取引	190
予冷	115, 166
4-CPA パラクロロフェノキシ酢酸	174

ラ

ライフサイクル	·28
裸花葉	·22
落花弁	171
落蕾	171
落果	171
落花	171
ラッピング	194
ラン科植物	·12
ランナー	11, 49

リ

リグニン化	161
リサイクリングシステム	150
離生	·23
リファレンステスト	178
リューココリネ	·67
硫酸アルミニウム	168
硫酸根	136
硫酸マグネシウム	153
流水処理	·46
流通機構	189
両性花	·22
量的短日植物	95, 99
量的長日植物	102
緑枝接ぎ	·49
緑色細胞	143
緑色植物体春化	·10
鱗茎	·12
輪作	216
リン酸	136
輪生	·23
鱗片	·50
鱗片繁殖法	·50

レ

冷房栽培	·14
礫	144
礫耕	147
連作障害	135
連作土壌	135

ロ

ロイヤリテイ ……………31
老化ホルモン ………… 157
ローズ油 ……………… 187
露地挿し ………………48
露心花 ………………… 101
ロス率 ………………… 194
ロゼット ………………71
ロゼット化 ………71, 101
ロゼット回避 ……………14
ロゼット相 ………66, 98
ロゼット打破 …… 14, 72, 76
ロックウール …… 124, 148
ロックウール耕 ………… 124
ロックウール栽培 …… 16, 62
ロボット移植機 …………60

ワ

矮化剤 ……… 82, 84, 85, 92
早生品種 ………………73
和物観葉 ………………12

JCOPY <（社）出版者著作権管理機構 委託出版物>	
2015 改訂版 花卉園芸総論	2009年9月1日　第1版第1刷発行 2015年8月25日　第1版第3刷発行

著作者　大　川　　清

発行者　株式会社　養　賢　堂
　　　　代表者　及川　清

定価（本体3800円＋税）　　印　刷　星野精版印刷株式会社
　　　　　　　　　　　　　　　　　　責任者　入澤誠一郎

発行所　〒113-0033　東京都文京区本郷5丁目30番15号
　　　　株式会社　養賢堂
　　　　TEL 東京(03)3814-0911　振替00120
　　　　FAX 東京(03)3812-2615　7-25700
　　　　URL http://www.yokendo.co.jp/
　　　　ISBN978-4-8425-0460-5　C3061

PRINTED IN JAPAN　　　製本所　株式会社三水舎

本書の無断複写は著作権法上での例外を除き禁じられています。複写される場合は、そのつど事前に、（社）出版者著作権管理機構（電話 03-3513-6969、FAX 03-3513-6979、e-mail:nfo@jcopy.or.jp）の許諾を得てください。